古代歷史文化研究輯刊

十 編

王 明 蓀 主編

第10冊

中國中古時期五胡王朝的建國體系研究

李 椿 浩 著

國家圖書館出版品預行編目資料

中國中古時期五胡王朝的建國體系研究／李椿浩 著—初版
— 新北市：花木蘭文化出版社，2013〔民102〕
序 6+ 目 4+218 面；19×26 公分
（古代歷史文化研究輯刊 十編；第 10 冊）
ISBN：978-986-322-338-2（精裝）
1. 五胡十六國 2. 中國史
618 102014370

ISBN-978-986-322-338-2

9 789863 223382

古代歷史文化研究輯刊
十 編 第 十 冊　　　　　　ISBN：978-986-322-338-2

中國中古時期五胡王朝的建國體系研究

作　　者　李椿浩
主　　編　王明蓀
總 編 輯　杜潔祥
出　　版　花木蘭文化出版社
發 行 所　花木蘭文化出版社
發 行 人　高小娟
聯絡地址　235 新北市中和區中安街七二號十三樓
　　　　　電話：02-2923-1455／傳眞：02-2923-1452
網　　址　http://www.huamulan.tw 信箱 sut81518@gmail.com
印　　刷　普羅文化出版廣告事業
初　　版　2013 年 9 月
定　　價　十編 35 冊（精裝）新台幣 62,000 元　　　　版權所有·請勿翻印

中國中古時期五胡王朝的建國體系研究

李椿浩　著

作者簡介

李椿浩，韓國人，2001 年 7 月畢業於北京師範大學歷史學院博士研究生，專業研究方向為中國古代史（魏晉南北朝史）。在從 2001 年 9 月至 2009 年 8 月間先後工作於陝西師範大學歷史文化學院、湖南師範大學歷史文化學院。從 2009 年 9 月至今，作為外籍教授在湛江師範學院歷史系工作。先後在中國與韓國發表了《十六國時期的「勤王」及其政治功能》、《試論羌族後秦之安定地區的地位及其變遷》、《匈奴漢國的中央官職特點》、《北魏「坐收淮北」及其對北朝的影響》、《五胡時期慕容前燕的建國及其發展》、《四世紀初河西地區張氏政權的出現及其特點》等學術論文十多篇。主要研究方向為五胡十六國、北朝的政治史，民族史。

提　　要

　　在傳統時期，一個王朝經過何種途徑得以建國，是瞭解這一王朝的政權性質最基本的、最關鍵的因素之一。之所以有如此的想法，是因為任何一個王朝的建國都無不經過精心準備實現。尤其是，對於中古時期五胡王朝這種只有二三十年的短命王朝，它們的建國方式就更加值得我們格外關注。雖然現存資料嚴重缺乏，但五胡中以開國君主為首的核心人員為了建立王朝、建設國家想方設法提出合適的方案。這一點是可以確定的。就廣義而言，建國體系意味著一個為建國而聚集的核心人員超越地方割據或脫離部落聯盟而採取的實質措施，也涉及到他們為加強有效統治所舉行的一系列政策及與此有關的政治行為。作為向來逐水草而居的胡人不是在草原之地，而是在農耕之地要建國，不僅關於如何掌握建國理念或正統名分，而且就如何培育軍事力量或核心集團都是分析探討十六國時期的歷史特點不可缺少的內容。與此同時，建國後才能擡頭的新階層在和君主間的種種關係中顯示出其王朝的政治特點，且為統治眾多胡人而採取的措施帶來五胡王朝的時代特色。本書主要選取表現出各自特點有異且鮮明的王朝，即前燕、冉魏、西燕、後秦、北燕以及大單于的任職與單于臺的設置等事情來進行探討。

序　一

　　《中國中古時期五胡王朝的建國體系研究》一書以十六國時期五胡王朝之建國體系爲研究對象，我體會作者所謂「建國體系」實際上是指一個王朝建立過程中根據其族屬、地域等的不同而面臨的主客觀條件，特別是其所面臨的客觀政治環境而採取的政治方針和戰略、策略乃至政策措施等。在十六國史的研究中對於五胡王朝的「建國體系」並沒有引起學術界的十分關注，作者提出這個問題，並將其加以系統研究，具有值得重視的學術價值，可以說是從一個新的視角開拓並深化了對於魏晉南北朝史的研究。

　　本書擇取前燕、冉魏、西燕、後秦、北燕等王朝的建國及統治胡人的方式爲切入點，論述它們各自在興起過程中的「建國體系」。作者著力剖析這些王朝興起中各具特色的「建國體系」：①慕容鮮卑所打起的是以「尊晉正朔」爲宗旨的「勤王」旗幟，一方面在對內改革中吸收漢族的政治、經濟、文化，另一方面在對外戰勝了與其爭鋒的鮮卑段部、宇文部等周圍民族，逐漸達到「國富兵強」，最終完成「前燕」的建國。待實現自己的目標之後，即毫不猶豫地拋棄了勤王旗幟，廢止「尊晉正朔」，而與東晉爭奪天下。②冉魏的建國是已被羯族化的漢人冉閔與「親後趙」勢力展開軍事征戰而開始的，而「徙胡之舉」、「殺胡之令」、「輕胡之事」等一系列事件及其演進，是認識其建國的背景乃至滅亡的原因等問題的關鍵，冉閔就是利用胡漢間的尖銳矛盾，掀起「反胡」、「親漢」的理念，從而在胡人成爲歷史主角的華北之地，建立起漢人王朝的。③慕容西燕和後燕的「建國體系」是與如何把握正統名分的問題緊密相關的。淝水之戰後，慕容泓、慕容垂均打起「復興前燕」旗幟企圖從前秦中自立，而繼承前燕的正統名分，就成爲西燕與後燕在各自建國中的核心內容，互相展開繼承前燕正統名分的爭奪戰。本書作者認爲，在這場爭

奪戰中是以慕容泓、慕容沖的獲勝而告結束，也就是說西燕才是前燕王朝的正統繼承者。但是當西燕的慕容永把在他控制範圍內的慕容儁和慕容垂的子孫全部殺害之後，後燕的慕容垂趁機攻殺慕容永，滅亡西燕，從而把前燕的正統名分轉移到了後燕王朝。④羌族姚萇建立後秦王朝，並沒有如上述慕容泓、慕容垂那樣具有前燕正統繼承者的名分，故尚未找到出師之名的姚萇要建立後秦時不擇手段依靠軍事力量擴張勢力就比任何名分更爲重要了。於是姚萇先設置以君主身份而統領的「大營」，任命姚氏一族和胡漢豪強爲將軍，並使他們處於自己的統治之下，由此逐步轉換爲後秦的建國及其發展。其軍事體制是建立在鞏固的根據地之上的，姚萇選擇嶺北之地作爲大營的勢力擴張空間，以贏得雜居於此地的胡、羌人的支持，在攻佔此地中心——安定之後，在那裏實行了一系列政治或軍事方面的措施，由此而建立起羌族王朝。⑤北燕王朝的建立又與上述諸王朝有所不同，它具有與「結謀者」息息相關的特殊性。出身於高句麗後裔的高雲被馮跋兄弟推舉爲「結謀者」的盟主，在所發動的武裝舉事成功之後即天王位。後來馮跋及其長弟馮素弗在幕後操縱殺害高雲，並成功奪取政權，登上北燕最高統治者的馮跋在「大定百官」時，繼承了由高雲以那些「結謀者」爲主的權力結構，北燕的國權仍由他們掌握，因而他只能全心依靠那些「結謀者」。

從上述五國的「建國體系」可以看到，它們在建國過程中根據其所處不同的主客觀條件和政治環境而採取了不同的、各具特色的政治方針、政策和戰略、策略，從而達到了建國的目的。本書緊緊抓住這些不同的特點加以論述，揭示了十六國時期「建國體系」的多樣性和複雜性。於是，儘管眾多五胡王國處於這個政治混亂、王朝林立、更迭頻繁的歷史時代中，但是它們卻是各具鮮明個性的、互不雷同的獨特的王朝，從而給讀者留下深刻的印象，把對於十六國史的認識向前推進了一步。從這些不同的「建國體系」入手去解讀十六國史，有助於讀者去進一步深入把握和認識這些不同王朝的特色和性質。本書的這一研究視角和方法，可謂是對於十六國時期王朝更迭和政權形態、性質紛繁複雜的客觀歷史實際的一種科學認識的反映。從研究方法論來說，這是一種抓住主要矛盾或主要矛盾方面去認識事物特徵和本質的科學方法。如所周知，十六國時期是中國古代歷史中王朝更迭頻繁、國主族屬不一、政權形態和性質多樣的一個特殊的歷史階段，通常被認爲是一個極其複雜、混亂的歷史時代，因此如何將其條理化，成爲有序的、有規律可循的歷

史就是一項重要的研究任務，本書運用這種研究方法，揭示五胡諸王朝各自不同「建國體系」特點，將區分和認識諸多五胡王朝的特色和性質，將十六國史變得更爲分門別類和有條不紊是一種十分有益的推動。當然，如果作者能夠在揭示這些五胡王朝「建國體系」的特性的同時，進一步指出它們之間某些特性的交叉以及諸多共性的存在，例如它們都在不同程度或利用一統王朝或強勢王朝的瓦解，或利用胡漢民族的矛盾，或利用民族的、階級的壓迫和反抗等條件乘時而起，它們都需要依靠和爭取胡漢民族的上層或精英以成就其「大業」，它們都無不以建立和擴張其軍事實力乃至「根據地」爲根本條件……則作爲「建國體系」這一命題將更爲充實和完滿。但是，重要的是首先提出問題，從揭示其特點入手，作者已經做到並有了良好的開頭，至於問題的全面解決畢竟是一個長期的過程，似亦不必強求畢其功於一役。

　　本書作者對於學術研究的執著追求以及治學態度的嚴謹和紮實，是在拜讀這部書稿時給我留下的一個十分深刻的印象和突出的感受。以十六國史爲研究對象，是李椿浩博士長期以來的學術追求，早在研究生時期他就以此領域進行研究，2001 年畢業之後，儘管工作地點有幾次變動，但是這一研究目標始終沒有變化，孜孜矻矻，一以貫之。本書就是他多年研究成果的結晶，堪稱厚積而薄發。我們常以十年磨一劍來比況做學問的堅持不懈和精益求精的精神，本書的成書過程足以當之。這是一部嚴肅的學術著作，其學風之嚴謹和紮實，在本書中有突出的表現，它不尚空言，每一史事或觀點，不僅均以大量的歷史資料作爲依據，旁徵博引，而且大量徵引同行學者的相關論著，不掠人之美。其所徵引範圍之廣，不僅囊括中國內地和臺灣地區，還包括日本、韓國學者的相關著述。我之所以提出這個問題，是痛感當今中國內地學風問題的嚴重性，本書著者所表現出來的嚴謹、紮實的學風是我們應該心悅誠服學習效法的榜樣。本書著者對於相關史料或論著，並非無原則地盲從，而是經過自己的研究進行鑒別以決定取捨。我們隨意抽取一段以見其概，例如第四章在論述慕容泓、慕容沖的「復燕」問題時，作者寫道：「後來慕容泓被謀臣高蓋、宿勤崇所殺，並慕容沖被推舉爲新的首領後，關中燕人的『復燕』應當進入了新的局面。慕容沖繼承其兄慕容泓所留下的遺業後，對前秦主力勢力採取更積極地反擊。」在這麼短短的一段敍述中，著者加了三個注解，討論了慕容泓與慕容沖究竟是兄弟還是叔侄關係，以及慕容泓究竟是被高蓋、宿勤崇等所殺還是被慕容沖所殺的問題，對於有的學者根據《晉書·

武帝紀》的記載認為慕容泓與慕容沖為叔侄關係，而慕容泓是被慕容沖所殺的看法提出異議，認為應當根據《十六國春秋》和《魏書·徒何慕容暐傳》的記載，慕容泓與慕容沖為兄弟關係，慕容泓是被高蓋、宿勤崇等人所殺。這裏表現了本書著者對於史料的鑒別和學界相關論述的獨立見解。諸如此類，不勝枚舉。本書的注解幾乎佔了全書內容的五分之二，這些注解既凝聚了著者長期研究的積纍和心得，其重要性並不亞於正文，同時也是其嚴謹的治學態度和優良學風的體現。本書的篇幅並不算大，但是它濃縮的學術意涵是厚重的。

　　最後我還想說的是，著者作為一位研究中國古代歷史的外國學者，完全用漢語寫成這麼厚重的學術著作，雖然從中國讀者的角度來說，其行文尚有未盡人意之處，但是其文意大體上還是清楚的。想當年他剛入學時僅能說一些簡單的漢語，經過十幾年的努力，已經基本上能夠熟練地用漢語著書立說，這是他多年付出的心血的結果，可以說他在這條學術道路上的付出是比我們一般人要更大更多的。

黎虎

2013 年 3 月 29 日

序 二

　　李椿浩君在韓國讀完本科和碩士後，就留學於中國的北京師範大學博士研究生。研究生畢業後，他先後在陝西師範大學、湖南師範大學從事了多年的教學和科研工作。目前他在位於廣東省的湛江師範學院歷史系擔任外籍教授，並主要從事在中國中古時期五胡十六國史的科研工作。回頭想，他和我本人已有二十多年的學術交往。我們雖不屬於直接的師生關係，但他在我本人的研究領域中尤其對胡漢問題有濃厚的興趣，並一直堅持研究，因而迄今為止仍和我本人保持著較為密切的聯繫。此外，我本人差不多閱讀過他所發表過的全部論文，並有機會在多方面和他交換意見，聽取不同的見解。

　　在這種情況下，他帶著多年的力作《中國中古時期五胡王朝的建國體系研究》，請我查閱並推薦。由此我由衷感到喜悅。不僅如此，此書稿能在臺灣花木蘭文化出版社出版發行，我對此就像是自己的事情一樣感到高興。

　　李椿浩君在此著作中主要分析探討了五胡十六國時期胡人王朝的建國過程。他所分析的王朝為前燕、冉魏、西燕、後秦、北燕等，且對在此王朝的建國過程中所出現的成功與否提出了獨創的見解。據瞭解，目前在五胡十六國史的研究領域中胡人雖對中國歷史的發展做出有一定的貢獻以及起過積極的作用，但仍沒有出現詳細而全面的研究之作。之所以如此，是因為史料的短缺頗為嚴重，甚至很多學者竟有「五胡亂華」的錯誤的觀念。我相信，在這種五胡十六國史被忽略或不重視的情況下，此著作的出版能夠彌補目前研究的不足，並在五胡十六國的研究領域中留下很明顯的足迹。

　　我本人期待李椿浩君在以後的研究中更加努力地創作相關研究成果。不僅如此，通過此著作的出版，不僅給此時期的研究工作者，而且對關注中華民族形成問題的很多讀者應有不少的參考之處。

朴漢濟

2013 年 3 月 27 日

目次

第一章　緒　論

　　本研究以「五胡王朝的建國體系研究」爲選題，在時間上選取五胡十六國時期〔註1〕，其範圍爲從漢趙〔註2〕建國的 304 年至北涼爲北魏所滅的 439 年〔註3〕，而在空間上，之所以選取中國北方地區，是因爲大多五胡王朝建立

〔註1〕 一般而言，五胡十六國因北魏史家崔鴻之著作《十六國春秋》而得名。(《魏書》卷 67《崔鴻傳》，第 1502 頁，「〔崔〕鴻弱冠便有著述之志，見晉魏前史皆成一家，無所措意。以劉淵、石勒、慕容儁、苻健、慕容垂、姚萇、慕容德、赫連屈子、張軌、李雄、呂光、乞伏國仁、禿髮烏孤、李暠、沮渠蒙遜、馮跋等，並因世故，跨僭一方，各有國書，未有統一，鴻乃撰爲《十六國春秋》，勒成百卷，因其舊記，時有增損襃貶焉。」) 目前，五胡十六國時期簡稱五胡時期或十六國時期。筆者爲行文的方便，隨時採取較爲合適的說法。另外，有學者對於「五胡」、「十六國」之稱何時被普遍接受等進行分析後，得出了如下的認識：即「五胡」之意是在兩晉時針對當時活動的胡人的稱呼，而「十六國」之意具有北魏崔鴻針對建國於華北、四川之地的小國，但這種稱呼直到唐朝時尚未得到普遍認同。不過，到南宋至元初「五胡」、「十六國」的稱謂普遍已被接受。(三崎良章：《「五胡」と「十六國」》，《五胡十六國の基礎的研究》，東京，汲古書院，2006 年，第 37～38 頁。)
〔註2〕 漢趙包括劉淵建立的「漢」，以及漢滅亡後他族子劉曜在長安建立繼承漢的「趙」。前者習慣性說法爲「匈奴漢」或「劉漢」，後者與由石勒所建的後趙區分而稱「前趙」。且前趙史官和苞撰有《漢趙記》，因此合稱爲「漢趙」。不過，筆者將在以後行文當中隨即採取合適的說法，如匈奴漢、前趙等。
〔註3〕 有學者將十六國時期分成三個不同時期：第一期（304～351）爲從劉淵建立匈奴漢到後趙的滅亡；第二期（352～383）爲從慕容前燕與氏族前秦的對峙到前秦因淝水之戰的敗北而走上衰亡之路；第三期（384～439）爲從前秦的衰退開始經過諸多胡人王朝的興亡到北涼被北魏所滅亡。(小田義久：《華北胡族國家の文化政策──特に佛教を中心として》，《龍谷大學論集》第 399 輯，1972 年，第 533 頁。) 不過，筆者卻認爲，十六國時期大約 130 多年，將分成兩個或三個時期：第一、界於淝水之戰，有前期與後期；第二、漢趙‧

於此地。〔註4〕此期的歷史主角爲被稱爲「五胡」的匈奴、羯、氐、羌、鮮卑〔註5〕，而五胡王朝大多由他們所建。〔註6〕前涼、西涼及北燕雖爲漢人所建，但包括於其五胡十六國〔註7〕行列當中。本文主要闡述各五胡王朝不同的建國措施，以探尋這一特殊時期的歷史面貌。

在中國歷史上，魏晉南北朝時期〔註8〕是介於秦漢、隋唐之間，處於分裂割據的時期。秦漢統一王朝的滅亡，加以社會經濟的破壞、自然災害的頻繁、胡漢問題的突出，這在一定程度上孕育著新時代的到來，使之佔有前所未有的歷史地位。尤其是，魏晉、南北朝時期中間存在的十六國時期是在五

後趙‧前燕爲前期，前秦的整個統治時期等於中期，而前秦衰亡後至北涼滅亡爲後期。

〔註4〕 巴氐李雄所建的「成」王朝，其根據地爲今四川巴蜀地區。雖然此地不屬於中國北方地區，但其王朝屬於五胡十六國行列。另外，338年，成王朝的漢王李壽奪取國權，即皇帝位，改國號爲「漢」。迄今爲止，對此合稱爲「成漢」。

〔註5〕 建立成漢的巴氐李氏不屬於「五胡」，但在十六國時期扮演了一份角色。大致說來，五胡中的「胡」是原指匈奴的。胡之原意爲牛頸下的垂肉，引申爲顃顒，胡人是多顒的，可能胡人的被稱胡，義原於此。自黃河而西北，自晉陝之間，以達於中亞，凡從前的月氏、烏孫、義渠、丁令，亦無不屬於胡。自從凡非漢族也就稱爲胡了。（勞榦：《魏晉南北朝史》，臺北，華岡出版公司，1975年，第45頁。）另外，實際上「胡」與「氐羌」的定義完全不同，而且晉唐時所稱的「五胡」乃是劉淵五部之眾即「五部胡」的簡稱，只包括匈奴劉氏、羯族石氏，連鮮卑族也不在內。（孫仲彙：《五胡考釋》，《社會科學戰線》期刊，1985年第1期，第141～143頁。）不管怎樣，我們在本研究所記述的「胡人」與「五胡」、「六夷」、「雜夷」、「夷族」、「異族」有同樣的意味。不過便於行文，有時記述「五胡」、「胡人」、「胡族」等說法。

〔註6〕 關於五胡王朝何時興起以及指哪些王朝，宋人石延年說道：「客有問五胡所自始及十六國所自終者。石子曰，詳在晉史載記及列傳，今請略言之。劉淵、匈奴也，據離石稱漢。石勒、羯也，據襄國稱趙。慕容、鮮卑也，據遼東稱燕。符秦、氐也，據長安稱秦。姚、氐羌也，滅符秦，仍都長安，稱後秦。是則五胡之始皆起兩晉之間，然何以爲十六國，曰五涼、四燕、三秦、二趙、并成夏爲十六。」（石延年：《五胡十六國考鏡》，第1頁。）

〔註7〕 其實，除了在當時由五胡所建的那些十六國王朝外，還有由漢人張氏、李氏所建的前涼、西涼，且由巴氐李氏、高句麗人高雲所建的成漢、北燕。另外，雖不屬於五胡十六國的範疇，但有由漢人冉閔所建的「魏」；譙縱所建的「蜀」；拓跋鮮卑所建的「代」；丁零翟氏所建的「魏」；慕容沖所建的西燕等王朝。在十六國時期，我們可找出與他們相關的足迹。因此，嚴格地講十六國時期既有除了五胡外的其他民族活動，又有除了十六國外的其他王朝的建國或滅亡之事。

〔註8〕 一般而言，魏晉南北朝時期指從曹魏（案，曹丕即皇帝位：220年）到隋統一中國（589年）爲止，共有370年的時間，而十六國時期占其中約30%。

胡遭受漢人王朝與地方豪強的繁重徭役或戰役中，逐步攻佔所謂漢人的文明搖籃之地，即中原之地，建立自己的王朝，並成爲歷史主角的時期。〔註 9〕匈奴漢、前趙；巴氐成漢；羯族後趙；氐族前秦、後涼；慕容鮮卑前燕、後燕、西燕、南燕、吐谷渾；拓跋鮮卑代國；丁零翟魏；羌族後秦；乞伏鮮卑西秦；禿髮鮮卑南涼；匈奴赫連大夏；匈奴沮渠北涼等王朝的建國並統治了中國北方地區長達大約兩個世紀，這意味著中國歷史上一個嶄新時代的到來。五胡王朝的建國過程各異，其政治、軍事情況不一，且統治時間一般只有二三十年之長。此原因在於他們當時所處的政治、軍事或民族、階級等因素導致，且野蠻的統治方式、與中原漢人不相適應的政治環境、與漢人士族的合作失敗〔註 10〕，或者實行「軍政長官互兼制」〔註 11〕，或許五胡王朝因基於「宗室的軍事封建制」〔註 12〕而建等等。五胡王朝剛剛建國，其政治制度或不確定，或立而未行，或該王朝已爲另一王朝所取代，其中的來龍去脈難以摸索，史書記載缺略嚴重，因此對建國體系系統而準確地研究甚爲困難。

　　在傳統時期，一個王朝經過如何途徑得以建國，是瞭解這一王朝的政權性質最基本的、最關鍵的部分之一，它意味著超越地方割據或脫離部落聯盟

〔註 9〕　關於在西晉末石勒等從國家的統治中脫離的「反亂分子」通過與西晉王朝地方都督（地方機構）之間的關係謀求加強勢力，可參考荒木均：《八王の亂から石勒へ》，《史友》第 31 輯，1999 年，第 51～70 頁。

〔註 10〕　有學者認爲，在十六國時期，如何對待漢文化和漢人士族，是胡人統治者能否在中原地區建立起封建統治的關鍵。不懂漢文化和漢人士族的作用，無論其軍事力量多麼強大，仍然是愚昧的。所以與漢人士族結合的成功，是使五胡王朝統治時間延長的主要原因之一。（張秀平：《試論十六國時期漢族士族的歷史作用》，《浙江師範學院學報》期刊，1984 年第 1 期，第 36～37 頁。）

〔註 11〕　有學者認爲，「軍政長官互兼制」成爲培植軍事重臣和地方割據勢力的溫床。五胡王朝的開國君主，都是由此發迹的。可見，這種制度是造成五胡王朝國祚不永和經常發生分裂的重要原因。（馬欣、張習武：《十六國軍制初探》，《天津師範大學學報》期刊，1990 年第 1 期，第 42 頁。）

〔註 12〕　有學者認爲，五胡王朝的結構之所以弱小，應從「軍事的封建制」尋找。五胡王朝的國家權力不是來自於皇帝一人，而是來自整個宗室成員。這是繼承「塞外時代」的「部族聯合國家」的形態。皇權受到這種體制的制裁。換言之，強大的軍權集中於宗室代表人物，他制約著皇權的獨裁化。因此，皇帝採取中央集權措施時，與具有兵權的宗室諸王之間發生激烈的鬥爭。這最終引起「主權者」的替換以及宗室的崩潰。（谷川道雄：《五胡十六國史上における符堅の位置》，《隋唐帝國形成史論》，東京，筑摩書房，1971 年，第 100～103 頁。）另外，有學者卻以它命名爲「宗室的軍事封建制」。（川勝義雄：《中國の歷史（3）——魏晉南北朝》，東京，講談社，1974 年，第 280 頁。）

而採取的實質措施，也涉及到開國君主為加強統治所舉行的一系列政策及與此有關的政治行為。尤其是，作為向來逐水草而居的胡人不是在草原之地，而是在農耕之地要建國，所以對於如何掌握建國理念或正統名分，及如何培育軍事力量或核心集團都是分析探討十六國時期的歷史特點時不可缺少的內容。與此同時，建國後才能擡頭的新興階層在和君主間的種種關係中顯示出其王朝的政治特點，且為支配眾多胡人而採取的措施帶來五胡王朝的時代特色。這些內容既是筆者將在本研究中著重分析的對象，又是在十六國時期剛起步至結束間尋索建國特點的著力點。眾所周知，五胡王朝統治者一方面由於內徙已久，受中原漢人的文化、制度的影響〔註13〕，本民族的制度已不甚健全，而且不適於治理數量龐大的漢人。另一方面他們大多都尚未有建國、治國的經歷與經驗，面對的又是比自己文化層次高的民族與地區，因而基本上都採取因循秦漢、魏晉舊制的治國方略。他們繼承秦漢、魏晉的政治、典章制度是毫無疑問的事實，但在運用方面各自不同，甚至因統治民族不同、生存的地域與時間各異，五胡王朝剛踏上建國之路時，都根據各自不同的情況，採取了適合於自己的建國體系：比如，十六國前期，慕容鮮卑逐漸接受漢文化，並在與鮮卑段部、宇文部等競爭中建立前燕時「勤王」名義發揮了怎樣的作用呢〔註14〕；胡人是這時的歷史主角，並主要活動於華北之地，但在他們胡人自身的勢力範圍內，漢人王朝冉魏的建國似乎成為歷史大勢中的逆流；淝水之戰後，慕容泓（案，後來慕容沖繼位）、慕容垂一同要從前秦中自立，而打起「復興前燕」旗幟。對他們來說，繼承前燕的正統名分，成為建國中的核心內容〔註15〕；不同於慕容泓、慕容垂具有建立前燕後身王朝的

〔註13〕雖然他們主動接受了漢人的文化、制度，但不是單方面的同化，他們的風俗習慣、軍事、都城制度等也傳給了中原漢人王朝。（川本芳昭：《魏晉南北朝時代の民族問題》，東京，汲古書院，1998年，第12頁。）

〔註14〕十六國前期那些從未在漢人之地建國的胡人統治者如何掌握建國理念應成為最關鍵的問題了：主要有劉淵的「漢」旗幟與慕容廆的「晉」旗幟。有一篇論文已分析了兩者間的相似與不同之處。（蔣福亞：《劉淵的「漢」旗號和慕容廆的「晉」旗號》，《北京師範學院學報》期刊，1979年第4期，第86～91頁。）筆者在本研究中之所以以慕容前燕為分析對象，是因為不僅其旗幟的出現、運用與廢止較為一目了然，而且圍繞著其旗幟所包含的性質較為合理地解釋十六國前期五胡王朝的建國體系問題。

〔註15〕同一民族在謀求創建王朝時共同掌握著同樣的正統名分，其正統名分發揮著如何作用，我們可在慕容西燕與後燕間的競爭中得到合理的解釋。據瞭解，前燕被前秦所滅後，10多年慕容鮮卑只好受制於前秦的統治。當時一些慕容

名分，而尚未找到出師之名的羌族姚萇要建立後秦時不擇手段，意識到基於軍事力量擴張勢力比任何名分或名利更爲重要〔註 16〕；那些和開國君主一同參與創建王朝的「結謀者」對君權造成或多或少的威脅。當然，其君主爲了擺脫這種局面，採取多項措施，以加強君權；如何管理包括本民族在內的其他胡人都是大多五胡王朝不能迴避的現實問題。該王朝的統治力量可直接達到的地域叫作京畿、畿內。五胡王朝對居於京畿的眾多胡人採取了怎樣的支配方式。這雖然不屬於創建王朝的內容範圍，但對於鞏固王朝具有重要意義，通過對它的分析能更準確地把握五胡王朝的建國體系問題。如上的問題我們主要選取表現出各自特點有異且鮮明的王朝，即前燕、冉魏、西燕、後秦、北燕以及大單于的任職與單于臺的設置等事情來進行探討。據瞭解，在中國歷史研究中對五胡王朝的建國體系一直有所忽視、忽略，但是爲正確瞭解整個魏晉南北朝史，尤其是每個五胡王朝的性質或特點，必須要把握五胡王朝的建國體系。

那麼，我們要分析五胡王朝的建國體系時，主要按照什麼思路和方法進行探討？且目前對此的研究成果以及有所忽略的問題又是什麼呢？我們先介紹本研究的基本思路以及對此的全局構想。

眾所周知，中國歷史上的四、五世紀是所謂五胡攻佔中原漢人地區，建立自己的王朝，並成爲歷史主角的時期。尤其在五胡中建立前燕、後燕、西燕、南燕、吐谷渾等王朝的鮮卑族慕容部〔註 17〕是在此時最活躍的民族之一。

貴族始終暗中謀求前燕的復興，不過在面對著前秦的衰落，而實際參與「興復大燕」的慕容泓、慕容沖與慕容垂只能相互間爭奪其正統名分。十六國後期不像前期，「漢」或「晉」等建國理念無能發揮作用，很可能在於胡人數十年和漢人雜居，漢化達到相當高的水平，當時對慕容鮮卑來說繼承前燕的正統比任何理念受重視。這似乎是十六國後期五胡王朝的建國體系中的一個特點。

〔註 16〕　筆者從前在一篇論文中已闡述十六國後期並沒有出現「勤王」的原因。其中到十六國後期有「勤王」這種觀念性的策略不如實質性的措施對胡、漢人更有號召力，且按照自己的能力程度、或者周圍勢力安排，各個不同的王朝提出了各自的策略。（李椿浩：《十六國時期的「勤王」及其政治功能》，《晉陽學刊》期刊，2001 年第 1 期，第 89～90 頁。）姚萇著重強調設置「大營」，由此組建統治體系，最終建立起後秦王朝。

〔註 17〕　據瞭解，在史書上第一次出現「慕容」，是在鮮卑族首領檀石槐把鮮卑部族聯盟分爲中、東、西部，而進行統治的時期，其中部有名爲「慕容」的大帥。（《三國志》卷 30《魏書・烏丸鮮卑東夷傳》，裴松之注引王沈《魏書》，第 837～838 頁，「〔檀石槐〕乃分其地爲中東西三部……從右北平以西至上谷爲中部，

〔註 18〕筆者認爲，對於這些五胡王朝建國的背景及鞏固統治的措施進行分析，找出各王朝自身具有的特點，應是很有研究意義的。在這種認識之下，將圍繞著「勤王」的性質來分析探討慕容鮮卑的第一個王朝，即「前燕」的建國及其特點。〔註 19〕據瞭解，「勤王」意味著天子的統治遭受威脅，並處於動搖時，諸多「臣子」對天子應有輔弼和護衛的義務，並要具體履行對於天子的義務。〔註 20〕在十六國時期，這完全是秉承「奉晉正朔」或「尊晉正統」的意識而實行下去的。統一王朝西晉因遭遇八王之亂、永嘉之亂而走上衰亡之路，隨後中國北方之地爲五胡所攻佔，接而東晉作爲亡命王朝定都於江南。

十餘邑，其大人曰柯最、闕居、慕容等，爲大帥。」）我們認爲，這「慕容」是否特指以後的慕容鮮卑不能肯定。不過，在史學界普遍認爲，部族名往往淵源於其著名部落酋長的名字，所以大致確定這兩者之間的關係。對此，有學者卻認爲，中部大人「慕容」就是後來成爲慕容部的始祖，且莫護跋（案，指慕容廆的曾祖）很可能是那個「慕容」的兒子。（池培善：《關於鮮卑族初期段階的氏族分裂》，《白山學報》第 23 輯，1977 年，第 95 頁。）另外，在本研究中，筆者爲行文的方便，有時把鮮卑族慕容部改稱慕容鮮卑、慕容氏，或者直接寫成慕容政權。

〔註 18〕在這些王朝中，我們會發現除了慕容部所建的王朝外，還有由高句麗人高雲所建的北燕（407～436）。高雲爲慕容寶養子（《晉書》卷 124《慕容雲載記》，第 3108 頁，「〔慕容〕寶子之（高雲），賜姓慕容氏，封夕陽公」），自稱燕天王後，建立北燕，但後來爲漢人馮跋兄弟所殺了。另外，馮跋作爲已被鮮卑化的漢人（《魏書》卷 97《海夷馮跋傳》，第 2126 頁，「〔馮跋〕既家昌黎，遂同夷俗」），篡奪北燕的國權後，仍繼承「慕容燕」的傳統，因此似乎所有學者將北燕與慕容氏王朝一樣看待。不過，建立北燕的主體勢力不是慕容鮮卑，所以此與前燕、後燕、西燕、南燕、吐谷渾相做區別。

〔註 19〕慕容部在經過部族聯盟而進入統一國家的過程中，所發揮的「國家統一的原理」主要有對外以晉朝爲宗主國，確保政權合法性；對內接納漢人流民，尊重漢文化及其政治才能，鞏固統治根基。（谷川道雄：《慕容國家における君權と部族制》，《隋唐帝國形成史論》，東京，筑摩書房，1971 年，第 80 頁。）那麼，筆者認爲，谷川道雄所強調的「國家統一的原理」即「晉朝的宗主權」，換言之，這是指「尊晉勤王」。

〔註 20〕據瞭解，歷史上的「勤王」是在春秋戰國時期晉文公爲實現霸業，由狐偃第一次提出。（《春秋左傳正義》卷 16 僖公二十五年條，《十三經注疏》附校勘記，下冊所收，第 1820 頁，「秦伯師于河上，將納王。狐偃言於晉侯曰：『求諸侯莫如勤王。諸侯信之，且大義也。繼文之業，而信宣於諸侯，今爲可矣。』」）公元前 636 年，周襄王因王子帶之亂而處於困境。這時，晉文公接納狐偃的「求諸侯莫如勤王」的建議後，出兵平定了王子帶之亂。後來周王室得以擺脫危機，社會安寧下來，與此同時，晉文公得到陽樊、溫、原等地，並奠定勢力發展的基礎。從此以後，在諸侯當中，晉文公不僅提高威信，而且贏得名分。後來的事實證明「勤王」之策的結果確實是晉文公稱霸的根基。

在如此劇變的形勢下，漢人爲了維護司馬氏晉朝而提出「奉晉正朔」的話，應天經地義、無可厚非的事情，但對於身爲胡人的慕容鮮卑表現出「奉晉正朔」的行動，我們不得不感到迷惑。他們爲何採取如此的行動，與此同時，通過它來要得到的東西又什麼呢？筆者認爲對此進行全面地分析，可找出包括慕容前燕的建國及其特點在內的諸多問題的答案。迄今爲止，對於十六國時期慕容鮮卑的研究既在許多方面進行，又比其他五胡相對多一些：比如，在慕容鮮卑的歷史活動中，分析探討了他們的漢化措施〔註 21〕、漢人士族在慕容氏王朝中的作用〔註 22〕、慕容王朝的性質與政治制度及其特點〔註 23〕。此外，在慕容鮮卑的對外關係中，對與漢人王朝間的關係〔註 24〕、與高句麗間的關係〔註 25〕、與扶餘間的關係進行探討的同時〔註 26〕，對一些人物做了

〔註 21〕 鄭小容：《慕容廆漢化改革略述》，《西南民族大學學報》期刊，2005 年第 1 期；牟晨霞、李寶通：《慕容鮮卑漢化程度探析》，《產業與科技論壇》期刊，2008 年第 4 期。

〔註 22〕 郗禮洪：《論中原士大夫對前燕慕容氏封建化的影響》，《新疆師範大學學報》期刊，1985 年第 2 期；劉國石：《鮮卑慕容氏與趙魏士族》，《吉林大學社會科學學報》期刊，1997 年第 5 期；李海葉：《漢士族與慕容氏政權》，《內蒙古大學學報》期刊，2001 年第 4 期；李海葉：《從婚姻制度所見的慕容氏與漢士族的關係》，《內蒙古社會科學》期刊，2008 年第 5 期。

〔註 23〕 關尾史郎：《前燕「屯田」政策に關する二、三の問題》，《上智史學》第 22 輯，1977 年；田村實造：《慕容王國の成立とその性格》，《中國史上の民族移動期——五胡、北魏時代の政治と社會》，東京，創文社，1985 年，第 133～141 頁；小林聰：《慕容政權の支配構造の特質——政治過程の檢討と支配層の分析を通して》，《九州大學東洋史論集》第 16 輯，1988 年；三崎良章：《前燕の官僚機構について》，《史觀》第 112 輯，1990 年；徐炳國：《前燕的漢族統治與漢官的寄與》，《實學思想研究》第 15、16 合輯，2000 年；何寧生：《論後燕的法制》，《西北大學學報》期刊，2003 年第 3 期；姚宏杰：《君位傳承與前燕、後燕政治》，《史學月刊》期刊，2004 年第 3 期；何寧生：《論前燕的法制》，《西北大學學報》期刊，2004 年第 5 期；李海葉：《關於慕容氏繼承制度的探討》，《中山大學學報》期刊，2009 年第 2 期。

〔註 24〕 池培善，《關於東晉與前燕的關係——以前燕慕容廆在位時爲中心》，《東洋史學研究》第 62 輯，1998 年；黃河：《慕容廆與兩晉政治關係淺析》，《東北史地》期刊，2007 年第 4 期；韓雪松、林革革：《慕容燕與兩晉關係略論》，《東北史地》期刊，2008 年第 5 期；趙紅梅：《兩晉在慕容廆君臣中的地位與影響探論——以前燕慕容廆遣使入晉爲中心》，《學習與探索》期刊，2009 年第 4 期。

〔註 25〕 金英珠：《高句麗故國原王代的對前燕關係》，《北岳史論》第 4 輯，1997 年；余昊奎：《4 世紀東亞國際秩序與高句麗對外政策的變化——以對前燕關係爲中心》，《歷史與現實》第 36 輯，2000 年；姜仙：《對於高句麗與前燕的關係的考察》，《高句麗研究》第 11 輯，2001 年；張久和：《兩晉十六國時期慕容

專門研究〔註 27〕。除此之外，慕容鮮卑在遼西之地開始興起時，分析探討了
都城建置〔註 28〕、人口構成〔註 29〕、政治問題〔註 30〕，以及「勤王」的出現
及其政治功能等問題〔註 31〕。以上的諸多研究不僅揭示出慕容鮮卑作為一個

鮮卑與高句麗的關係》，《黑龍江民族叢刊》期刊，2003 年第 3 期；孔錫龜：《高
句麗對遼東地區的進出之策與慕容氏》，《軍史》第 54 號，2005 年；姜仙：《4
～6 世紀東北亞政局與高句麗的對外政策》，《軍史》第 54 號，2005 年，第 74
～85 頁；李道學：《高句麗的國難與故國原王像》，《高句麗研究》第 23 輯，
2006 年；孔錫龜：《高句麗與慕容「燕」的戰爭及其意味》，《東北亞歷史論叢》
第 15 號，2007 年；金洪培：《略論高句麗與慕容鮮卑的早期關係》，《人文科
學研究》第 30 輯，2011 年；李明仁：《高句麗廣開土王時期與慕容鮮卑間的
關係及文化交流》，《韓國古代史研究》第 67 輯，2012 年，朴世二：《太祖王
以前的高句麗與鮮卑關係之研究》，《地域與歷史》第 30 號，2012 年。

〔註 26〕趙紅梅：《慕容鮮卑的崛起與扶餘的滅亡——兼論扶餘滅國的慕容鮮卑因
素》，《黑龍江社會科學》期刊，2011 年第 5 期。

〔註 27〕馮君實：《評慕容垂》，《吉林師範大學學報》期刊，1986 年第 2 期；宋丹凝：
《鮮卑族杰出的軍事家和政治家——慕容恪》，《社會科學輯刊》期刊，1987
年第 2 期；池培善：《關於慕容翰》，《東方學志》第 81 輯，1993 年；池培善：
《關於皇甫真》，《東洋史學研究》第 66 輯，1999 年。

〔註 28〕邱敏：《慕容皝遷都龍城年代考異》，《徐州師範大學學報》期刊，1981 年第 4
期；弓因：《慕容儁稱帝建都何處》，《社會科學輯刊》期刊，1986 年第 1 期；
張國慶：《慕容皝遷都龍城的前因及目的》，《遼寧大學學報》期刊，1988 年第
1 期；田立坤：《棘城新考》，《遼海文物學刊》期刊，1996 年第 2 期。

〔註 29〕三崎良章：《五胡十六國時代における遼東、遼西の地方民族構成の變化につ
いて》，《早稻田大學本庄高等學院研究紀要》第 16 輯，1998 年。

〔註 30〕飯塚勝重：《慕容部の漢人政策についての一考察——前燕國成立以前を中心
として》，《白山史學》第 9 輯，1963 年；谷川道雄：《慕容國家における君權
と部族制》，《隋唐帝國形成史論》，東京，筑摩書房，1971 年，第 68～99 頁；
關尾史郎：《前燕政權（337～370 年）成立の前提》，《歷史學研究》第 488
輯，1981 年；李海葉：《慕容氏遼東政權咸康 4 年「王國官」考》，《內蒙古師
範大學學報》期刊，2005 年第 2 期；李海葉：《慕容氏遼東政權的「僑土」關
係》，《內蒙古大學學報》期刊，2005 年第 3 期；仇鹿鳴：《僑郡改置與前燕政
權中的胡漢關係》，《中國歷史地理論叢》期刊，2007 年第 4 期。

〔註 31〕蔣福亞：《劉淵的「漢」旗號和慕容廆的「晉」旗號》，《北京師範學院學報》
期刊，1979 年第 4 期；池培善：《前燕公國的形成過程》，《中世東北亞史研究
——慕容王國史》，首爾，一潮閣，1986 年，第 27～39 頁；朴漢濟：《五胡前
期政權與漢人士族》，《中國中世胡漢體制研究》，首爾，一潮閣，1988 年，第
35～43 頁；姜文晧：《前燕的宗室與勤王政策》，《中國中世政治史研究——五
胡十六國史》，首爾，國學資料院，1999 年，第 158～182 頁；李椿浩：《十六
國時期的「勤王」及其政治功能》，《晉陽學刊》期刊，2001 年第 1 期；趙紅
梅：《「漸慕華風」至「尊晉勤王」——論慕容廆時期前燕的中華認同》，《東
北師範大學學報》期刊，2009 年第 4 期。

弱小的部落在和周圍諸多民族的競爭中獲勝的事實，而且有助於瞭解慕容政
權後來發展成中原式王朝的全過程。不過，目前對前燕的建國問題的分析極
少，尤其是似乎尚未通過「勤王」的歷史事實來分析探討，且未能找到其中
所包含的建國體系問題。因此，本研究主要圍繞著「勤王」的出現與運用來
對前燕的建國及其特點進行綜合性的探討。

　　首先，在進入本研究之前要明確一個前提事實，即前燕的建國時間。對
此，目前在學界有較大的分歧，可歸納起來就有五個不同的看法：（1）是從
284年慕容廆登上慕容鮮卑的部落長開始的〔註32〕；（2）慕容廆稱燕公的285
年是前燕的建國之年〔註33〕；（3）應是317年〔註34〕；（4）在337年慕容皝
稱燕王，應是前燕的開始；（5）應是慕容儁稱燕帝的352年。這種對「前燕」
何時建國的不同的看法是因各個學者們對此問題持有不同的認識而引起的，
〔註35〕筆者認為，「前燕」應在慕容部的自立意識上具備獨立的政治、軍事體
制而謀求發展的話，慕容皝在337年稱燕王就是「前燕」的建國之年，那麼，
其之前應屬於為了準備建國而實行一些相關措施的時期。〔註36〕在這種認識

〔註32〕馮家昇：《慕容氏建國始末》，《禹貢半月刊》第3卷第11期，1935年，第10頁。

〔註33〕這種說法是根據「始廆以武帝太康六年稱公，至暐四世，」（《晉書》卷111
　　　《慕容暐載記》，第2858頁）而提出來的。不過，我們還發現有如此的記載，
　　　「《廆載記》亦未言廆於是年稱公，但云『建興中愍帝遣使拜廆鎮軍將軍、昌
　　　黎、遼東二國公』，《魏書廆傳》同。自建興元年至太和五年亦止五十八年。
　　　且《廆載記》稱建武初，元帝封廆為昌黎公，廆讓而不受，似建興之封亦未
　　　受。其受遼東公之封實在太興四年，下至太和五年更止五十年。不知何以致
　　　誤。」（同書，《校勘記》，第2864～2865頁。）據此可知，自從慕容廆「稱
　　　公」有何意味，直到慕容暐時前燕的滅亡，不敢肯定「前燕」何時建國，並
　　　存在多少時間。

〔註34〕何寧生：《論前燕的法制》，《西北大學學報》期刊，2004年第5期，第113頁。

〔註35〕筆者認為，對於以慕容氏為中心而形成的部族聯盟可稱為「前燕」，還未有統
　　　一的看法。另外，有學者卻認為，「前燕」的性質是中國歷史上的地方割據政
　　　權，並不是統一王朝，因此，不宜像對待統一王朝那樣，以其統治者稱帝改
　　　元之年作為其王朝之始。《晉書》以慕容廆稱公之年作為前燕的開始還是有道
　　　理的。（趙紅梅：《「漸慕華風」至「尊晉勤王」──論慕容廆時期前燕的中華
　　　認同》，《東北師範大學學報》期刊，2009年第4期，第142頁。）除了如上
　　　主張之外，對於在337年，慕容皝稱燕王的事情又如何理解，甚至慕容儁稱
　　　燕帝後，和東晉保持了的「帝國」和「帝國」的關係又如何看待也是一個很
　　　重要的問題了。由此，上述問題如何理解最終決定「前燕」是何時建國。

〔註36〕大多學者似乎具有如此的看法：如，以337年為界，其以前應屬於建國的準
　　　備期，其以後應屬於「前燕」的統治期。由此，筆者將據這種看法，以建國
　　　之前為「慕容政權」之事，而以後之事應作為「前燕」之事，進行分析探討。

之下，筆者首先將分析慕容鮮卑對內、對外的情況是如何直接影響「勤王」出現的。這不僅在內部直接關係到慕容鮮卑遷徙於遼西後對漢文化保持很積極的一面，而且在外部他們被鮮卑段部、宇文部等諸多民族包圍，存在遭受生存危機的另一面。其次，筆者將對在慕容廆、慕容皝時期按照「勤王」的性質而實行的多項措施進行具體的探討。這直接關係到「勤王」的實際功能上的問題：比如，針對已歸降的眾多漢人按其籍貫安置下來；以從他們當中選出士族出身的人成為幕僚；且通過漢人士族的努力，得以出現儒學的傳播以及農業的發展。如果這些措施意味著慕容鮮卑的內部「國富兵強」的話，在與段部、宇文部、後趙、高句麗等周圍民族或王朝間的軍事征戰中獲勝，應屬於外部「國富兵強」了。〔註37〕通過對內、對外的「國富兵強」之後，慕容鮮卑才能夠建立起「前燕」王朝。再次，慕容政權初期都城，即棘城象徵著「勤王」出現後，據此謀求自立而具有「舊都」的意味的話，那麼，龍城意味著慕容鮮卑建立「前燕」的同時，不再稟命於晉朝，〔註38〕並具備獨自的政治、軍事制度後，試圖進入中原之地而實現的「新都」。因此，筆者將據於慕容鮮卑的發展變化，分析探討一些事情：比如，慕容皝稱燕王與王國官的設置；遷都於龍城與確保「眞龍天子」的名分；對胡、漢人的統治方式的變化及其含義；慕容鮮卑滅亡段部、宇文部以及制約高句麗後完全控制遼西、遼東，後來利用後趙與冉魏之間的混戰，終於完成了他們的夙願即進入中原之地。筆者認為，前燕的建國及其特點應從「勤王」的出現與運用來分析的話，慕容鮮卑為了王朝的建立而準備的諸多措施不僅可以更加清晰地被瞭解，而且他們經過部落聯盟建立了中原式王朝與發展上可作為自身獨特的特點。如上內容就是筆者將在第二章中著重探討，並具體分析的對象。

　　眾所周知，胡人成為十六國時期的歷史主角，並主要活動於華北之地，但與此同時，在他們胡人自身的勢力範圍內，卻出現了憑藉眾多漢人支持建立起來的漢人王朝。它就是由被「羯族化」〔註39〕的冉閔所建立的「大魏」

〔註37〕《資治通鑑》卷97晉紀19成帝咸康八年（342）條，第3050頁，「既取高句麗，還取宇文，如返手耳。二國既平，利盡東海，國富兵強，無返顧之憂，然後中原可圖也。」

〔註38〕《資治通鑑》卷97晉紀19穆帝永和元年（345）條，第3068～3069頁，「燕王皝以為古者諸侯即位，各稱元年，於是始不用晉年號，自稱十二年。〔胡注：燕自是不復稟命於晉矣。〕」

〔註39〕從前，後趙的開國君主石勒打敗乞活主陳午，活捉了冉瞻後，使石虎收養他為養子。據瞭解，後來石虎格外地寵愛冉瞻子冉閔。以後的事實證明，冉閔

〔註 40〕。這問題值得引起我們的注意，之所以如此，是因為這明顯成為當時歷史大勢中的逆流。我們將找出冉魏王朝建國的背景與建國的事實以及滅亡的原因等問題，可通過「徙胡之舉」、「殺胡之令」、「輕胡之事」等事情來瞭解它的歷史意義與在其內部體現出的胡漢關係。據瞭解，由於冉魏的存在時間較短，且在十六國時期不佔有重要地位，尤其為了故意引起胡漢民族矛盾而頒佈的「殺胡之令」很可能牽涉到當今中國國內的民族和諧問題。由此，中國大陸學者似乎未對此進行專門研究，只敘述道：冉閔在殺胡羯時，不問羯族的貴族與平民，剝削階級與被剝削階級，一概殺盡，不拿武器的婦女、孩提亦未能幸免。這種表現為民族仇殺的報復政策是非常落後的，只能使進入中原地區各兄弟族間的關係更加惡化而已。〔註 41〕或者說冉閔為爭皇位，掀起的這種民族仇殺，是極其落後和野蠻的，它在中國民族關係史上是一場兇殘的浩劫，應該摒棄。〔註 42〕但與此不同，在日本學界卻出現了較為具體而詳細的研究：比如，有主張認為，冉閔是在被迫之下不得已頒佈「殺胡之令」的；〔註 43〕通過漢人士族在冉魏任官的情形來分析其王朝的歷史特點。〔註 44〕也有其他一些學者的研究視角，例如通過李農和冉閔間的微妙關係來瞭解後趙末的局勢與冉魏王朝的實質。〔註 45〕此外，有研究則認為，冉閔篡奪後趙政權以及建立冉魏王朝，肯定和「乞活集團」有密切的關係。〔註 46〕如上的研究在筆者將通過「徙胡之舉」、「殺胡之令」、「輕胡之事」來分析冉魏王朝的歷史特點時，有一定的參考價值，並對完成本研究有不少幫助。比

篡奪後趙政權並建立「大魏」時，就「復姓冉氏。」(《晉書》卷 107《石季龍載記》下附冉閔傳，第 2793 頁。) 筆者將在行文中，即使在冉魏建國之前，也一律用冉閔，不用石閔來敘述。此外，冉閔雖以漢人出身，但作為石虎的養孫在生活方面應受到羯族的影響。因此他已被「羯族化」應當不成問題了。

〔註 40〕冉閔所建的王朝「大魏」一般稱之為冉魏。筆者將在行文中皆以冉魏來一律敘述。

〔註 41〕王仲犖：《魏晉南北朝史》上冊，上海，上海人民出版社，1979 年，第 251 頁。

〔註 42〕江應梁主編：《中國民族史》上冊，北京，民族出版社，1990 年，第 349 頁。

〔註 43〕市來弘志：《冉閔の胡人虐殺に關する一考察》，《响沫集》第 7 輯，1992 年。

〔註 44〕市來弘志：《冉魏政權と漢人たち——五胡十六國時代前期に關する一考察》，《學習院大學文學部研究年報》第 43 輯，1996 年。

〔註 45〕大澤陽典：《李農と石閔——石趙末期の政局》，《立命館文學》第 386～390 合輯，1977 年。

〔註 46〕市來弘志：《乞活と後趙政權》，《中國古代史研究》卷 7，東京，研文出版社，1997 年。

如，冉閔一直把眾多胡人當作篡奪後趙政權的有力的力量，但後來始終被他們排擠，自己面臨著生死的緊要關頭時，只好頒佈了殺胡之令。〔註47〕這種見解使得筆者在行文過程中引起了較大的聯想，並得到不少啟發。據此，我們希望通過第三章的闡述來不僅對瞭解冉魏王朝自身從建國至滅亡的整個過程，而且對分析後趙末的民族關係、華北之地的局勢變化等問題，提供一個接近事實的有效的方法。我們認為氐、羌、蠻、匈奴等胡人和一般漢人因被後趙石氏一族所壓迫，而開始離開中原之地返回原居住地，以之可理解為「徙胡之舉」的話，那麼，後趙末的局勢為何能引起此巨變，這給我們提供了瞭解冉魏建國的一個歷史背景。在這巨變中，我們可找出「殺胡之令」的頒佈與冉魏建國之間的相關知識。其次，「殺胡之令」可理解為冉閔通過煽動不少漢人而發起的話，那麼，我們不僅要找出其「令」頒佈的萬不得已，而且要說明冉魏是在漢人的支持下所建立的。據此可知，冉魏雖建國於「親漢」、「反胡」的理念之下，但現實中的胡人勢力迫使冉閔既設置大單于，又聘用胡人貴族，以此安撫眾多胡人。這很可能從根本上來說只是局限於冉魏王朝在克服胡漢民族矛盾中所面臨的問題。筆者將分析與此相關的問題。再次，筆者將找出冉閔為何反駁諸將的多次諫諍，而始終堅持「輕胡之事」的理由所在。這問題很可能涉及到冉閔過於沉醉在和後趙殘餘勢力間的軍事征戰獲勝的喜悅中，以及他自身醉心於當時胡、漢人所公認的「自古無胡人為天子者」的觀念裏。我們將對它進行分析以瞭解冉魏的敗亡與慕容鮮卑掌握中原之地的歷史事實。筆者將基於如上的史實展開討論，冉魏王朝從 350 年閏 2 月建國到 352 年 4 月滅亡雖僅存在 2 年多的時間，但我們能夠深入且較為全面地瞭解當時的時代背景以及中國北方的局勢變化。與此同時，我們以漢人王朝的事例為探尋十六國時期胡漢矛盾分析的切入角度，而不是照常理的以胡人王朝的事例進行分析，據此以期找出冉魏王朝的特點及其在歷史上的意義。這些內容就是筆者將在第三章中詳細分析的對象。

筆者將在第四章中著重探討為何建國初期掌握正統名分是十分受重視的原因。前秦在 383 年爆發的淝水之戰中為東晉所敗，當時眾多胡人集團利用前秦失去統治中國北方的機會，開始宣佈「自立」。在其過程中，有時他們可和其它勢力集團進行聯合，或者有時征服對方勢力，並確保根據地成為該地

〔註47〕市來弘志：《冉閔の胡人虐殺に關する一考察》，《响沫集》第 7 輯，1992 年，第 33〜35 頁。

區的霸主。於是，在淝水之戰結束後的不到三年時間裏，中國北方的局勢由慕容鮮卑的西燕、後燕，拓跋鮮卑的北魏，羌族的後秦，乞伏鮮卑的西秦，以及氐族的後涼等胡人王朝來重新編制起來。在這些王朝中，引起我們注意的是西燕和後燕的建國。〔註 48〕之所以有如此的想法，是因爲慕容鮮卑通過「民族」〔註 49〕的自覺和覺醒來打起「復燕」〔註 50〕旗幟，以重新建立曾被前秦所滅的「前燕」。在這裏，我們認爲西燕、後燕都是通過「復燕」活動來建立起的話，具體哪個王朝是繼承前燕的正統，而成爲它的「後身王朝」呢？目前學界普遍認爲，後燕莫過於前燕的後身王朝。不過，筆者對這種看法有很大的疑問。據此，筆者將在本章節中對西燕的建國過程及其歷史意義進行詳細地分析的同時，不僅要彌補研究不足的現狀，而且要證明西燕才是前燕的「後身王朝」的事實。那麼，我們將通過此分析會發現西燕被後燕所滅後，繼承前燕的正統名分的事實已被顛倒，並對此做出合理的解釋。〔註 51〕

〔註 48〕 《晉書》卷 28《五行志》中，第 849～850 頁，「符堅初，童謠云：『阿堅連牽三十年，後若欲敗時，當在江湖邊。』及堅在位凡三十年，敗於淝水，是其應也。又謠語云：『河水清復清，符堅死新城。』及堅爲姚萇所殺，死於新城。復謠歌云：『魚羊田升當滅秦。』識者以爲『魚羊，鮮也，田升，卑也，堅自號秦，言滅之者鮮卑也。』其羣臣諫堅，令盡誅鮮卑，堅不從。及淮南敗還，初爲慕容冲所攻，又爲姚萇所殺，身死國滅。」據此可知，符堅的身敗與前秦的滅亡在他即位時已預見，以符堅他對慕容鮮卑的寵信與重用爲其結局的主要原因，後來他爲慕容冲所敗後，已既成事實。

〔註 49〕 我們認爲，「民族」作爲西方近代國民國家出現之後的時代概念，用其概念來解釋對於在中國歷史上像十六國時期那樣的特定歷史時期以「非漢人」即胡人爲主形成的勢力集團或割據集團叫做「民族集團」似乎感到不很合適。由此，筆者在行文中，「民族」只用於前秦末慕容鮮卑爲了重新建立「前燕」時，是指持有這種共同的目標，而參與其活動的「勢力集團」。

〔註 50〕 《晉書》卷 114《符堅載記》下，第 2920 頁，「〔慕容泓〕遣使謂〔符〕堅曰：『……今天誘其衷，使秦師傾敗，將欲興復大燕……。』」此「興復大燕」可理解爲重新建立「前燕」的一切活動。那麼，「興復大燕」可簡稱「復燕」。以下的行文中，皆一律以此爲「復燕」。

〔註 51〕 繼承「前燕正統」之事無疑意味著前燕曾實行過的諸多政策，如對於與漢人士族間的合作；對中原漢文化的接受；「軍封制」的實施等或對其他政策再次做調整後重新實行下去。不過，我們認爲，這些政策應在王朝的統治根基打下之後才能實施，所以通過它來要對西燕和後燕如何爭奪該王朝的正統名分，並最終哪個王朝繼承「前燕正統」等問題進行探討不很合適。因此，筆者認爲，在本章節中，繼承「前燕正統」之事只意味著原前燕主慕容暐對於將來西燕、後燕的開國君主如何認識，且他們對「前燕正統」如何反映，就通過它的分析來，西燕、後燕中哪個王朝最終繼承「前燕正統」的問題了。

　　四世紀中後葉，慕容前燕在和氏族前秦爭奪中國北方的霸權中敗亡後，王公貴戚及文武百官等四萬多戶的鮮卑人被遷到前秦都城長安周圍，即關中之地。〔註52〕當時，前秦宰相王猛與苻堅弟苻融都預測因有這些鮮卑人而使前秦遭遇大混亂，〔註53〕所以為了保證苻氏社稷的安寧，必須對他們加強監視，甚至早日處置掉那些鮮卑人。〔註54〕據瞭解，以後的歷史發展證明他們的預見並沒有錯誤。即那些居住在關中的鮮卑人通過進行「反苻」鬥爭〔註55〕，使前秦不得安定，最終使它走上滅亡之路。〔註56〕我們在史書中

〔註52〕《晉書》卷111《慕容暐載記》，第2858頁。

〔註53〕有學者認為，王猛和苻融各自對慕容鮮卑的警備心理有明顯的不同：比如，王猛只對慕容垂個人加強警備。他憑藉和苻堅間的個人關係或自己的才能出仕於前秦，從中體現出和慕容垂間的權力鬥爭的色彩。與此不同，苻融卻對整個慕容鮮卑表示加強警備。就是說，氐族宗室作為前秦的核心集團，隨著他們的地位逐漸衰落，就從中表現出相應的危機意識。（藤井秀樹：《前秦における對慕容氏政策》，《史朋》第32輯，1999年，第34～39頁。）

〔註54〕《晉書》卷114《苻堅載記》下附王猛傳，第2933頁，「〔王〕猛曰：『……鮮卑、羌虜，我之仇也，終為人患，宜漸除之，以便社稷。』」同上書，苻融傳，第2936頁，「〔苻〕融又切諫曰：『陛下聽信鮮卑、羌虜諂諛之言，採納良家少年利口之說，臣恐非但無成，亦大事去矣。垂、萇皆我之仇敵，思聞風塵之變，冀因之以逞其凶德。少年等皆富足子弟，希關軍旅，苟說佞諂之言，以會陛下之意，不足採也。』」

〔註55〕筆者認為，鮮卑人的「反苻」鬥爭包括「反對氐族苻氏」以及「反抗前秦苻氏」等與此有關的一切行為。甚至更加意味著通過它來完成的他們的最終目標「復燕」，與在建立「前燕」的後身王朝中需要經過的全部過程。從而，其「反苻」鬥爭必須和「復燕」一起去理解，因為兩者間似乎未有多大的區別。

〔註56〕關於苻堅的民族政策、東晉經略及其意味，請參考朴漢濟：《苻堅政權的性格》，《中國中世胡漢體制研究》，首爾，一潮閣，1988年，第85～100頁以及姜文晧：《前秦苻堅的政治與帝權》，《中國學報》第37輯，1998年，第167～190頁。另外，關於苻堅的民族政策和前秦滅亡間的關係，請參考徐揚杰：《淝水之戰的性質和前秦失敗的原因》，《華中師範學院學報》期刊，1980年第1期以及李椿浩：《論苻堅的民族政策與前秦的滅亡》，《中央民族大學學報》期刊，2000年第1期。尤其，我們要注意在淝水之戰後集中發生胡人的「反苻」軍事鬥爭，這很可能因為在苻堅統治下他們大體上遭受壓迫或壓制。對於此問題，藤井秀樹卻提出了如下的看法：迄今為止，關於前秦苻堅的民族政策，在學術界仍存在著對於包括慕容鮮卑在內，進行壓制或壓迫，或者進行優待或重視的截然不同的看法。如果進行壓迫，能否適合在苻堅整個統治時期也是個問題，且能找到受優待的人，所以這種事例也不知如何理解。與此同時，如果進行優待，慕容宗室中可看見生活較為貧窮的人，且按照什麼標準來進行「優待」也是個問題。因此，據瞭解，苻堅多次任命慕容氏為地方官，派往邊郡去鎮守，且根據個人能力的高低來不一律同等對待。後來慕容氏也按照為苻堅所重視或輕視的程度來對待苻堅的。（藤井秀樹：《前秦に

發現那些鮮卑人被記載爲「關中燕人」〔註57〕。這支關中燕人打起「復燕」旗幟後能建立起西燕王朝，但始終他們的觀念被「反苻」鬥爭中所體現出的「東歸（案，離開關中之地，而返回關東之地的行爲）」〔註58〕所控制，再加上他們離開關中後踏上「東歸」之路時遭到後燕的壓力，所以只好停留於以長子（案，地名）爲中心的上黨地區。筆者認爲，對這些史實的分析可充分地說明慕容西燕的王朝性質及其歷史意義。據瞭解，385年建國的西燕是在394年告滅亡。因爲只存在10年的短暫時間〔註59〕而少於相關資料，而且它不屬於五胡十六國之範疇而尚未受到學者們的注意，從而迄今爲止對它的研究不是很活躍，甚至受到冷落。不過，在這種研究困境之中，有一篇文章出現在20世紀80年代，把和西燕相關的普遍史實整理起來，並對它進行綜合敘述，有助於我們全面地理解它，感到欣慰。〔註60〕以後經過20多年

おける對慕容氏政策》，《史朋》第32輯，1999年，第25～33頁。）
〔註57〕《晉書》卷114《苻堅載記》下，第2920頁。
〔註58〕《資治通鑑》卷106晉紀28孝武帝太元十一年（386）條，第3359頁，「胡注：鮮卑思東歸，而〔慕容〕沖安於長安，故怨。」據瞭解，鮮卑人在與前秦主力勢力間的軍事征戰中獲勝後，攻佔了長安，但不想安住於此地，總想著早日踏上「東歸」於關東的路程。不過，慕容沖卻尚未有這種想法，由此遭受鮮卑人的極大的怨恨。在這裏，我們認爲，當時的這些鮮卑人是爲了實現「東歸」夢想而很積極地參與「反苻」鬥爭的。那麼，實現「東歸」願望就是鮮卑人一切行動的原動力了。
〔註59〕目前大多學者認爲，西燕是從384年慕容泓自稱大將軍、濟北王開始，到394年其君主慕容永與都城長子被後燕慕容垂所殺與攻佔後的11年而存在。（王仲犖：《魏晉南北朝史》上冊，上海，上海人民出版社，1979年，第292頁；方詩銘編著：《中國歷史紀年表》，上海，上海辭書出版社，1980年，第62頁；橫山貞裕：《鮮卑慕容氏の歸義過程》，《國士館大學教養論集》第15輯，1982年，第46頁；劉學銚：《鮮卑史論》，臺北，南天書局，1994年，第146頁；康玉慶：《西燕建都長子原因探究》，《太原大學學報》期刊，2009年第4期，第10頁。尤其是，橫山貞裕卻在該論文的第46頁便做圖表整理了各個五胡王朝的國名、民族別、姓氏、始祖、時期、代數。其中，西燕是從384年威帝（指慕容沖）所建立，只存在2代就告滅亡。但又在第51頁的〈鮮卑慕容部的世系表〉中，西燕的世系共有慕容沖—慕容忠—慕容永等3代。）與上述看法不同，筆者則認爲，384年慕容泓雖自稱大將軍、濟北王，但因原前燕主慕容暐仍活著，還存在道德意識上對他的約束，此外，其「西燕」尚未確保統治根據與統治疆域。由此，此年定爲西燕的建國年頗不合適。那麼，西燕的建國年應當在385年，慕容沖確認慕容暐之死後，在阿房城即燕帝位，改元更始的年間。這種見解較爲合理的話，西燕的存在時間應當不是11年，而是10年。
〔註60〕池培善：《對西燕的研究》，《白山學報》第32輯，1985年。（池培善：《燕的復興運動與西燕的國制變化過程》，《中世中國史研究——慕容燕與北燕史》，

的時間，有對西燕立國之初政權結構、王朝戰略目標、社會背景之關係，探討其立國基礎不穩定的原因〔註61〕；有對與西燕和後燕的「復燕」相關的事情進行探討〔註62〕；有主要探討淝水戰之後慕容鮮卑的政治、軍事活動〔註63〕；有對關中鮮卑人結束「東歸」，而定都於長子的原因等問題進行分析〔註64〕。除此之外，有一篇論文雖不針對西燕作爲主要的研究對象，但圍繞著慕容鮮卑的「復燕」活動來探討後燕和南燕的建國問題。〔註65〕筆者認爲，如上的研究應有助於理解在從前前燕滅亡後，鮮卑人被遷到敵國前秦都城周圍居住的全過程，與此同時，通過「復燕」活動來建立西燕，並定都於長子，此成爲割據王朝等的整個史實研究。不過，如上的研究似乎沒有分析他們所打起的「復燕」旗幟中所包含的實質與特點，還有西燕的建國在歷史上佔有何等地位等問題。筆者基於此要分析關中鮮卑人的「復燕」過程如何進行，其具有什麼意義，甚至其過程與完成直接關係到西燕的建國，而西燕是否繼承前燕正統等的問題。實際上，這次敘述應該是能夠明確淝水戰後慕容鮮卑的存在狀況及其活動的。其次，據瞭解，慕容泓自稱繼承原前燕主慕容暐的遺業，但不久被殺了。之後其弟慕容沖即燕帝位。據此可知，他們都活著時，西燕應是毫無疑問地繼承前燕正統的後身王朝。但後來慕容沖被殺後，在鮮卑人開始走上「東歸」之路，並在這時爆發了統治階層內部的權力鬥爭。慕容永作爲最後的勝利者，即燕帝位。我們到此時會發現在「西燕繼承前燕的正統問題」上發生了相應的變化。那麼，我們有必要對爲什麼發生如此的變化，且慕容永爲了克服這個問題所採取的措施進行應有的分析。筆者希望能通過

首爾，延世大學校出版部，1998年，第21～95頁。）這篇文章是在韓國國內外第一次較爲詳細地敘述西燕歷史的學術論文，由此應得到較高的評價。但是，其文章不僅對當時的大多史實敘述得都很通俗，而且不少「看法」仍有討論的餘地。因此在行文中，筆者將隨時提出一些淺陋的看法，以便瞭解與此有關的更多事情。

〔註61〕張正田：《西燕政權結構、戰略目標與其興衰關係——以立國初期（公元三八四～三八六）爲研究中心》，《政大史粹》第6輯，2004年，第1～60頁。

〔註62〕劉玉山、劉偉航：《十六國時期慕容西燕、後燕幾個問題的再檢討》，《東南文化》期刊，2007年第1期，第65～70頁。

〔註63〕趙紅梅：《淝水之戰後慕容鮮卑的復國之途》，《黑龍江民族叢刊》期刊，2009年第6期，第92～95頁。

〔註64〕康玉慶：《西燕建都長子原因探究》，《太原大學學報》期刊，2009年第4期，第10～13頁。

〔註65〕李椿浩：《「統府」體制與後燕、南燕的建國》，《東方學》第15輯，2008年，第171～200頁。

如上的分析清楚地瞭解所謂繼承前燕的正統名分問題在西燕建國之初和之後怎樣變化下去。我們認為，如上的研究構想若能夠較為順利地實踐下去，不僅使西燕王朝的建國體系等歷史性質在十六國時期更加明朗化，而且有助於我們瞭解淝水戰之後慕容鮮卑的歷史活動。

　　筆者將在第五章中著重探討建國時尤其是在無法找到出師之名，且未能確保任何名分或名利時其開國君主如何解脫困境之事的內容。眾所周知，羌族〔註66〕惟一的王朝，即後秦（386～417）卻建國於十六國向北朝過渡的時期，由此引起一些學者們的注意。他們不僅分析了此時的時代現象，而且尋找其普遍的歷史特點，以之為研究對象。大致有如下的研究：通過「營戶」、「堡戶」、「鎮戶」、「兵戶」的分析，尋找後秦所採取的統治人民的方式〔註67〕；先弄清嶺北之地的具體位置，而後尋找此地為何受重視的原因，加上通過處於其中心之地的安定（案，地名）來瞭解後秦的地方統治制度的發展變化〔註68〕；甚至有研究表明在十六國北朝時地方統治的軍事化應從後秦時開始，到北魏時更加得以發展。〔註69〕除此之外，有對於後秦的漢化，以及法制等問題進行分析的研究。〔註70〕另外，有研究則表明從前在後趙石虎時被遷徙於關東

〔註66〕關於羌族的來源，或後來的後秦由來，請參考黃烈：《古羌、西羌、東羌和後秦》，《中國古代民族史研究》，北京，人民出版社，1987年，第39～106頁；關於十六國時期河西地區的羌族，請參考趙向群：《論十六國時期河西主要民族的地位與作用》，《文史哲》期刊，1993年第3期，第20～21頁；關於秦漢時期羌族的一般情況，請參考尚新麗：《秦漢時期羌族的遷徙及社會狀況》，《南都學壇》期刊，1997年第5期。

〔註67〕唐長孺：《晉代北境各族「變亂」的性質及五胡政權在中國的統治》，《魏晉南北朝史論叢》，北京，生活・讀書・新知三聯書店，1955年，第165～168頁；高敏：《試論十六國時期的兵戶制及其特徵》，《魏晉南北朝兵制研究》，鄭州，大象出版社，1998年，第186～216頁；陳琳國：《十六國時期的「軍封」、營戶與依附關係》，《華僑大學學報》期刊，2008年第1期，第96～98頁。

〔註68〕吳宏岐：《後秦「嶺北」考》，《中國歷史地理論叢》期刊，1995年第2期；侯甬堅：《十六國北朝「嶺北」地名溯源》，《中國歷史地理論叢》期刊，2001年第1期；李椿浩：《試論羌族後秦之安定地區的地位及其變遷》，《中國歷史地理論叢》期刊，2003年第3期。

〔註69〕牟發松：《十六國時期地方行政機構的軍鎮化》，《晉陽學刊》期刊，1985年第6期，第39～42頁；張金龍：《十六國「地方」護軍制度補正》，《西北史地》期刊，1994年第4期，第30～38頁；高敏：《十六國時期的軍鎮制度》，《史學月刊》期刊，1998年第1期，第18～24頁。

〔註70〕李啟命：《姚秦政權與漢化政策》，《東洋史學研究》第76輯，2001年；戴曉剛：《後秦姚氏的漢文化修養》，《社會科學輯刊》期刊，2008年第2期；何寧生：《後秦法制初探》，《西北大學學報》期刊，1995年第4期。

灄頭之地的以姚氏爲主的羌族開始接受中原漢文化的影響，而提高部族民的素質，這後來對姚氏建立後秦王朝做出了決定性的影響。〔註71〕筆者認爲，如上的諸多研究在本章節的敘述中有所涉及時應提供較爲合理的說明。即，姚萇本人有大營，他所轄的其他將軍也有軍營。姚興時由於以徙民充兵者數量的增加，姚萇所建大營的兵戶數量也增加了，以致由一個大營變成了四個，並置四軍以領兵戶。〔註72〕

前秦爲一統天下而征伐東晉，但大敗於淝水，之後遭遇眾多胡人貴族的「反符」〔註73〕軍事鬥爭，並走上衰亡之路。在 384 年，作爲羌族大酋的姚萇贏得「西州豪族」〔註74〕的大力支持，自稱秦王後，從前秦的控制中圖謀自立，不過這行爲是否可理解爲「後秦」的建國筆者仍感到非常大的疑問。這是因爲，姚萇所設置的統治機構不具備王朝框架下的條件特質，還尚未確保統治區域，即疆域，與此同時，不可把統治對象，即人民百姓固定於某個地域進行有效地管理。據發現，已認清這種事實的姚萇先設置以君主身份而統領的「大營」，並通過它踏上建立後秦王朝之路。〔註75〕那麼，筆者相信通

〔註71〕羅新：《枋頭、灄頭兩集團的凝成與前秦、後秦的建立》，《原學》第 6 輯，1998 年。另外，有學者則認爲後秦的建國過程分爲三個階段：如姚弋仲時代（後趙政權下的姚氏集團）、姚襄時代（東晉、前秦政權與姚氏集團）、姚萇時代（前秦政權下的姚氏集團與自立）。（町田隆吉：《後秦政權の成立——羌族の國家形成（その一、二）》，《東京學芸大學附屬高校大泉校舍研究紀要》第 7 輯、第 9 輯，1983 年、1985 年。）

〔註72〕高敏：《試論十六國時期的兵戶制及其特徵》，《魏晉南北朝兵制研究》，鄭州，大象出版社，1998 年，第 201～202 頁。

〔註73〕這種「反符」的用語雖包含著反對前秦符氏的意味，但筆者在本章節中較爲廣泛地以不響應符氏或不贊成符氏的意思使用其用語。由此看來，在行文中，「反符」集團是指因種種理由不和前秦符氏走在一起的勢力集團。

〔註74〕《晉書》卷 116《姚萇載記》，第 2965 頁。

〔註75〕目前，關於後秦何時建國，存在著兩種截然不同的看法：第一、是姚萇自稱大將軍、大單于、萬年秦王，而建元的 384 年。其根據爲（1）胡三省的注釋（《資治通鑒》卷 105 晉紀 27 孝武帝太元九年（384）條，第 3328～3329 頁，「《通鑒目錄》：年經國緯，自此以後，姚萇繫之後秦」以及「姚萇書後秦，以別於符秦也」），（2）秦錫田的見解（秦錫田：《補晉僭國年表》，《二十五史補編》第三冊所收，北京，中華書局，1998 年，晉太元九年（384）條，第 3998 頁，「四月秦符叡署萇司馬，叡死，萇叛自稱萬年秦王，建元」），（3）方詩銘的見解（方詩銘編著：《中國歷史紀年表》，上海，上海辭書出版社，1980 年，第 61 頁）；第二、是姚萇定都於長安後，即秦帝位的 386 年。（1）萬斯同的見解（萬斯同：《僞後秦將相大臣年表》，《二十五史補編》第三冊所收，北京，中華書局，1998 年，第 4051 頁），（2）王仲犖的見解。他則認爲，姚萇就在羌族

過本章節的敘述對於大營的設置及其作用的分析，有助於集中探討與後秦的建國及其發展相關的問題。據瞭解，從前在學術界已對大營進行過較爲專門的研究：如，不僅對大營的結構及其構成人員，而且通過大營的發展變化來尋找後秦的統治方式如何發展下去。〔註76〕對於大營的設置時間，其結構與構成人員等問題，筆者卻與以往研究結果有完全不同的看法。尤其是，大營設置之後，其作用直接關係到後秦的建國及其發展，因此有必要對它進行更爲深入的研究探討。由此，希望以本章節的敘述爲契機，能有助於正確瞭解在較爲短暫時間所生存或滅亡的十六國時期諸多王朝的歷史現象。那麼，筆者將在對如上諸多問題的認識以及對「大營」的理解，圍繞著大營的設置與後秦的建國，對於其內部的結構和編制，大營與諸營間的關係等進行分析。姚萇自稱大將軍、大單于、萬年秦王後，就設置了相應的「軍政統帥部」，且在其下安置了胡、漢歸附民。這就是意味著姚萇設置以君主的身份直接統領的大營。姚萇任命關隴胡漢豪強爲屬官，將胡、漢人五萬餘家可分爲「兵吏」及其「家屬」，由他們組成大營的人員。據發現，後來已稱帝的姚萇仍統領大營，並繼續圖謀後秦的發展，甚至他死後，暫時推遲即帝位的皇太子姚興自稱大將軍後，統領大營，以準備和苻登間的最後決戰。另外，姚萇任命姚氏一族和胡漢豪強爲□□將軍，並使他們處於自己的統治之下，與此同時，不僅認可他們所統的軍營的存在，而且承認對它的實際統治權，由此逐步轉換爲後秦的建國及其發展。已被認可其統治權的諸將軍聽從姚萇的命令，參與對姚氏政權的敵對勢力集團的征伐〔註77〕，或許履行向大營供給軍糧的任務，得以對後秦的建國與發展做出應有的貢獻。如果這種姚萇和諸將軍間的

和西州豪族的支持下，在渭北自稱大將軍、大單于、大秦天王，準備取苻堅而代之了。後來，苻堅被殺，攻佔長安的慕容鮮卑開始東歸，姚萇輕易地取得長安。386年，姚萇即秦皇帝位於長安，國號大秦，史稱後秦。（王仲犖：《魏晉南北朝史》上冊，上海，上海人民出版社，1979年，第300頁。）據上述，筆者認爲，萬斯同和王仲犖的見解更有說服力，因此採用了他們的看法。那麼，從姚萇自稱大將軍等官號到即秦帝位的兩年多的時間不是屬於「後秦」王朝的事情，而是指準備建國的「姚氏政權」。因此，兩者可以如此做分別。

〔註76〕關尾史郎：《「大營」小論──後秦政權の軍事力と徙民措置》，《中國古代の法と社會》，東京，汲古書院，1988年。

〔註77〕筆者將在本章節中較爲廣泛地使用這種「姚氏政權的敵對勢力集團」的用語。就是說，此與其說簡單地敵視姚氏的勢力集團，不如說反對或敵對和姚萇一同參與建立後秦的任何勢力集團。因此，從這方面來看，氐族苻登是最具有代表性的敵對勢力了。

關係能擴大化，即理解爲大營和他們所統的諸營間的關係的話，就是說，如果這兩股勢力能夠順利結合起來對敵視姚氏政權的勢力集團實行相應的軍事措施的話，在此大營就發揮主導性的作用。接著，筆者將把後秦的發展與大營的作用相連接在一起時，特別注意「以安定爲根本」﹝註 78﹞的史書記載，以之分析其中的核心內容。姚萇設置大營後不久，其政治、軍事活動的地點遷移於嶺北之地。這是因爲，他想把此地作爲與敵對勢力從事軍事征戰的後勤保障根據地，以完成後秦的建國及其發展。據發現，姚萇攻佔嶺北之地的戰略要地安定之後，不僅實行多方面的政治措施，而且令大營戶常駐於此地，還在完成每次軍事任務後，率將吏返回去。之所以如此，是很可能因爲要給將吏提供休整，且解決糧食供應等問題。因此，胡三省就做注釋曰：「姚萇之興也，以安定爲根本，後得關中。」﹝註 79﹞除此之外，筆者將分析爲何和敵對勢力間的軍事征戰就爆發在嶺北之地，且整理出軍事征戰的具體事例，由此尋找其所包含的意味。那麼，大營的作用中嶺北作爲其首要的戰略地區，其重要性自然而然地體現出來。這就是最終尋找大營的作用與後秦的發展過程間的相關關係。在第五章主要圍繞著以大營的設置及其作用爲新的視角來，分析探討後秦的建國體系問題。如果上述研究能給理解十六國時期各個胡人王朝的建國過程提供一個事例的話，筆者最初準備本研究的目的就欣然告成了。

筆者將在第六章中著重探討建國時那些和開國君主一同參與創建王朝的「結謀者」如何進入官僚階層，且對君權造成怎樣的影響，與此同時，其君主又如何擺脫這種守制於「結謀者」的局面，所採取的多項措施，以加強君權的全過程。﹝註 80﹞在四世紀中後葉，建立後燕於華北之地的慕容鮮卑不僅在統治階層內部的權力爭奪中，而且在與北魏間的軍事征戰中也同樣遭受失敗，在失去其大部分疆域後，分裂成逃奔於遼西之地的後燕殘餘勢力和一股以慕容德爲首在淮北之地建立南燕的勢力。尤其是，在遼西之地偏安一隅的後燕王朝由於慕容盛的恐怖政治，﹝註 81﹞以及他死後即位的慕容熙的暴政、

﹝註 78﹞《資治通鑒》卷 107 晉紀 29 孝武帝太元十二年（387）條，第 3375 頁。
﹝註 79﹞《資治通鑒》卷 117 晉紀 39 安帝義熙十二年（416）條，第 3692 頁。
﹝註 80﹞據瞭解，所謂「君權」是指君主作爲某王朝的最高統治者，所擁有的不受任何限制的權威或權力。由此，筆者將在本章節中根據這種「君權」之意，主要通過該君主在位時其權力如何確立或加強，試圖接近北燕主高雲、馮跋的君權的特點及其性質等問題。
﹝註 81﹞《晉書》卷 124《慕容盛載記》，第 3104 頁，「〔慕容盛〕懲〔慕容〕寶闇而不斷，遂峻極威刑，纖芥之嫌，莫不裁之於未萌，防之於未兆。於是上下振局，

虐政在進入五世紀時，整個王朝內外彌漫著滅亡的徵兆，使王朝被拉扯到無法再生的地步。當時，擔任意爲「中樞之官」的侍御郎、中衛將軍、左衛將軍〔註82〕而負責帝王的安慰以及宮廷的宿衛，很有把握控制政局變化的馮素弗、馮跋、張興等人〔註83〕就利用大多百姓因繁重的賦役而高漲的「反慕容熙」的情緒，就發動武裝舉事。〔註84〕這時能起到關鍵作用的就是「二十三人結謀者」。〔註85〕就是說，他們雖在行動上尚未受約束而能夠狂放不羈，正義不屈，但特別是在馮跋、馮素弗兄弟和張興等人違犯法令，避身於某處的時候，能與平時保持緊密關係的孫護等人結成組織，而後說服當時威望較高的高雲後，並推舉他爲盟主，發動了公開的武裝舉事。〔註86〕他們掌握慕容熙因皇后苻氏的葬禮而暫時離開都城和龍城的時機，先後採取有效的措施潛入都城，以便控制政局。之後在和慕容熙間的決戰中獲勝，殺害了他，較爲順利地建立起代後燕的所謂「北燕」的新王朝。高雲被馮跋兄弟所推舉爲結謀者的盟主，在其武裝舉事成功之後即天王位。〔註87〕這樣他能登上權力的

人不自安，雖忠誠親戚亦皆離貳，舊臣靡不夷滅，安忍無親，所以卒于不免。」

〔註82〕 侍御郎、中衛將軍、左衛將軍都是後燕禁衛武官。尤其是，侍御郎是後燕君主身旁的親近禁衛武官，其所率爲精銳禁衛軍。（張金龍：《十六國五燕禁衛武官制度考》，《社會科學輯刊》期刊，2003年第6期，第101頁。）

〔註83〕 李椿浩：《試論五胡十六國時期後燕的中樞之官》，《中國古中世史研究》第19輯，2008年，第288～295頁。

〔註84〕 《資治通鑒》卷114晉紀36安帝義熙三年（407）條，第3598頁，「〔慕容〕熙賦役繁數，民不堪命，〔馮〕跋、〔馮〕素弗與其從弟〔馮〕萬泥謀曰：『吾輩還首無路，不若因民之怨，共舉大事，可以建公侯之業，事之不捷，死未晚也。』遂相與乘車，使婦人御，潛入龍城，匿於北部司馬孫護之家。及熙出送葬，跋等與左衛將軍張興及苻進餘黨作亂。」

〔註85〕 《魏書》卷97《海夷馮跋傳》，第2126頁，「〔馮〕跋乃與從兄萬泥等二十三人結謀。」《晉書》卷125《馮跋載記》，第3127頁，「〔馮跋〕遂與〔馮〕萬泥等二十二人結謀。」據上述可見，史書不同記載著和馮跋一同參與武裝舉事的結謀者有23人或22人。在此，我們卻不知爲什麼會有如此的不同。不過，筆者卻認爲，「二十三人結謀」很可能接近實際情況，就採用了它。與此同時，在一同結合組織的23人中，我們在史書上只找出10多人的蹤迹，對其他人卻不得而知。即便如此，他們在北燕政壇中所做的作用或影響不可小看。由此，筆者將圍繞著他們的行爲來分析探討北燕的建國體系及其相關的政治問題，就採用了「二十三人結謀者」，而加以概括。

〔註86〕 《晉書》卷124《慕容熙載記》，第3107頁，「中衛將軍馮跋、左衛將軍張興，先皆坐事亡奔，以熙政之虐也，與從兄萬泥等二十二人結盟，推慕容雲爲主，發尚方徒五千餘人閉門距守。」

〔註87〕 實際上，「天王」這一稱呼具有「皇帝」般的權力，就在加強權力的絕對化或統一化時，並在受到其他競爭對手的牽制時會出現。（谷川道雄：《五胡十六

頂峰，但就當時的局勢都爲馮跋兄弟所控制而言，權力核心層應包括他們在內的那些結謀者來充任。因此，關於當時君權的特點及其性質問題，將涉及到高雲如何佔有君主之位，如何加強自己的勢力，以脫離馮跋兄弟的控制，而採取的一些政策有一定的關係。〔註 88〕不僅如此，後來馮跋、馮素弗在幕後操縱殺害高雲，並成功奪取政權，但他們當中誰能即天王位的事實給我們提供瞭解當時君權性質的旁證。就是說，馮跋從未具備帝王的資質，把其位讓給親弟馮素弗。對此，馮素弗卻以爲：作爲「子弟」的他不可超越「父兄」，而極力推辭，於是馮跋終於即天王位。那麼，我們會設想當時馮跋不具備擁有管理整個王朝的權力，或許受到以他的競爭對手其長弟馮素弗的牽制，只好仍使那些結謀者進入官僚階層，與此同時，馮跋所採取的諸多政策，直接關係到他爲確立和加強君權的目的。據瞭解，自古以來任何一位開國君主對於一些爲創建王朝而立下汗馬功勞的人士通過論功行賞等方法，把他們拉進官僚階層是司空見慣的事情。尤其是，在王朝的建國過程中，開國君主尚未能獨掌大權，還必須依靠共同參加武裝舉事的「結謀者」，或者由不因本人意願而被舉薦爲結謀者代表的開國君主繼續創業，那麼，這些結謀者進入權力的核心層便是自然而然的事了。這時登上帝王位的君主感到在其君權已建立的情況下，仍然或多或少爲那些結謀者所操縱，便採取多種措施以脫離這種局面，以確立和加強君權。

從前，在北燕的研究成果中，五胡王朝在其王權的存在形式、支配結構、政局變化等都集中闡述於十六國前期，由此有一種研究需要因對十六國後期的研究稍微受忽略而對此進行分析〔註 89〕；通過以高句麗人高雲的「人物史」的分析，瞭解後燕的滅亡與北燕的建國〔註 90〕；通過從北燕建國到滅亡的全

國史、北周における天王の稱號》，《隋唐帝國形成史論》，東京，筑摩書房，1971 年，第 325～331 頁。）

〔註 88〕筆者將闡述高雲爲了確立和加強君權，而採取的多項措施；他在和馮氏一族間的權力鬥爭中所表現出的種種趨向；還有他在被馮跋兄弟所殺害等的來龍去脈時，直接參考了劉玉山的見解。（劉玉山：《北燕王高雲被弒眞相探微》，《求索》期刊，2005 年第 11 期。）之所以如此，主要是因爲限於史料缺乏，與此同時，和劉玉山的見解一樣，高雲被馮跋兄弟推舉爲那些結謀者的盟主，他在後燕王朝中具有一定的權威和地位，這就是後來他能和馮跋間展開權力爭奪的主要資本。甚至從君權原有的性質來看，高雲被推舉爲北燕天王後，爲了確立最高統治權力，而加強中央集權是他唯一的選擇。

〔註 89〕大澤陽典：《慕容燕から馮燕へ》，《立命館文學》第 418～421 輯，1980 年。

〔註 90〕池培善：《關於北燕（一）——以高句麗王族後裔高雲及其在位時爲中心》，《東方學志》第 54、55、56 合輯，1987 年。（池培善：《高句麗王族後裔高

過程來分析其與高句麗間的政治關係〔註 91〕；有探討北燕以馮跋在位時為中心的歷史事實的〔註 92〕；也有研究主要對於北燕統治集團的形成過程、政治制度、對外關係、北魏的入侵與滅亡等的事情進行探討的〔註 93〕；還有圍繞著以馮跋為首的漢人怎能進行「慕容鮮卑化」的研究的。〔註 94〕除此之外，有研究闡明了高雲被馮跋兄弟所推舉為北燕主的原因，以及他如何被殺的真相等問題。〔註 95〕筆者認為，如上諸多研究在本章節的思路中應該相互聯繫，啟發我們全面、深入地思考：比如，高雲作為結謀者的一個成員所起的作用應得到積極的評價；馮跋在大定百官時都重用了那些以結謀者為中心的人物。即便如此，目前從未出現圍繞著以「二十三人結謀者」的權力核心層為首來闡述北燕的建國及其君權問題的研究，因此筆者將在本章節中著重敘述與此相關的問題的同時，不僅要對在君主周圍的結謀者內部尚存的權力的交叉關係，而且要對北燕建國的來龍去脈，甚至在北魏的軍事威脅下，北燕要在遼西之地圖謀發展等的事情，一一進行分析探討，並做詳細的闡述。如上的思路按計劃順利地推行下去，我們希望 3 主 30 年能維持國運的北燕王朝在其權力核心層由那些滅亡後燕時的結謀者來充任；高雲和馮跋都受到那些結謀者的或多或少的影響；高雲、馮跋各自為了確立和加強君權而做過的種種努力等問題，能夠明顯地展現出來。尤其是，馮跋所進行的諸多「善政」都因有所謂「善意」的潛在競爭對手馮素弗的存在而得到施行並發揮作用的話，這應是結謀者對君權引起積極影響的一面了。

　　以上的研究構想雖屬於創建王朝的內容，當然不同時期、不同民族與所

雲的北燕建國過程》，《中世中國史研究——慕容燕與北燕史》，首爾，延世大學校出版部，1998 年，第 281～313 頁。）

〔註 91〕 薛海波：《試論北燕與高句麗的政治關係》，《東北史地》期刊，2010 年第 6期。

〔註 92〕 池培善：《關於北燕（二）——以馮跋及其在位時為中心》，《東洋史學研究》第 29 輯，1989 年。（池培善：《北燕馮跋王國的發展與對內外政策》，《中世中國史研究——慕容燕與北燕史》，首爾，延世大學校出版部，1998 年，第 315～364 頁）；孫晶琪：《簡論馮跋》，《松遼學刊》期刊，1996 年第 3 期。

〔註 93〕 張金龍：《北燕政治史四題》，《南都學壇》期刊，1997 年第 4 期。

〔註 94〕 三崎良章：《北燕の「鮮卑化」について》，《早稻田大學本庄高等學院研究紀要》第 21 輯，2003 年（三崎良章：《北燕の「鮮卑化」》，《五胡十六國の基礎的研究》，東京，汲古書院，2006 年，第 121～135 頁。）

〔註 95〕 劉玉山：《北燕王高雲被弒真相探微》，《求索》期刊，2005 年第 11 期；金洪培：《馮跋擁立高雲為北燕王之原因探析》，《延邊大學學報》期刊，2010 年第 4 期。

處的不同環境都體現出各個五胡王朝所擁有的獨特性質，但更全面地理解其建國體系，我們有必要探討建國後尤其對包括本民族在內的胡人所採取的統治方式。換言之，通過對它的研究能更準確或全面地把握五胡王朝的建國體系問題。據此，筆者將在第七章的敘述中重點探討五胡王朝對居於京畿的眾多胡人所採取的統治方式。當然這問題直接關係到大單于的任職和單于臺的設置。所以，筆者不僅對單于之號的變質及其所包含的內容，而且對單于臺作爲統治胡人的一種軍事機構，在各個五胡王朝內所扮演的多種角色進行詳細地分析探討。

眾所周知，單于不僅作爲匈奴部眾之首長，具有和中原漢人王朝的「天子」、「皇帝」一樣的至高無上之意，〔註96〕而且作爲連接天神與匈奴部眾間的媒介〔註97〕，具有「廣大之貌，言其象天單于然」〔註98〕之意。〔註99〕由這麼尊貴的酋長單于來統治的「匈奴帝國」〔註100〕經過冒頓、老上單于的鼎盛時期後，至東漢初時，不僅因圍繞著單于位的繼承而爆發的多次內部鬥爭，而且因空前自然災害而使游牧經濟崩潰，已分裂成南、北匈奴。〔註101〕之後

〔註96〕 林幹：《匈奴通史》，北京，人民出版社，1986年，第26頁。匈奴人稱單于爲「撐犁孤塗單于」。其實「撐犁」爲「天」，「孤塗」爲「子」，因此「撐犁孤塗單于」一詞，即「像天子那樣廣大的首領」。如此看來，這種稱號反映了單于已由一般的首領的意義轉變爲具有至高無上的意義。（請參考《漢書》卷94《匈奴傳》上，第3751頁。）與此同時，冒頓單于寫給漢文帝的書簡中有「天所立匈奴大單于」，或者在老上單于的書簡中也有「天地所生日月所置匈奴大單于」。這些都表明單于的地位和中原漢人王朝的皇帝、天子相當。（請參考《漢書》卷94《匈奴傳》上，第3756～3760頁。）

〔註97〕 澤田勳：《匈奴君長權の性格——匈奴游牧社會の歷史的規定をめぐって》，《駿台史學》第43號，1978年，第52頁。

〔註98〕 《史記》卷110《匈奴列傳》，第2888頁。

〔註99〕 陸思賢：《「撐犁孤塗單于」詞義反映的「孿鞮氏」族源》，《內蒙古大學學報》期刊，1985年第3期，第19頁。匈奴人都得尊敬地稱單于爲「撐犁孤塗單于」，此直譯即爲「天子單于」。如果用現代通俗化的語言來表達，那麼匈奴人的將相大臣們見到單于時，都要恭敬地叫一聲「偉大的天子」。

〔註100〕 羅新：《匈奴單于號研究》，《中國史研究》期刊，2006年第2期，第23頁。

〔註101〕 有學者則用單于「自尊」意識的發展變化來分析探討了兩漢時期匈奴的興衰。他認爲，冒頓單于、老上單于的「自尊」意識最爲強烈，但後來匈奴在漢武帝時遭受漢軍的重創後，其單于的「自尊」意識已顯露出弱化的趨勢。而後王莽新朝時，其「自尊」意識有所恢復。但在東漢建國時，尤其是匈奴分裂爲南、北兩部後，其「自尊」意識越來越淡。單于「自尊」意識的變化，既與匈奴自身勢力的強弱有關，也與匈奴和周邊政權的關係尤其是漢匈關係的變化有關。（崔明德：《略論兩漢時期匈奴首領的「自尊」意識》，《中國邊疆

北匈奴趨於西遷，逐步消失於中國歷史上，而南匈奴降於東漢，就失去曾建立匈奴帝國並統治諸多游牧民族的無上榮譽，逐漸轉變成居於東漢塞外的弱小部落。〔註102〕與此同時，單于之號也失去它曾所包含的至高無上之意，已轉變爲類似於漢朝的「王」之類的爵號，進而成爲中原皇帝向塞外胡人君長授予的稱號。〔註103〕這種情形延續到魏晉時從未改變，中原王朝把單于之號授予給有勢力的胡人酋長，用之加以安慰其部眾，以謀求北境的安定。〔註104〕

　　統一王朝西晉因統治階層內部的腐敗、貪污以及遭遇八王之亂、永嘉之亂，而國力趨於衰弱，走上滅亡之路。這時，秦漢以來已內遷的諸多胡人先後建立起自己的王朝，當其君長宣佈開國時，大多自稱大單于。比如，匈奴漢的劉淵既稱大單于，又稱漢王；後趙的石勒既稱趙王，又稱大單于；前燕的慕容皝稱燕王的同時，稱大單于。其子慕容儁即燕王位後，仍稱大單于；前秦的苻健自稱大秦天王、大單于；西秦的乞伏國仁自稱大都督、大將軍、大單于、河南王；南涼的禿髮烏孤自稱大都督、大將軍、大單于、西平王；大夏的赫連勃勃自稱大夏天王、大單于。據瞭解，大多五胡王朝的開國君主之所以創建王朝時自稱大單于，是因爲有意地宣佈自己既是本民族又是其他眾多胡人的最高統帥。然而至每個王朝的統治力量趨於穩定或鞏固時，其君主則任命儲君在內的其他親子弟爲大單于，令他專門負責管理居於京畿的胡人。〔註105〕這是因爲在現實上其疆域內除本民族之外還有不少胡人，而需要

史地研究》期刊，2008年第1期，第1～7頁。）

〔註102〕馬利清：《原匈奴、匈奴——歷史與文化的考古學探索》，呼和浩特，內蒙古大學出版社，2005年，第315～323頁。

〔註103〕《晉書》卷97《北狄匈奴傳》，第2548頁，「呼韓邪感漢恩，來朝，漢因留之，賜其邸舍，猶因本號，聽稱單于，歲給縣絹錢穀，有如列侯。子孫傳襲，歷代不絕。」

〔註104〕有學者分析佛教在胡人王朝中的統治力量時，則認爲由於胡人長期受制於漢人，漢人長久以來的夷夏觀念以及現實的政治、文化上的優勢，對一般胡人的自信心有很大的打擊。所以他們要起來獨立建國，甚至一統天下，有必要再尋求一種政權合理化的理論。一方面可反駁歧視胡人的觀念，另一方面也可加強自己的自信心。（呂春盛：《五胡政權與佛教發展的關係》，《國立臺灣大學歷史學系學報》第15輯，1990年，第173～174頁。）由此，可以看到在魏晉時胡人普遍屈從於漢人，其首領大單于自任「天之驕子」的意識也遭受到非常大的挫折。

〔註105〕關於大單于在五胡王朝中專門管理統治胡人（案，嚴格地講其胡人應是居住於京畿的），而隨即在史書上可找出像「鎮撫百蠻」、「撫納羣胡」、「統壹百蠻」、「統諸部雜夷」、「鎮撫六夷」一般的記載。據此，有學者認爲，五胡十六國之一的匈奴漢時，單于或大單于的地位已淪爲中央職官大司徒或封疆大吏相

對之進行統一管理。從此，大單于失去胡人從前固有的「自由的象徵」，已轉變因需要非漢人的統治而爲皇帝所任命的官吏，與此同時，爲了順利推行胡人的管理統治，就設置其統治機構，即單于臺。〔註106〕目前關於以往五胡王朝的研究，多數學者圍繞著民族融合或胡漢分治等在各個王朝內共同出現的問題，或者每個王朝固有的特點和具有代表性的人物等問題〔註107〕，以及對某個王朝的單獨研究來進行分析探討〔註108〕。不過，令人欣慰的是，隨著有關問題的分析探討逐漸成熟，並相關研究多次得以深入展開，對大單于的存

等，非復匈奴最高首領之舊了。（林幹：《匈奴通史》，北京，人民出版社，1986年，第 197 頁。）

〔註106〕谷川道雄：《南匈奴の自立およびその國家》，《隋唐帝國形成史論》，東京，筑摩書房，1971 年，第 51 頁。

〔註107〕谷川道雄：《南匈奴の自立およびその國家》，《慕容國家における君權と部族制》，《隋唐帝國形成史論》，東京，筑摩書房，1971 年，第 30～67 頁，第 68～99 頁；馮君實：《十六國官制初探》，《東北師範大學學報》期刊，1984 年第 4 期；邱久榮：《十六國時期的胡漢分治》，《中央民族學院學報》期刊，1987年第 3 期；周偉洲：《論十六國時期的「胡漢分治」》，《西北歷史研究》，西安，三秦出版社，1987 年，第 87～108 頁；朴漢濟：《五胡前期政權與漢人士族》，《符堅政權的性格》，《中國中世胡漢體制研究》，首爾，一潮閣，1988 年，第 12～50 頁，第 51～69 頁；王延武：《後趙政權胡漢分治政策再認識》，《中國史研究》期刊，1988 年第 2 期；邱久榮：《單于雜考》，《中央民族學院學報》期刊，1989 年第 3 期；周偉洲：《中國中世西北民族關係研究》，西安，西北大學出版社，1992 年，第 45～133 頁；黃惠賢：《中國政治制度通史》第 4 卷《魏晉南北朝》，北京，人民出版社，1997 年，第 72～80 頁；池培善：《永興元年以後的前趙》，《中國學報》第 38 輯，1998 年；韓狄：《十六國時期的「單于」制度》，《內蒙古大學學報》期刊，2001 年第 5 期；金榮煥：《五胡十六國時期後趙統治者石虎的文化變容研究》，《中國學報》第 51 輯，2005年；池培善：《關於前秦符堅——以至 358 年爲中心》，《東方學志》第 144輯，2008 年；李紅豔：《關於十六國時期「胡漢分治」問題的思考》，《山東教育學院學報》期刊，2008 年第 1 期；陳勇：《漢趙國胡與屠各分治考》，《民族研究》期刊，2009 年第 3 期；李海葉：《前燕中原時期胡漢分治制度考》，《內蒙古社會科學》期刊，2011 年 2 期。

〔註108〕谷川道雄：《隋唐帝國形成史論》，東京，筑摩書房，1971 年；池培善：《中世東北亞史研究——慕容王國史》，首爾，一潮閣，1986 年；周偉洲：《漢趙國史》，太原，山西人民出版社，1986 年；周偉洲：《南涼與西秦》，西安，陝西人民出版社，1987 年；齊陳駿、陸慶夫、郭鋒：《五涼史略》，蘭州，甘肅人民出版社，1988 年；洪濤：《三秦史》，上海，復旦大學出版社，1992年；洪濤：《五涼史略》，北京，中國社會科學出版社，1992 年；蔣福亞：《前秦史》，北京，北京師範學院出版社，1993 年；趙向群：《五涼史探》，蘭州，甘肅人民出版社，1996 年；池培善：《中世中國史研究——慕容燕與北燕史》，首爾，延世大學校出版部，1998 年。

在及其作用也受到應有的重視。有如下的主張或看法值得引起注意：比如，
大單于職一般都由繼承帝位的儲君來擔任〔註 109〕；五胡王朝的兵權由大單于
來掌握，這時軍事力量主要來自於非漢人集團即「六夷」，因此統領這六夷就
等於控制整個國家的武裝力量〔註 110〕；大單于是在該王朝內不分中央和地方
而統領所有胡人的最高長官。〔註 111〕此外，有學者認為單于臺既是政治、行
政機構，又是軍事機構。〔註 112〕上述諸多研究將對在本章節的論述中可能遇
到的一些問題提供邏輯上分析的方便或支持，對筆者正確認識大單于與單于
臺應有不少幫助。因此，根據上述研究成果與對大單于、單于臺的認識，首
先筆者不僅將對從前研究中所存在的大單于任職的問題提出個人的見解，
而且將因史料的缺漏而引起的不少誤解尋找較為合理的解釋辦法。其次筆者
將對在單于臺的設置上會出現的問題，尤其是在史書上明確有記載大單于的
任職，但不可確認單于臺的設置，這時很可能由其他機構來代替單于臺的功
能，對此有必要進行較為合理的解釋。再次筆者將分析單于臺的組織結構及
其統治所涉及的範圍等問題。據瞭解，當時因五胡王朝所面臨的政治、軍事
等不同處境，而其組織結構也有相應的差異，但我們相信大單于在五胡王朝
境內不是把所有胡人作為統治對象，而是針對居住於京畿的胡人。筆者認為，
如上的研究構想按計劃順利地進行下去，不僅要達到本研究的主要目的，即
闡明五胡王朝對胡人的統治方式有如何發展變化，而且更接近五胡王朝在胡
漢分治的政策上所扮演的實質性的一面，甚至有助於瞭解一些在五胡王朝的
建國體系中所包含的內容。

　　本研究在現有的研究基礎上，通過綜合、對比等方法，對於五胡王朝的
建國體系進行系統而全面的分析和探討，以補充對其問題的不足，進而加深
對它的認識。

〔註 109〕內田吟風：《五胡亂及び北魏時代の匈奴》，《北アジア史研究——匈奴篇》，
　　　　　京都，同朋舍，1975 年，第 325 頁；周偉洲：《漢趙國史》，太原，山西人民
　　　　　出版社，1986 年，第 187 頁。

〔註 110〕姜文晧：《胡人天子論的出現》，《中國中世政治史研究——五胡十六國史》，
　　　　　首爾，國學資料院，1999 年，第 59 頁。

〔註 111〕周一良：《乞活考》，《魏晉南北朝史論集》，北京，北京大學出版社，1997 年，
　　　　　第 27～29 頁。

〔註 112〕周偉洲：《論十六國時期的「胡漢分治」》，《西北歷史研究》，西安，三秦出版
　　　　　社，1987 年，第 103 頁。

第二章 建國理念的「適應」程度： 慕容前燕的建國與「勤王」 旗幟

第一節 棘城時代前期與「勤王」的出現

棘城時代是指慕容廆自從在元康四年（294）居於棘城，直到其子慕容皝在咸康七年（341）遷都於龍城之前的時期。〔註1〕尤其是，在此棘城前期特指慕容廆移居棘城前應包括自從其曾祖莫護跋在遼西活動的情況，直到永嘉五年（311）「勤王」的出現，而能達到「興復遼邦」〔註2〕的時期。在本章節中，筆者將分析探討當時慕容鮮卑的對內、對外的情況，以接近與「勤王」的出現有一定關係的歷史背景上的問題。首先，關於「勤王」的出現，其史載如下：

> 〔慕容〕廆子〔慕容〕翰言於廆曰：「求諸侯莫如勤王，自古有為之君靡不杖此以成事業者也。今連、津跋扈，王師覆敗，蒼生屠膾，豈甚此乎！豎子外以廆本為名，內實幸而為寇。封使君以誅本請和，而毒害滋深。遼東傾沒，垂巳二周，中原兵亂，州師屢

〔註1〕 田立坤：《棘城新考》，《遼海文物學刊》期刊，1996 年第 2 期，第 117 頁。棘城作為慕容鮮卑的政治中心僅 48 年（294～341）的時間，不過作為「前燕」的第一個都城，佔有非常重要的歷史地位。

〔註2〕 《晉書》卷 108《慕容廆載記》，第 2805 頁。

敗，勤王杖義，今其時也。單于宜明九伐之威，救倒懸之命，數
連、津之罪，合義兵以誅之。上則興復遼邦，下則并吞二部，忠
義彰於本朝，私利歸于我國，此則吾鴻漸之始也，終可以得志於
諸侯。」廆從之。〔註3〕

「〔慕容〕廆少子鷹揚將軍〔慕容〕翰言於廆曰：『自古有爲之君，
莫不尊天子以從民望，成大業。今連、津外以龐本爲名，內實幸
災爲亂。封使君已誅本請和，而寇暴不已。中原離亂，州師不振，
遼東荒散，莫之救恤，單于不若數其罪而討之。上則興復遼東，
下則并吞二部，忠義彰於本朝，私利歸於我國，此霸主之基也。』」
〔註4〕

慕容翰身爲慕容廆的庶長子，以雄豪的性格，善謀韜略，爲慕容廆所格
外重視。他多次參與軍事征戰立了大功，威望日益提高，爲眾多人所敬畏。
〔註5〕他爲了解決當時「遼邦」處於無秩序的局面，向其父慕容廆提出了方
案，即「勤王」旗幟。〔註6〕據瞭解，當時漢人歸附於慕容部的日益增多，
〔註7〕但「勤王」不是由他們，而是慕容氏統治階層中的一個成員來提出來，
這事實如何理解呢？對它的疑問，我們可分析「勤王」旗幟出現前後在慕容
鮮卑對內、對外的情況之後自然而然地得以消除。

一、慕容鮮卑對漢文化的衝擊及其內部氛圍

在瞭解慕容部的對內之事時，特別引起注意的是，當時他們對漢文化表現
出很積極的一面，這就是爲「勤王」旗幟的出現做出了非常重要的鋪墊。〔註8〕

〔註3〕 《晉書》卷108《慕容廆載記》，第2805頁。

〔註4〕 《資治通鑒》卷87晉紀9懷帝永嘉五年（311）條，第2773頁。我們在此可
發現，司馬光卻把《晉書》中的「鴻漸之始」改寫爲「霸王之基」。此意味著
慕容部之所以提出「勤王」，是因爲要在遼西之地奠定霸王的基礎。

〔註5〕 《晉書》卷109《慕容皝載記》附慕容翰傳，第2826～2827頁，「慕容翰字元
邕，廆之庶長子也。性雄豪，多權略，獲臂工射，膂力過人。廆甚奇之，委
以折衝之任。行師征伐，所在有功，威聲大振，爲遠近所憚。作鎮遼東，高
句麗不敢爲寇。善撫接，愛儒學，自士大夫至于卒伍，莫不樂而從之。」

〔註6〕 池培善：《關於慕容翰》，《東方學志》第81輯，1993年，第74頁。

〔註7〕 《晉書》卷104《石勒載記》上，第2726頁，「時司、冀、幷、兗州流人數萬
戶在于遼西，迭相招引，人不安業。」《晉書》卷108《慕容廆載記》，第2805
頁，「……流亡歸附者日月相繼。」

〔註8〕 趙紅梅：《「漸慕華風」至「尊晉勤王」——論慕容廆時期前燕的中華認同》，

那麼，我們有必要整理一下與此相關的史載。其內容如下：

A 時燕代多冠步搖冠，莫護跋見而好之，乃斂髮襲冠，諸部因呼之
　 爲步搖，其後音訛，遂爲慕容焉。或云慕二儀之德，繼三光之容，
　 遂以慕容爲氏。〔註9〕

B 安北將軍張華雅有知人之鑒，〔慕容〕廆童冠時往謁之，華甚嘆異，
　 謂曰：「君至長必爲命世之器，匡難濟時者也。」因以所服簪幘遺
　 廆，結殷勤而別。〔註10〕是歲，鮮卑慕容涉歸卒。弟〔慕容〕刪
　 篡立，將殺涉歸子〔慕容〕廆，廆亡匿於遼東徐郁家。〔註11〕

C 〔慕容〕廆致敬於東夷府，巾衣詣門，抗士大夫之禮。何龕嚴兵
　 引見，廆乃改服戎衣而入。人問其故，廆曰：「主人不以禮，賓復
　 何爲哉！」龕聞而慚之，彌加敬憚。〔註12〕

　　目前，大多學者對於史料 A 中的「慕容」的由來似乎不贊成「步搖」的音訛，或者慕容氏仰慕「二儀之德」，而繼承「三光之容」的說法。〔註13〕不過，即使莫護跋在內的慕容部民移住於遼西後仍不充分地理解漢文化，但莫護跋羨慕在燕、代之地的漢人常用的步搖冠，而開始戴上它。由此可知，慕容鮮卑確實倣仿漢人的風俗人情。〔註14〕

　　莫護跋死後，經過木延，而到涉歸時，慕容部被雄據於遼西的宇文部所敗後，只好遷到遼東以北，〔註15〕不過他們對漢文化仍保持仰慕的態度。〔註16〕

　　　《東北師範大學學報》期刊，2009 年第 4 期，第 142～146 頁。
〔註 9〕 《晉書》卷 108《慕容廆載記》，第 2803 頁。
〔註 10〕《晉書》卷 108《慕容廆載記》，第 2803～2804 頁。
〔註 11〕《資治通鑑》卷 81 晉紀 3 武帝太康四年（283）條，第 2586 頁。
〔註 12〕《晉書》卷 108《慕容廆載記》，第 2804 頁。
〔註 13〕鄭小容：《慕容鮮卑名稱詳解》，《北朝研究》總 7 輯，1992 年，第 19～21 頁；
　　　　趙紅梅：《「漸慕華風」至「尊晉勤王」──論慕容廆時期前燕的中華認同》，
　　　　《東北師範大學學報》期刊，2009 年第 4 期，第 143 頁。
〔註 14〕鄭小容：《慕容廆漢化改革略述》，《西南民族大學學報》期刊，2005 年第 1
　　　　期，第 281 頁。慕容廆之祖先崇慕漢文化，當然對慕容廆產生很大的影響，
　　　　爲他後來的漢化改革種下了根子。
〔註 15〕飯塚勝重：《慕容部の漢人政策についての一考察──前燕國成立以前を中心
　　　　として》，《白山史學》第 9 輯，1963 年，第 29 頁。慕容鮮卑之所以遷徙於遼
　　　　東以北，主要是因爲遭受當時居住於西拉木倫河流域，而又確保一定勢力的
　　　　宇文部的壓迫。
〔註 16〕據《晉書・慕容廆載記》，當時涉歸率慕容部眾遷徙於遼東以北，仍有「漸慕
　　　　諸夏之風矣」。不過，慕容鮮卑從遼西遷於遼東，從地理位置來看，反而離中

如果史料 A 正說明慕容氏很積極地接受漢文化的話，那麼，史料 B 正顯示著和漢人間參與更積極地交往的事實。西晉太康三年（282），張華被任都督幽州諸軍事、護烏桓校尉、安北將軍後，有效地管理諸多胡人，即「撫納新舊」，於是慕容部在內的諸多胡人自願賓服，「四境無虞，頻歲豐稔，士馬強盛。」〔註 17〕當時，14 歲的少年慕容廆看望張華後，被認爲「君至長必爲命世之器，匡難濟時者也。」後來，兩人更堅定情誼而後別離了。在那時，一般來講漢人比胡人具有更高的文化水準，張華的這種行爲肯定對少年的慕容廆留下很深刻的影響，而且使他對漢文化更加心生嚮往。〔註 18〕後來，涉歸死後，慕容刪〔註 19〕就僭位，〔註 20〕這時，慕容廆遭受被殺的威脅，決定投靠於曾密切交往的遼東漢人徐郁。雖然史書未記載與徐郁有關的內容，但慕容廆在如此危急的時刻選擇向他投靠，那麼，他作爲遼東之地的豪強，一定確保相當大的勢力，且從很早以前開始與慕容廆間保持較爲密切的關係。要不然，慕容廆根本沒有理由完全依靠他。與此同時，就對一直仰慕漢文化的慕容廆而言，和徐郁維持相當友好的關係，這也自然而然地從側面說明慕容廆對漢文化的理解以及接受表示積極的一面。如此，慕容廆直接表達其對漢文化的憧憬與仰慕之情我們可以從史料 C 得以證實。慕容廆當上部族長後不久，決定率部歸附於晉朝。這時，爲了更加確認此事實，他前往東夷府，並用「士大夫之禮」拜訪東夷校尉何龕。但何龕列兵接見慕容廆，所以他只好脫掉「巾

原遙遠，但仍崇慕漢文化？就一般的情節而言，應出現與此相反的事情。於是，筆者認爲，《資治通鑑》比《晉書》的內容記錄得更接近事實。就是說，涉歸及他的部眾不得已遷徙於遼東以北，但仍憧憬漢文化，因此歸附於漢人王朝，並參與多次征戰有功勞。不過在慕容鮮卑內部發生意外後，開始攻擊昌黎，並表現出獨自的行動來。（《資治通鑑》卷 81 晉紀 3 武帝太康二年（281）條，第 2577 頁，「〔涉歸〕遷於遼東之北，世附中國，數從征討有功，拜大單于。冬十月，涉歸始寇昌黎。」）

〔註 17〕《晉書》卷 36《張華傳》，第 1068～1071 頁。

〔註 18〕鄭小容：《慕容廆漢化改革略述》，《西南民族大學學報》期刊，2005 年第 1 期，第 281 頁。

〔註 19〕我們在《晉書·載記》中發現慕容刪被改寫爲慕容耐。（《晉書》卷 108《慕容廆載記》，第 2804 頁，「涉歸死，其弟〔慕容〕耐篡位……。」）

〔註 20〕關尾史郎：《前燕政權（337～370 年）成立の前提》，《歷史學研究》第 488 輯，1981 年，第 12～13 頁。當時在慕容鮮卑的權力接班中，其部族長的地位應實行世襲制。不過，涉歸死後，慕容耐篡位，並想殺害慕容廆。由此，從這種情況來看，父子繼承的原則還沒有確立，或者部族長的地位很可能爲部族民（「國人」）所操縱。

衣」，而穿著「戎衣」而入見他了。不久，何龕知道其緣由後，就深爲敬憚慕容廆。〔註21〕在此，我們通過慕容廆穿著「巾衣」，而用「士大夫之禮」來拜見何龕，且對此何龕感到「慚色」的事情來，發現慕容廆並不是還停留在茹毛飲血階段不受教化的胡人酋長。有如此崇拜漢文化的部族長，他的部民也在一定程度上受到漢文化的影響是很自然的事情。那麼，可以說，慕容鮮卑以漢人的禮制，既奠定他們漢化的基礎，也奠定政治制度的基礎。〔註22〕據此，我們考慮當時慕容鮮卑內部確實濃厚地存在這種氣氛的話，由慕容翰來提出「勤王」，而主張「奉晉正朔」是很正常的事情。

二、慕容鮮卑與段部、宇文部間的對峙與生存危機

那麼，「勤王」的出現前後慕容鮮卑的外部局勢又怎樣呢？〔註23〕在黃初年間（220～226），莫護跋率慕容部眾從塞外進入遼西棘城之北後，才與曹魏接觸往來，到景初二年（238），他跟隨司馬懿參與征討雄居於遼東的公孫淵後，因有戰功而被封率義王。莫護跋死後，其子木延統治時期，即在正始年間（240～248），他跟隨毌丘儉參與征討高句麗之戰，後來因有戰功被封大都督、左賢王等官爵。除此之外，到涉歸時，他也積極地幫助漢人王朝，防禦柳城而有戰功，被封鮮卑單于。據上述可知，慕容部對漢人王朝的援助是自願的，開始在遼西之地形成有一定規模的勢力時，與原來居住於此地而擁有一定勢力的段部、宇文部之間會發生諸多隔閡，甚至導致軍事衝突的可能性也大大增加。史書即使尚未記載莫護跋、木延、涉歸時與段部、宇文部之間的衝突是如何發展下去的，但由於《晉書·慕容廆載記》是從慕容部的立場上書寫，於是對他們不利的事情可能沒有記錄，不過，可以肯定的是，慕容鮮卑弱於段部、宇文部，而始終處於守勢的態勢。〔註24〕在此，有學者的主

〔註21〕如前所述，東夷校尉何龕對慕容廆做出「聞而慚之，彌加敬憚」的表現。胡三省對此做注釋曰：「受降如受敵，居邊之帥，嚴兵以見四夷之客，未爲過也，何必以爲慼乎！」（《資治通鑑》卷82晉紀4武帝太康十年（289）條，第2593頁。）據此，筆者認爲，慕容廆的行爲比何龕更接近於「漢人士大夫」的價值觀念。那麼，這從間接的說明他對漢文化的理解應達到較爲高的水平。

〔註22〕陳琳國：《中古北方民族史探》，北京，商務印書館，2010年，第345～351頁。

〔註23〕馮家昇：《慕容氏建國始末》，《禹貢半月刊》第3卷第11期，1935年，第13頁，「慕容廆既立，境域甚小，環顧四鄰，皆虎視鷹瞵，每謀及己。」

〔註24〕如果慕容部的人口大致推算有10萬，那麼在從3世紀末到4世紀初的遼西、遼

張引起我們的注意：比如，涉歸率慕容部民離開棘城之北後，遷移到遼東以北，且他的死亡很大程度上和宇文部有直接的關係。〔註 25〕因為遭受慕容刪的威脅，只好決定離開慕容部民，後來慕容刪被殺後，重新回歸且被推舉新的部族長的慕容廆，為了報殺父之仇（「先君之怨」），上表晉武帝征伐宇文部。不過，當時晉朝希望在遼西的胡人之間保持勢力的均衡，所以不可接納他的請求。〔註 26〕對慕容廆來說，既然無法對宇文部進行軍事征伐，於是騷擾晉朝的邊郡，並奪回生口，藉此提高自己的地位的同時，把掠奪來的財物分配給慕容部民不僅安定他們的生活，而且以之轉換為自己的支持。〔註 27〕由此，慕容廆每年都不斷地騷擾昌黎郡的同時又征討扶餘。〔註 28〕不過，在此過程中，慕容部多次被晉朝所敗，且扶餘因有晉朝的援助可以復國。西晉為何幫助扶餘復國，有學者認為，主要是慕容廆的擴張活動，直接威脅到晉朝在遼西地區的統治秩序。〔註 29〕不管怎樣，慕容廆感到自己從前的計劃無法實現，開始反思對抗晉朝的後果。在過四年後的太康十年（289），以對晉朝做忠誠的隨從者的身份，自願歸附了。〔註 30〕據瞭解，就當時的慕容部而言，不僅要通過「遣使來降」來和晉朝維持聯繫，而且對比自己有強大勢力的段部、宇文部主要通過「卑辭」或「厚幣」的奉事來解決問題。段國單于段階把段氏女人嫁給慕容廆，這似乎是雙邊關係不對等的政治婚姻同盟。後來，慕容廆從和這段氏女人中生出了慕容皝、慕容仁、慕容昭等諸子。〔註 31〕筆者認

東之地，漢人有 6 萬以上；慕容鮮卑有 10 萬；段部有 15 萬；宇文部有 20 萬以上。（三崎良章：《五胡十六國時代における遼東、遼西の地方民族構成の變化について》，《早稻田大學本庄高等學院研究紀要》第 16 輯，1998 年，第 21 頁。）

〔註 25〕 馮家昇：《慕容氏建國始末》，《禹貢半月刊》第 3 卷第 11 期，1935 年，第 10 頁。

〔註 26〕 鄭小容：《慕容廆漢化改革略述》，《西南民族大學學報》期刊，2005 年第 1期，第 282 頁。西晉為了維持遼西胡人之間的力量平衡，不僅未能允許慕容廆的上表，而且扶持為慕容部所亡國的扶餘王子復國。

〔註 27〕 關尾史郎：《前燕政權（337～370 年）成立的前提》，《歷史學研究》第 488輯，1981 年，第 13 頁。

〔註 28〕 《晉書》卷 108《慕容廆載記》，第 2804 頁，「自後復掠昌黎，每歲不絕。又率眾東伐扶餘，扶餘王依慮自殺，廆夷其國城，驅萬餘人而歸。」

〔註 29〕 趙紅梅：《慕容鮮卑的崛起與扶餘的滅亡——兼論扶餘滅國的慕容鮮卑因素》，《黑龍江社會科學》期刊，2011 年第 5 期，第 116 頁。

〔註 30〕 《晉書》卷 108《慕容廆載記》，第 2804 頁，「〔慕容〕廆謀於其眾曰：『吾先公以來世奉中國，且華裔理殊，強弱固別，豈能與晉競乎？何為不和以害吾百姓邪！』乃遣使來降。」

〔註 31〕 《資治通鑑》卷 82 晉紀 4 武帝太康十年（289）條，第 2593～2594 頁，「時

爲，如果段階是通過這次婚姻同盟來試圖把慕容部放在自己的勢力範疇之內的話，那麼，慕容廆反而利用段部的這種措施，向它表示親善的同時，要把自己根據地從遼東以北重新遷移於遼西徒河之青山，〔註32〕將使得自己不僅得到段氏的庇護，而且能保存一定規模的勢力。〔註33〕不過，我們在這裏會認爲慕容廆在這種形式上通過對晉朝的「遣使來降」，或者對段氏的「卑辭厚幣」來圖謀發展勢力的想法，不是長期計劃，而是帶有臨時性的應變舉措了。這是因爲慕容廆後來通過一些舉措來謀求改變，但根本沒有出現本質性的變化可證實這一點：比如，（1）在 294 年遷移到棘城之事，具有脫離段氏勢力圈的意味；（2）在太安元年（302）宇文部屈雲與別帥大素延率十萬部眾來攻擊棘城時，反而被慕容氏所敗。之後，慕容廆追擊百餘里，捕獲了宇文部眾萬餘人。這戰事可意味著把自己的勢力開始向宇文部等擴展下去；〔註34〕（3）在永嘉元年（307），慕容廆自稱鮮卑大單于，不僅謀求「獨立體制」，〔註35〕而且通過和拓跋猗盧間的聯繫〔註36〕來試圖尋找和晉朝之間關係的變化；（4）永嘉三年（309），素延、木津爲了報復東夷校尉李臻，而侵奪遼東的幾個縣時，慕容廆開始安撫並安置漢人流民。〔註37〕據瞭解，從後來慕容部的發展情況來看，如上舉措根本無法讓慕容鮮卑在「遼邦」之地實現「霸王之基」的宏圖偉業。那麼，慕容鮮卑基於更高的理念或「價值觀」，而實行包括「名分」和「實利」相結合的措施的話，很大可能在「遼邦」之地根本實現「鴻

鮮卑宇文氏、段氏方強，數侵掠廆，廆卑辭厚幣以事之。段國單于階以女妻廆，生皝、仁、昭。〔胡注：慕容、段氏遂爲婚姻之國。〕廆以遼東僻遠，徒居徒河之青山。」

〔註32〕田村實造：《慕容王國の成立とその性格》，《中國史上の民族移動期——五胡、北魏時代の政治と社會》，東京，創文社，1985 年，第 126 頁。

〔註33〕據瞭解，鮮卑段氏的原籍爲遼西徒河之地。他們是在此地糾合周圍勢力，而逐步強大起來的。（參考《魏書》卷 103《徒何段就六眷傳》，第 2305 頁。）在如上註 31 中的「時鮮卑宇文氏、段氏方強，數侵掠〔慕容〕廆，廆卑辭厚幣以事之」，正說明慕容鮮卑遷徙於徒河青山，應該具有受段部的庇護之意。

〔註34〕《晉書》卷 108《慕容廆載記》，第 2805 頁。

〔註35〕飯塚勝重：《慕容部の漢人政策についての一考察——前燕國成立以前を中心として》，《白山史學》第 9 輯，1963 年，第 29 頁。在永嘉初年（307），慕容廆自稱鮮卑單于後，具備獨立體制。

〔註36〕《魏書》卷 1《序紀》，第 7 頁，「十三年（307），昭帝崩。徒何大單于慕容廆遣使朝貢。」

〔註37〕《資治通鑒》卷 87 晉紀 9 懷帝永嘉五年（311）條，第 2773 頁；《晉書》卷 108《慕容廆載記》，第 2805 頁。

漸之始」,即「霸王之基」。〔註38〕筆者認爲,這就是晉朝雖正走上衰落之路,但能夠在本質上出現「尊晉勤王」的理由了。〔註39〕

如上所述,「尊晉勤王」是慕容部遭受段部、宇文部的軍事威脅,而處於進退兩難之中,不僅積極地對漢文化的精髓,即儒學教育表示重視的,而且多次參與對宇文部等的討伐,而正是由能準確把握周邊局勢的慕容翰來提出來的。〔註40〕慕容廆對慕容翰如此說「孺子乃能及此乎」〔註41〕,表示稱讚之後,既接納他的進言,又適應「民望」,走進實現「大業」之道。以後,慕容廆很像晉朝的一個地方官,爲了安定晉朝的「遼邦」之地,根據「勤王杖義」,而對素延、木津進行征伐後,救出胡、漢人,從中贏得了美名。〔註42〕換言之,慕容廆要替晉朝而安定「遼邦」之地,不僅對晉朝表現出忠誠,而且同時贏得了眾多漢人的支持。除此之外,控制素延、木津的部眾後,可解決他所需要的勞動力以及兵力不足的問題。總之,慕容部要提出「勤王」後,在「遼邦」可打下「霸王之基」,而後進入建立「前燕」王朝之道。〔註43〕慕容鮮卑據此而實行的相關措施將在下一節進行具體分析。

〔註38〕據瞭解,在目前大多學者分析慕容部的發展變化過程時,對於「勤王」的出現及其相關的眾多措施,即私設官的設置,漢人士族的聘用、僑郡縣的設置與漢人流民的安置,鼓勵農業生產等措施都理解爲慕容部因有同一個目的,但以之爲不同性質的政策。不過,與此不同,筆者卻認爲,如上的措施應和「勤王」旗幟保持密切關係而實行的較爲具體的政策。

〔註39〕朴漢濟:《五胡前期政權與漢人士族》,《中國中世胡漢體制研究》,首爾,一潮閣,1988年,第36頁。另外,有學者認爲,慕容廆要打出「晉」旗號,根本原因在於:一、他想乘晉室內亂,尤其是流民起義大大削弱了西晉王朝的機會,建立自己的統治政權;二、由於他自身實力較小,因此想借助「晉」旗號蠱惑各族人民,尤其是漢人流民,求取他們的支持;三、「晉」旗號的出現決非偶然,此是民族矛盾激化的產物。(蔣福亞:《劉淵的「漢」旗號和慕容廆的「晉」旗號》,《北京師範學院學報》期刊,1979年第4期,第86頁。)

〔註40〕《晉書》卷109《慕容皝載記》附慕容翰傳,第2826~2827頁,「〔慕容翰〕行師征伐,所在有功,威聲大振,爲遠近所憚。作鎮遼東,高句麗不敢爲寇。善撫接,愛儒學,自士大夫至于卒伍,莫不樂而從之。」

〔註41〕《資治通鑒》卷87晉紀9懷帝永嘉五年(311)條,第2773頁。

〔註42〕李椿浩:《十六國時期的「勤王」及其政治功能》,《晉陽學刊》期刊,2001年第1期,第87頁。

〔註43〕慕容廆平定素延、木津之後,不僅壯大自己的聲威與實力,也贏得西晉的信任,晉懷帝賜封他爲散騎常侍、冠軍將軍、前鋒大都督、大單于。(韓雪松、林革華:《慕容燕與兩晉關係略論》,《東北史地》期刊,2008年第5期,第66頁。)

第二節　棘城時代後期與「勤王」的運用

　　棘城時代後期指的是從永嘉五年（311）「勤王」出現後，到咸康七年（341）遷都於龍城之前。在這一時間中，我們發現慕容皝在 337 年自稱燕王，並體現出自立的意志，此事似乎和本節的「勤王」的運用自相矛盾，但直到 341 年他的燕王號才被東晉所承認，但仍受制於「尊晉正統」。據瞭解，慕容皝即便如此，不僅專心經營新都龍城，而且多次考慮廢止「勤王」後的慕容部的發展，因此從時間的起步來看，慕容部要脫離「勤王」的束縛大體和龍城時代一致。筆者將在本節中按照「勤王」的理念而推行的相關措施做專門分析探討。

　　我們認爲「勤王」提出來之前，已有漢人流民的歸降：比如，在與宇文部間的軍事衝突中，遼東人孟暉率數千家歸降過來；東夷校尉李臻被遼東太守龐本所殺後不久，有昌黎人王誕來歸降等的事情。眾所周知，永嘉之亂前，慕容廆對漢人的歸降較爲消極，但在「勤王」提出後，對此表示很積極的一面。我們在當時的漢人歸降中發現兩個共同點：第一、漢人按照「宗族」、「鄉里」等籍貫來形成的傳統的聚居方式，被當地豪強所率，而歸降過來；第二、除了張統、王遵外，其他漢人選擇他們的第一個歸降地點不是慕容部，而是先歸降於幽州刺史王浚、平州刺史崔毖或者段部。〔註 44〕在這裏，值得一提的是，漢人積極地歸降慕容部，這與「勤王」的出現有直接或間接的聯繫。我們可在裴嶷及其侄子裴開歸降慕容廆之前所討論的話語中找出一些影子。裴開用疑問的眼光問道：「……段氏強，慕容氏弱，何必去此而就彼也！」對此，裴嶷回答道：「今欲求託足之地，豈可不慎擇其人。汝觀諸段，豈有遠略，且能待國士乎！慕容公修行仁義，有霸王之志，加以國豐民安，今往從之，高可以立功名，下可以庇宗族，汝何疑焉！」〔註 45〕段氏的武力雖比慕容氏強，但他們尚未能「遠略」，且不重視「國士」。與此不同，慕容廆據「勤王」

〔註44〕關尾史郎：《前燕政權（337～370 年）成立の前提》，《歷史學研究》第 488
　　　輯，1981 年，第 15 頁。有學者則認爲，關於漢人歸附慕容廆的途徑有三種：
　　　一、從幽州刺史王浚的控制中脫離，先後流入段部，但由於不能確保安全，
　　　最終歸附於慕容廆；二、從山東半島出發，渡過海路，能到達遼東，之後先
　　　投靠遼東太守。後來慕容部攻佔其地後，直接歸附於慕容廆；三、高句麗在
　　　遼東邊境之地擴張勢力，因此有些漢人應從玄菟郡、帶方郡直接歸附過來。（飯
　　　塚勝重：《慕容部の漢人政策についての一考察——前燕國成立以前を中心と
　　　して》，《白山史學》第 9 輯，1963 年，第 30 頁。）
〔註45〕《資治通鑑》卷88 晉紀 10 愍帝建興元年（313）條，第 2798 頁。

的理念，像漢人王朝的地方官施行「仁義」，這對漢人來說就是唯一的歸降地點了。如此，每個漢人士族以「勤王勢力主導者」的身份可參與慕容政權又可使自身得以合法化，確保名分，後來像出仕於晉朝一般，能夠樹立功名的同時，保存宗族的聲響。〔註46〕由此可知，當時大多數的漢人決定歸降於慕容廆，〔註47〕應受到「尊晉勤王」的或多或少的影響。〔註48〕

慕容廆很積極地接受漢人的歸降後，設置「私設官」，而聘用漢人士族；爲了安置漢人流民，而設置僑郡縣；在漢人的全面協助下，發展農業及實施儒學教育。與此同時，慕容鮮卑在與周圍諸多民族間的征戰中獲勝後，終於脫離晉朝的冊封，而建立起「前燕」。這些措施都關係到在遷都於龍城之前，從弱小的慕容鮮卑逐步轉變強大，爲「國富兵強」做準備的史實。〔註49〕

一、對內之「國富兵強」

關於「勤王」的運用問題之一，首先使我們想到的是，聘用漢人士族和設置「私設官」〔註50〕，以及官僚機構向屬僚制的轉化。在建興元年（313），慕容廆在從歸降的漢人士族中推舉賢才，〔註51〕任命謀主、股肱等私設官，充當

〔註46〕朴漢濟：《五胡前期政權與漢人士族》，《中國中世胡漢體制研究》，首爾，一潮閣，1988年，第43頁。

〔註47〕《晉書》卷108《慕容廆載記》附裴嶷傳，第2811頁，「時諸流寓之士見廆草創，並懷去就。」

〔註48〕朴漢濟：《五胡前期政權與漢人士族》，《中國中世胡漢體制研究》，首爾，一潮閣，1988年，第37頁。

〔註49〕田立坤：《棘城新考》，《遼海文物學刊》期刊，1996年第2期，第117頁。慕容鮮卑定都於棘城後，在48年（294～341）的時間裏，政治、經濟、軍事等都得到迅速的發展。

〔註50〕關於在如下腳註52中的謀主、股肱、樞要、賓友、東庠祭酒，有學者以之稱爲「私設官」（關尾史郎：《前燕政權（337～370年）成立的前提》，《歷史學研究》第488輯，1981年，第16～17頁），以之稱爲「親近幕僚」（朴漢濟：《五胡前期政權與漢人士族》，《中國中世胡漢體制研究》，首爾，一潮閣，1988年，第41頁），以之稱爲「謀主股肱制」（三崎良章：《前燕の官僚機構について》，《史觀》第112輯，1990年，第33頁）。在此，筆者卻認爲，慕容廆按照個人的強力意志來聘用漢人士族爲謀主、股肱等。與此同時，謀主、股肱等都大致應時出現在自立之前，由此，採用了「私設官」的稱呼。

〔註51〕飯塚勝重：《慕容部の漢人政策についての一考察──前燕國成立以前を中心として》，《白山史學》第9輯，1963年，第32頁。「擢舉賢才」與其說簡單地推舉有才能的個人，不如說是爲獲得多數漢人百姓的支持，有目的地對「賢才」背後的漢人豪強勢力表示優待而重視。

庶政。〔註52〕目前在史學界對謀主、股肱等私設官的設置及其作用，有如下的認識：比如，從此以後，慕容廆就進入建立獨立政權的第一步；〔註53〕通過被任私設官的漢人士族的努力，慕容鮮卑逐漸脫離部落制而奠定建立「前燕」的堅實的基礎；〔註54〕除了慕容廆接受晉朝的官爵的同時，試圖建立獨立王朝外，私設官具有爲了統治眾多漢人流民而設置的官僚制的雛形。〔註55〕此外，能充任股肱者多爲帝王的心腹，雖人數不多，卻也能夠在帝王政治中發揮作用。除了股肱之外，「謀主」是在政治、軍事等方面爲慕容廆提供決策咨詢的謀士；「機要」是參與商議重要機密的國事的人；「參軍」是爲軍國事務出謀劃策之人；「賓友」指賓客和朋友；「處士」指有才德而沒有官職的士人。〔註56〕慕容廆設置私設官後，到太興元年（318）被東晉封爲龍驤將軍、大單于、昌黎公，〔註57〕

〔註52〕《十六國春秋輯補》卷23《前燕錄》1，第177～178頁，「於是擢舉賢才，官方授任，委以庶政，以河東裴嶷、代郡魯昌、北平陽耽（或稱陽耽）爲謀主，北海逢羨、廣平游邃、北平西方虔、渤海封抽、西河宋奭、河東裴開爲股肱，渤海封弈、平原宋該、安定皇甫岌、蘭陵繆愷以文章才儁任居樞要，會稽朱左車、太山胡母翼、魯國孔纂以宿德清望，請爲賓友，平原劉讚儒學該通，引爲東庠祭酒，其世子皝率國冑束修受業焉。」

〔註53〕三崎良章：《前燕の官僚機構について》，《史觀》第112輯，1990年，第33頁。

〔註54〕趙紅梅：《「漸慕華風」至「尊晉勤王」——論慕容廆時期前燕的中華認同》，《東北師範大學學報》期刊，2009年第4期，第145頁。

〔註55〕關尾史郎：《前燕政權（337～370年）成立の前提》，《歷史學研究》第488輯，1981年，第17頁。

〔註56〕趙紅梅：《建興元年前燕「股肱」考述》，《黑龍江民族叢刊》期刊，2011年第6期，第96頁。

〔註57〕慕容廆和西晉的地方官一樣對侵擾西晉疆域的鮮卑諸部進行討伐，但後來當西晉滅亡時，對「勤王」旗幟肯定產生懷疑。這表現在317年東晉司馬睿冊封他爲都督遼左雜夷流民諸軍事、龍驤將軍、大單于、昌黎公時，他卻不接受其官爵。（李椿浩：《十六國時期的「勤王」及其政治功能》，《晉陽學刊》期刊，2001年第1期，第88頁。）不過，征虜將軍魯昌對慕容廆說道：「今兩京覆沒，天子蒙塵，琅邪王承制江東，爲四海所係屬。明公雖雄據一方，而諸部猶阻兵未服者，蓋以官非王命故也。謂宜通使琅邪，勸承大統，然後奉詔令以伐有罪，誰敢不從！」另外，處士遼東高詡進言道：「霸王之資，非義不濟。今晉室雖微，人心猶附之，宜遣使江東，示有所尊，然後仗大義以征諸部，不患無辭矣。」如此在一些漢人士族的勸說下，慕容廆認同了他們的想法，就遣長史王濟並勸進司馬睿即帝位。（《資治通鑑》卷90晉紀12元帝建武元年（317）條，第2845頁，「胡注：晉室雖衰，慕容、符、姚之興，其初皆借王命以自重。」）我們認爲，西晉雖告滅亡，但在慕容政權內眾多漢人仍把晉朝放在心裏（「思晉」），作爲「勤王」的對象。於是，「勤王」

但其中拒絕接受公爵，﹝註58﹞並以游邃任龍驤將軍長史，創定「府朝儀法」。在此，慕容廆的龍驤將軍府作爲慕容政權的統治機構，通過「府朝儀法」來確保其作用或法定地位的話，裴嶷則向慕容廆進言以其「儀法」征伐周圍諸部，以奠定後來進入中原之地的心理基礎。﹝註59﹞到太興四年（321），慕容廆被東晉封爲都督幽平二州東夷諸軍事、車騎將軍、平州牧、遼東公、大單于。這意味著他受東晉的委任統治北方之地，以設置「守宰」，﹝註60﹞但在史書上，只看到遼東相、新昌令、東夷校尉、平州別駕等平州「守宰」，﹝註61﹞與此同時，作爲車騎將軍府的屬官，長史、司馬、參軍事等官職已設置。在此，有學者對在從前擔任謀主、股肱等的大部分人到這時都被任屬官的事實表示重視，認爲從「謀主股肱制」的出現到「屬僚制」的出現之間時間不很長，肯定沒有發生政治變更或統治階級的變動。因此這種官職的變化應是制度上的改變，除此之外，當時的慕容政權的官職應從「謀主股肱制」轉變爲「屬僚制」。﹝註62﹞如上所述，雖不知私設官的更具體的職責，但就它們的名稱而言，肯定完全具備王朝體制之前擔任重要職務的實質功能。從這方面來看，私設官在「中國的皇權」得以確立的過程中應起到很重要的作用。﹝註63﹞換言之，慕容政權經過部落聯盟階段，而進入中原式王朝中，被任爲私設官的漢人士族不僅確保慕容政權的獨立化，以及眞正的「國富兵強」，而且就其君權向至高無上的皇權的轉化及其強化都起到了不可獲缺的作用。

的對象由西晉轉變東晉，繼續打起「勤王」旗幟是自然而然的事情。加上當時的慕容廆還沒有在遼西之地奠定「霸王之基」的話，更沒有其他的疑問了。

﹝註58﹞ 當時，慕容廆之所以拒絕接受公爵，是因爲「外爲謙讓，其志不肯鬱鬱於昌黎也」。（《資治通鑒》卷90晉紀12元帝太興元年（318）條，第2855頁。）

﹝註59﹞ 《資治通鑒》卷90晉紀12元帝太興元年（318）條，第2855頁。

﹝註60﹞ 《資治通鑒》卷91晉紀13元帝太興四年（321）條，第2890～2891頁；《晉書》卷108《慕容廆載記》，第2807頁。

﹝註61﹞ 平州「守宰」是否在321年立刻被設置，我們因未有相關史載而不得而知。不過根據《資治通鑒》、《晉書・慕容廆載記》，就發現後來在325年裴嶷被任遼東相，另在331年韓恒、封抽各個被任新昌令、東夷校尉。除此之外，即使不可知道準確的年代，但在慕容廆時，陽耽、陽騖各個任東夷校尉、平州別駕。（三崎良章：《前燕の官僚機構について》，《史觀》第112輯，1990年，第41頁，註9。）

﹝註62﹞ 三崎良章：《前燕の官僚機構について》，《史觀》第112輯，1990年，第33～34頁。

﹝註63﹞ 朴漢濟：《五胡前期政權與漢人士族》，《中國中世胡漢體制研究》，首爾，一潮閣，1988年，第41頁。

其次，慕容廆既設置僑郡縣，安置漢人流民的同時，又對漢人士族採取牽制。建興二年（314）〔註64〕，在慕容政權的境內農業較爲盛行，慕容廆不僅已對歸附的漢人按籍貫來安置各地：比如，冀州人、豫州人、青州人、并州人各自分別安置在冀陽郡、成周郡、營丘郡、唐國郡，〔註65〕而且令他們參與農業、手工業生產。由此，漢人流民得以安居樂業，漢人士族也找到出仕於慕容政權的名分，作爲其官僚表現出更積極的一面。〔註66〕慕容廆之所以設置僑郡縣，是爲了使漢人流民維持其世代相傳的聚居方式，以此來對他們進行有效的統治，應是最合理的方法。不過，慕容廆採用不同於漢人流民籍貫的漢人士族當任其僑郡縣的太守、縣令。這就使他們的勢力從僑郡縣脫離出來，提前斷絕和漢人流民可能要出現結合的情況。〔註67〕以後的事實證明，慕容皝自稱燕王後，將在和後趙對峙時拋棄「奉晉勤王」。〔註68〕對此，在僑郡縣的太守中，一部分漢人士族在後趙的入侵時，反對慕容皝，而試圖投降後趙給慕容政權造成很大的威脅。這種事實從一個側面說明慕容皝原來有目的斷絕漢人士族和流民間的結合，但後來的結果卻是他所意想不到的，出乎他的意料。

再次，是對農業經濟的重視和鼓勵儒學教育。慕容廆把根據地遷移於棘城之後，對農業比牧業更表示重視，由此慕容部民的生活方式都按照農業所需要的定居方式逐步發生變化。就是說，慕容部民逐漸接受經濟形態和定居生活的變化，慕容廆隨之能夠實行與此相關的漢化措施。〔註69〕從而，我們認爲慕容廆想通過這種變化，試圖減少從前依託漢人王朝的農產品的比

〔註64〕 仇鹿鳴：《僑郡改置與前燕政權中的胡漢關係》，《中國歷史地理論叢》期刊，2007年第4期，第95頁。關於僑郡縣何時設置，《晉書》與《資治通鑑》的記載相互不一樣。尤其，司馬光是根據崔鴻《十六國春秋》殘本20卷來撰寫《資治通鑑》的。所以僑郡縣的設置按照司馬光的見解，應在314年。除此之外，慕容部的僑郡縣直接對東晉僑郡的設置造成影響。

〔註65〕 《資治通鑑》卷89晉紀11愍帝建興二年（314）條，第2814頁。

〔註66〕 徐炳國：《前燕的漢族統治與漢官的寄與》，《實學思想研究》第15、16合輯，2000年，第622頁。

〔註67〕 關尾史郎：《前燕政權（337～370年）成立的前提》，《歷史學研究》第488輯，1981年，第17頁。僑郡縣的設置意味著按地域的分配來對人民百姓進行有效的統治。於是，慕容鮮卑對漢人社會的統治應是從這制度開始的。

〔註68〕 朴漢濟：《五胡前期政權與漢人士族》，《中國中世胡漢體制研究》，首爾，一潮閣，1988年，第39頁。

〔註69〕 鄭小容：《慕容廆漢化改革略述》，《西南民族大學學報》期刊，2005年第1期，第284頁。

率，與此同時，在和其他胡人勢力間的征戰中贏得勝利。〔註 70〕後來在永寧年間（301～302），幽州漢人遭遇水災時，慕容廆打開倉庫賑撫被困的漢人。〔註 71〕這事實正說明遷移到棘城後，他鼓勵慕容部民積極參與農業生產，由此農業生產應有迅速的增加。〔註 72〕據此可見，當時慕容鮮卑對農業經濟的發展做出了一定的貢獻。〔註73〕自願歸附者以及被俘遷徙者〔註74〕比原來居住在當地的人多十倍，因此出現耕地面積不足的現象，不過無論如何，慕容廆仍重視農業生產。〔註 75〕當然，當時漢人流民掌握著先進的農業技術和豐富的勞動經驗，對於慕容鮮卑的封建化有著巨大的積極的影響。〔註 76〕除此之外，慕容廆出使於東晉後，帶回的「桑種」開始播種於遼西之地，慕容鮮卑才有養蠶業。〔註 77〕慕容廆對農業生產的重視被其子慕容皝所繼承，慕容皝為了更發展農業，不僅在棘城朝陽門以東營建藉田，而且設立官司管理農業之事。〔註 78〕後來，他遷都於龍城後多次巡行郡縣，鼓

〔註70〕鄭小容：《慕容廆漢化改革略述》，《西南民族大學學報》期刊，2005 年第 1 期，第 282 頁。

〔註 71〕《晉書》卷 108《慕容廆載記》，第 2804 頁，「永寧中，燕垂大水，廆開倉振給，幽方獲濟。」

〔註 72〕關尾史郎：《前燕政權（337～370 年）成立の前提》，《歷史學研究》第 488 輯，1981 年，第 13 頁。

〔註 73〕鄭小容：《慕容廆漢化改革略述》，《西南民族大學學報》期刊，2005 年第 1 期，第 284 頁。隨著農業代替牧業，而成為慕容部的主要產業，就引起慕容鮮卑內部經濟關係的變化。眾所周知，當他們在從事牧業之時，除了牧場外，似乎沒有固定的共有財產，因為畜產不能貯存起來，所以產品一出來就會在短時間內被消費掉。不過，慕容廆建立倉庫，儲存糧食並不僅在於它的經濟作用，更重要的標誌是，它使稅收制度得以產生，政治關係發生變化——國家機構從部落社區中脫離出來。

〔註 74〕關尾史郎：《前燕政權（337～370 年）成立の前提》，《歷史學研究》第 488 輯，1981 年，第 13～14 頁。慕容廆原來就沒有攻佔扶餘的打算，但如果我們要考慮扶餘人是在東北之地從事農業生產的話，他侵略扶餘，很大可能是要捕獲農業勞動力的。另外，扶餘之徙民也許和漢人之徙民一樣，在慕容政權內從事著農業生產，為其農業生產的開始及其發展起到很重要的作用。

〔註 75〕《晉書》卷 108《慕容廆載記》，第 2808 頁，「稼穡者，國之本也，不可以不急。」

〔註 76〕童超：《論十六國時期的「變夷從夏」及其歷史意義》，《魏晉南北朝史研究》，武漢，湖北人民出版社，1996 年，270 頁

〔註 77〕《十六國春秋輯補》卷 45《後燕錄》4，第 355 頁，「先是遼川無桑，及廆通於晉，求種江南，平州之桑悉由吳來也。」

〔註 78〕《晉書》卷 109《慕容皝載記》，第 2817 頁。

勵農桑，繼續保持重農政策。〔註 79〕這都是根據「君以黎元爲國，黎元以穀爲命，然則農者，國之本也」〔註 80〕來可以證明的。〔註 81〕有學者則對慕容皝的重農政策，作出較高的評價：即慕容皝的施政頗具以民爲主之懷抱，較諸內地聖王賢君不遑多讓。他既能揖撫流亡，省罷諸苑，以業流人，是以來歸之漢人，也樂爲其所用，皆能盡忠爲之策劃，前燕之政治、經濟基礎大見改善。〔註 82〕

如前所述，慕容鮮卑對漢文化有積極的一面，我們在他們的部落長慕容廆的身上可找到蛛絲馬迹。爲了擺脫慕容鮮卑落後的文化狀態，慕容廆任平原出身的漢人劉讚爲東庠祭酒，讓他負責給世子慕容皝在內的慕容氏統治階層教授儒家經典。〔註 83〕此外，慕容廆本人也找時間親自接受劉讚的講授。〔註 84〕慕容廆死後，這種精神被其子慕容皝所繼承，雖然有些事情屬於遷都於龍城後的，但慕容皝在「賜其大臣子弟爲官學生者號高門生」，且在棘城設置東庠等教育機關。與此同時，每月親自出席，按照考試的優劣選拔官僚。慕容皝採取這種政策，在東庠受教育的已超過千餘人。慕容皝親自編撰《太上章》以及《典誡》十五篇，把它當成高門子弟的教材。〔註 85〕

二、對外之「國富兵強」

如上所述，慕容鮮卑按照「勤王」而實行的諸多措施能實現其內部的「國富兵強」的話，如下我們要分析其和周圍諸多勢力間的軍事征戰，且通過軍事征戰來可成爲「遼邦」之地唯一勢力就等於其外部的「國富兵強」。首先，慕容鮮卑與周圍諸多勢力間的軍事征戰按時間可順序整理出來，就得到如下的結果：

〔註 79〕　《晉書》卷 109《慕容皝載記》，第 2822 頁。

〔註 80〕　《晉書》卷 109《慕容皝載記》，第 2825 頁。

〔註 81〕　關於勸課農桑，有學者則認爲，此意味著糧食和衣著由農產品和絹布來代替。與此同時，慕容氏通過從游牧生活轉變爲農耕生活，試圖解決糧食和衣著的問題。（池培善：《前燕王國的發展》，《中世東北亞史研究——慕容王國史》，首爾，一潮閣，1986 年，第 99～100 頁。）

〔註 82〕　劉學銚：《鮮卑史論》，臺北，南天書局，1994 年，第 135 頁。

〔註 83〕　王希恩：《五胡政權中漢族士大夫的作用及歷史地位》，《蘭州學刊》期刊，1986 年第 3 期，第 12～14 頁。

〔註 84〕　《十六國春秋輯補》卷 23《前燕錄》1，第 178 頁。

〔註 85〕　《晉書》卷 109《慕容皝載記》，第 2826 頁。

表一　慕容鮮卑與段部、宇文部、高句麗、後趙間的軍事征戰一覽表

序號	君主	年月	交戰對象	戰爭形式	參戰人物	戰地	交戰內容及其結果
1	慕容廆	313	段部	挑戰	慕容翰	徒河、新城、陽樂	慕容翰攻佔段部的徒河、新城、陽樂後，鎮守於徒河。後來，他在青山營壘繼續鎮守。
2		319	崔毖集團、宇文部、段部、高句麗	迎戰	慕容廆、慕容皝、慕容翰、裴嶷	棘城	慕容廆用離間計來瓦解宇文部、段部、高句麗間的同盟，之後，打敗宇文悉獨官，並捕獲其部眾。從中得到「皇帝玉璽三紐」後，奉送於東晉。〔註86〕另外，崔毖逃亡於高句麗。
3		319	高句麗	挑戰	張統	河城	張統襲擊鎮守於河城的高句麗將帥如奴子，並捕獲千餘家後，遷徙於棘城。
4		319	高句麗	迎戰	慕容翰、慕容仁	遼東	高句麗多次侵略遼東，由慕容翰、慕容仁來防禦。
5		320.12	高句麗	迎戰	慕容仁	遼東	高句麗侵略遼東，而爲慕容仁所擊退。
6		322	段部	挑戰	慕容皝	令支	慕容皝襲擊段末杯後，捕獲其居民千餘家以及名馬寶物。
7		325	宇文部	迎戰	慕容皝、裴嶷、慕容仁	澆水等地	慕容皝等人打敗宇文乞得歸（或稱乞得龜）後，進入他們的國城，不僅捕獲無數寶貨、百萬計畜產，而且被降服的數萬戶遷徙於棘城。
8	慕容皝	334	段部	迎戰	張萌、石琮、慕輿堪、慕容汗、封奕（或稱封弈）	徒河、柳城	段遼攻擊徒河，但爲張萌所敗。後來段蘭和已亡命的慕容翰一同攻擊徒河、柳城。他們因爲無法攻佔，所以增加兵力重新來攻擊。段蘭在柳城以北牛尾谷打敗慕容汗。他趁勝追擊，但被慕容翰阻止，以致後來慕容鮮卑能擺脫更大的危機。
9		咸康初	宇文部	挑戰	封奕	渾水	慕容皝遣封奕不僅打敗宇文別部涉奕于（或稱涉夜干），而且在渾水也擊敗其他宇文部眾。

〔註86〕慕容廆在這次征戰中獲得的玉璽三紐，次年3月奉送於東晉。（《晉書》卷6《元帝紀》，第153頁，「〔太興三年〕三月，慕容廆奉送玉璽三紐。」）

10	336.6	段部、宇文部	迎戰	慕容皝、張萌、封奕、慕容儁	武興、回水、安晉、柳城、榮保	段遼令李詠、段蘭攻擊慕容鮮卑。當時，宇文逸豆歸將攻擊慕容部，作為段蘭的後援。慕容皝率五萬精兵打敗逸豆歸，與此同時，遣慕容儁攻擊段蘭的諸城。且封奕攻擊宇文別部，都獲勝。
11	337.4～6	段部	挑戰	蘭勃、慕容遵	乙連城、興國、五官水	折衝將軍蘭勃營建好城給段部乙連城施加壓力。因乙連城後來出現軍糧不足現象，而段遼要補充軍糧，但都被蘭勃所掠奪。到同年6月，段遼遣從弟屈雲在興國襲擊慕容遵，但反而在五官水敗北。
12	338	段部	挑戰	慕容皝	令支以北	後趙石虎攻擊段遼時，慕容皝攻擊令支以北諸城，不僅斬首千給，而且捕獲五千戶和畜產萬計。
13	338.5	後趙	迎戰	慕容皝、慕容恪、慕輿根	棘城	慕容恪在和後趙相持十多天後，率二千騎突擊後趙兵，以斬獲三萬餘給。後趙兵只好分散撤回。
14	338.12	後趙	挑戰	慕容恪	三藏口	慕容恪率七千精騎在密雲山的三藏口打敗後趙麻秋三萬兵。當時被殺的十有六七。在這次戰役中，慕容恪捕獲向後趙乞援的段遼及其部眾。
15	339	後趙	挑戰	慕容評、慕容軍、慕輿埿、慕輿根	遼西	慕容評等人打敗後趙石成後，捕獲了千餘家。
16	339	後趙	迎戰	悅綰	凡城	後趙李農、張舉等人率三萬兵攻擊凡城，但無法攻佔，就退走。
17	339	高句麗	挑戰	慕容皝	新城	慕容皝親自率兵征伐高句麗，但受到故國原王的乞盟後撤回原地。
18	340.2	後趙	？	慕容皝	遼西	慕容皝在遼西打敗後趙石成後，向東晉報告勝伐的消息。
19	340.10	後趙	挑戰	慕容皝	武遂津、高陽	後趙石虎為了大力征伐慕容鮮卑而準備。慕容皝得知薊城南北防守不很嚴格，從蠮螉塞出兵襲擊武遂津、高陽後，捕獲三萬餘家。

20	341.10	後趙	挑戰		安平	後趙橫海將軍王華率水軍，通過海路來攻擊安平。
21	341	高句麗	挑戰	慕容恪	平郭	慕容恪多次擊敗高句麗。
22	342	高句麗	挑戰	慕容皝、慕容翰、慕容霸（或稱慕容垂）、鮮于亮、韓壽、王寓	木底城、丸都城等地	王寓率一萬五千兵經過北道攻擊高句麗，但全都被殲滅。但經過南道而入侵的前燕主力四萬兵打敗高句麗。後來慕容皝接納韓壽的策略，挖掘美川王的陵墓後，帶著他的遺體，捕獲王太后周氏。與此同時，他破壞宮室，掠奪國庫寶貨，捕獲男女五萬餘人返回。
23	343	宇文部	迎戰	慕容翰		宇文莫淺渾自傲輕敵，疏於防備。這時他遭到慕容翰的攻擊，不僅他本人敗北，而且其兵士都被捕獲。
24	344	宇文部	挑戰	慕容皝、慕容翰、慕容垂、慕容軍、慕容恪、慕輿根	南羅、宇文部都城〔註87〕	慕容皝親自率二萬兵，令慕容翰作為前鋒，開始征伐宇文逸豆歸。涉夜干敗北後，宇文氏部民分散。逸豆歸逃亡於漠北，不久死了。慕容皝進入宇文部都城後，掠奪牲畜、資貨，且把五千餘落遷徙於昌黎。

說明一：上表據《晉書》、《資治通鑑》、《三國史記》而成。
說明二：年月中，尤其月份據《資治通鑑》而成。

雖然在上表中序號 22、23、24 的內容屬於遷都龍城後不久發生的事情，所以應超越本節的範圍，不過這些都和慕容鮮卑的軍事征戰先後有直接關聯，且反映出棘城時代後期的時代背景，因此筆者還是將和「勤王」的運用問題有關的整理列出上表之內了。在當時，慕容部與段部、宇文部、後趙及高句麗間分別發生過 7 次、6 次、7 次及 7 次的迎戰和挑戰，從中我們發現如下幾個特點：

在與段部間的軍事征戰中，慕容鮮卑可經過了發起挑戰、面臨危機、克服困境的過程。比如，據序號 1 的內容可知，慕容鮮卑正處於段部的庇護之中，但慕容翰攻擊他們的根據地徒河，不僅攻佔此地，而且為了鎮守此地，就在青山建造營壘，這些應具有對段部發起挑戰之意。之所以有如此的想

〔註87〕關於宇文部都城的位置，胡三省做注釋曰：「宇文國，都遼西紫蒙川。」（《資治通鑑》卷97晉紀19康帝建元二年（344）條，第3058頁。）

法，是因為徒河之地不僅是段氏的原籍地，而且是他們的主要活動空間。慕
容皝稱燕王後，由於爆發了慕容仁等人的謀反，而慕容鮮卑的勢力比從前更
深程度地弱少，無法對段部進行有效地軍事征戰。後來和序號 8 的內容一
樣，因為有段部的挑戰，慕容鮮卑面臨著非常大的危機。如果這時已歸附於
段部的慕容翰沒有及時地制止，不知慕容鮮卑是否遭受更大的危機。〔註88〕
以後，兩者之間多次發生了戰役，遭受段部的來襲而處於困境的慕容皝為了
徹底解決其問題，在 338 年決定遣宋回到後趙石虎，表示稱藩，請求出兵一
同征伐段部。〔註89〕據瞭解，在和序號 12 的內容一樣，慕容鮮卑和後趙聯
合攻打段部，贏得滅亡他們的勝利。從此以後，慕容政權可完全擺脫段部的
威脅了。

　　在和宇文部間的軍事征戰中，慕容鮮卑始終利用他們的缺點，繼續對他
們採取攻擊之勢。尤其是，在序號 2、23 的內容中，悉獨官、莫淺渾只相信
自己的勢力，輕視敵人，怠慢防備，於是為慕容氏所敗。這些事情應嚴格的
來講，與其說慕容氏打敗宇文部，不如說宇文部自食其果。此外，由序號 7、
10 的內容可知，宇文部因受後趙石勒的命令，以及援助段部而要獲得漁人得
利，就攻擊慕容鮮卑的。不過，他們的軍事挑戰都失敗而告終，以後宇文部
不可成為威脅慕容政權的勢力了。在這種情況下，慕容鮮卑最終獲得和序號
24 的內容一樣的勝利。就是說，慕容皝攻佔宇文部國都後，不僅掠奪財貨，
把宇文部眾五千餘落遷徙於昌黎，而且疆域擴大到千餘里。由此，從三世紀
中旬涉歸以來，大約 100 多年裏和宇文部間的怨恨直到其孫慕容皝時的四世
紀中旬，才能夠徹底洗恥，與此同時，慕容鮮卑在「遼邦」之地成為獨一無
二的勢力。

　　慕容鮮卑與後趙石氏間的軍事征戰是因兩者間的利益衝突而導致的：就
是說，為了征伐段部，和後趙間達成軍事同盟的慕容鮮卑後來違背相互間的
諾言圖謀段部人民、畜產時，感到慕容鮮卑背信棄義的石虎對此發動大規模
軍事征伐。〔註90〕因此，兩者間的軍事征戰主要發生在從 330 年代末到 340
年代初之間。從序號 13 的內容中看到，在 338 年後趙進行大規模軍事征伐
時，不少漢人官吏背叛慕容政權向後趙投降了。由此，處於危機的慕容皝將
拋棄棘城，而避開後趙的銳鋒，但不久接納帳下將慕輿根和玄菟太守劉佩的

〔註88〕《資治通鑒》卷 95 晉紀 17 成帝咸和九年（334）條，第 2993 頁。
〔註89〕《晉書》卷 109《慕容皝載記》，第 2818 頁。
〔註90〕《資治通鑒》卷 96 晉紀 18 成帝咸康四年（338）條，第 3018 頁。

諫諍後，立刻收拾局面，而後在 12 月份打敗後趙贏得勝利了。後趙在第二年也對慕容鮮卑進行軍事征伐，後來到 340 年將進行大規模的軍事征戰時，和序號 19 的內容一樣，遭受慕容部的襲擊，不少薊城南北的城池被攻佔，三萬餘家被俘虜，其氣勢遭受很大的打擊。據瞭解，石虎死後，後趙統治階層內部出現他諸子間的帝位爭奪戰，後來由冉閔篡奪帝位後，就宣告滅亡。冉閔雖建立「魏」王朝，並控制整個中原之地，但無法克服在其王朝內存在的胡漢矛盾等問題，最終給慕容鮮卑攻佔中原之地提供了絕好的機會。〔註91〕

慕容鮮卑和高句麗間的軍事征戰基本上經過從劣勢向優勢的轉化過程。和序號 2 的內容一樣，在 319 年慕容鮮卑和高句麗間差點兒發生軍事衝突，但後來慕容廆挑撥離間，高句麗就脫離和宇文部等的同盟圈，最終兩者間的戰爭沒有爆發。不過，在同一年，張統襲擊河城，高句麗立刻反擊，由此為了爭奪遼東之地，兩者間進入軍事對峙的階段。這些內容可在序號 3、4、5 的內容中看到。在自從 311 年到 320 年代，慕容鮮卑大體上為高句麗所壓倒，似乎處於劣勢，〔註92〕因此高句麗基於如此的對外關係，在四世紀初和慕容鮮卑之間主要保持對峙或內屬關係。〔註93〕後來，和序號 17 的內容一樣，直到 339 年，慕容政權和高句麗間沒有發生較大的軍事衝突，但在同一年侵略高句麗後得到故國原王的乞盟以及接納其世子入朝的條件〔註94〕而撤軍。高句麗之所以採取如此的舉措，是因為通過乞盟來脫離慕容鮮卑再侵略的威脅，且表示世子的入朝而對他們實行柔和的外交政策。〔註95〕在這裏，值得一提的是，高句麗的世子入朝於慕容政權意味著兩者間的勢力均衡已開始打破，其勢力軸心向慕容政權轉移下去。〔註96〕不過，慕容政權後來進入中原時，高句麗仍在其背後可起到嚴

〔註91〕李椿浩：《五胡時期漢人王朝冉魏及其特點──以胡漢對立與克服其限制為中心》，《中國古中世史研究》第 23 輯，2010 年，第 113～148 頁。

〔註92〕《梁書》卷 54《高句驪傳》，第 803 頁，「晉永嘉亂，鮮卑慕容廆據昌黎大棘城，元帝授平州刺史。句驪王乙弗利頻寇遼東，廆不能制。」

〔註93〕余昊奎：《4 世紀東亞國際秩序與高句麗對外政策的變化──以對前燕關係為中心》，《歷史與現實》第 36 輯，2000 年，第 46 頁。

〔註94〕《晉書》卷 109《慕容皝載記》，第 2821 頁，「其年〔慕容〕皝伐高句麗，王釗乞盟而還。明年，釗遣其世子朝於皝。」

〔註95〕金英珠：《高句麗故國原王代的對前燕關係》，《北岳史論》第 4 輯，1997 年，第 16 頁。

〔註96〕姜仙：《對於高句麗與前燕的關係的考察》，《高句麗研究》第 11 輯，2001 年，第 18 頁。

重威脅，〔註97〕由此非徹底制約高句麗不可了。〔註98〕在這種情況下，和序號 22 的內容一樣，慕容皝對高句麗採取大規模的軍事征伐。在這次征戰中，高句麗遭受大敗，由此造成統治根基的不穩定，以及從前基於軍事力量而維持其勢力圈的動搖，甚至國家經濟基礎乃至收取方式的萎縮。〔註99〕不過，據瞭解，慕容政權與其說依靠絕對勢力上的優勢來打敗對方，不如說憑藉有效的戰略方針來獲勝，所以慕容皝知道在北道之戰中爲高句麗所敗後，將立刻返回。從而，他不願意繼續維持戰役，捕獲生口及破壞都城之後，就返回。〔註100〕不過，慕容皝最終接納韓壽的諫諍，〔註101〕徹底破壞高句麗都城丸都城後，不僅捕獲故國原王之母周氏和王后等，而且挖掘其父美川王的陵墓，掠奪五萬餘人歸去。〔註102〕

　　綜上所述，慕容鮮卑通過「尊晉勤王」來在「遼邦」之地開始逐漸增強勢力，加上得以吸引漢人士族的支持，甚至把晉朝的武力使用於自己擴張勢力之中。〔註103〕那麼，慕容廆經過和周圍諸多勢力間的軍事征戰，其勢力可從劣勢轉變優勢，並爲前燕的建國打下堅實的基礎的話，〔註104〕其繼承者慕

〔註97〕 池培善：《前燕王國的發展》，《中世東北亞史研究——慕容王國史》，首爾，一潮閣，1986 年，第 90 頁。

〔註98〕 《資治通鑑》卷 97 晉紀 19 成帝咸康八年（342）條，第 3050 頁。

〔註99〕 金英珠：《高句麗故國原王代的對前燕關係》，《北岳史論》第 4 輯，1997 年，第 37～38 頁。經過這次戰役後，高句麗除了遭遇如此打擊外，與慕容氏間的關係也發生了徹底的改變：如有學者認爲，自慕容皝攻破丸都之後，高句麗遂臣服於燕，及至後燕，而未之改。（金毓黻：《慕容氏與高句驪》，《禹貢半月刊》第 7 卷第 1、2、3 合期，1937 年，第 185 頁。）

〔註100〕 姜仙：《對於高句麗與前燕的關係的考察》，《高句麗研究》第 11 輯，2001 年，第 21 頁。

〔註101〕 《資治通鑑》卷 97 晉紀 19 成帝咸康八年（342）條，第 3051 頁。

〔註102〕 高句麗在這次征戰中敗北後，自身就處於十分艱難的危機之中。因此，可以推測高句麗爲了擺脫其局面，不得不與慕容政權建立和親關係。當時最要緊的是，要求慕容政權儘快送還以俘虜的身份而被押送的父母。就是說，高句麗向慕容政權請求和親的同時，曾亡命的漢人宋晃就被送還於慕容政權。與此同時，高句麗表示願意接受慕容政權的冊封，而進入相互間朝貢冊封體制。這些措施應在當時高句麗所面臨的環境中不得已採取的，或最佳的選擇。據瞭解，由於這種高句麗的和親方針，不僅能夠美川王的遺體，而且王母周氏都順利地歸還。（孔錫龜：《高句麗與慕容「燕」的戰爭及其意味》，《東北亞歷史論叢》第 15 號，2007 年，第 95～96 頁。）

〔註103〕 姜文晧：《前燕的宗室與勤王政策》，《中國中世政治史研究——五胡十六國史》，首爾，國學資料院，1999 年，第 182 頁。

〔註104〕 田村實造：《慕容王國の成立とその性格》《中國史上の民族移動期——五胡、

容皝應從優勢完全轉變勝利，終於完成建立慕容王朝的使命了。〔註105〕換言之，慕容政權在「遼邦」之地逐步實現「國富兵強」的同時，〔註106〕打下「霸王之基」後，順利完成進入中原的計劃了。〔註107〕

第三節　龍城時代與「勤王」的廢止

龍城時代是指依靠「勤王」而在「遼邦」之地實現「國富兵強」的慕容鮮卑將從勤王的「束縛」中脫離，並建立「前燕」，轉變具備獨自政治、軍事制度的中原式王朝的時期。基於這種時代背景，對慕容政權爲了廢止「尊晉勤王」而實行的「自立化」措施進行分析後，我們會發現「勤王」的出現及其運用都和針對建立獨立王朝及其發展的目標密切相關。

一、稱燕王與王國之官的設置

關於「勤王」旗幟的廢止，首先，讓我們想到的是，慕容皝設置作爲王國之官的郎中令，〔註108〕或者自稱燕王而設置獨自的官職，並確立與此相關的名分。到330年代末期，隨著在慕容政權內部晉朝的權威逐漸消滅，〔註109〕

北魏時代の政治と社會》，東京，創文社，1985年，第128頁。

〔註105〕慕容皝統治時期，對外領土擴張政策確實是由慕容氏來主導實行的。這主要通過除了慕容氏外的將軍未能受重用來得以證實。（池培善：《前燕王國的發展》，《中世東北亞史研究——慕容王國史》，首爾，一潮閣，1986年，第119頁。）

〔註106〕根據史書記載，在從3世紀末到4世紀中的50多年間，流入慕容鮮卑統治下的有20萬的漢人；6～7萬的扶餘人；6萬左右的高句麗人；3～4萬的段部；25萬的宇文部，此外，還有1～2萬的其他鮮卑人。就是說，漢人有20萬，高句麗、扶餘、段部、宇文部等非漢人大約有44萬。（三崎良章：《五胡十六國時代における遼東、遼西の地方民族構成の變化について》，《早稻田大學本庄高等學院研究紀要》第16輯，1998年，第22頁。）

〔註107〕《資治通鑑》卷97晉紀19成帝咸康八年（342）條，第3050頁。

〔註108〕《資治通鑑》卷95晉紀17成帝咸康二年（336）條，第3007頁，「胡注：晉制，王國乃有郎中令。〔慕容〕皝未爲王而僭置是官。」對此，有學者則認爲，慕容皝把已任郎中令的陽景派遣於尚未冊封他爲燕王的東晉，由此變相提高自己的爵位。據此可知，慕容皝設置以王國官的郎中令的理由了。（姜文晧：《前燕的宗室與勤王政策》，《中國中世政治史研究——五胡十六國史》，首爾，國學資料院，1999年，第166頁。）

〔註109〕小林聰：《慕容政權の支配構造の特質——政治過程の檢討と支配層の分析を通して》，《九州大學東洋史論集》第16輯，1988年，第41頁。

慕容皝在 337 年 9 月接納左長史封奕等人的進言後，不僅設置國相、司馬、奉常、司隸、太僕、大理、納言令、常伯、冗騎常侍、將軍、記室監等官職，〔註110〕而且在同一年 10 月自稱燕王，號年爲元年，追尊武宣公慕容廆爲武宣王，以夫人段氏爲王后，立世子慕容儁爲王太子等，〔註111〕以表現出脫晉自立的行動，國家之建構大致完成，史稱前燕。〔註112〕如上的舉措意味著要確保因慕容仁之亂而動搖的內部安定後，把慕容皝自己的地位提高到「王」的行爲。〔註113〕由此，慕容政權開始從晉朝的冊封體制中脫離，表現出獨立王朝的一面。有學者則稱這時所設置的官職爲「六卿制」。〔註114〕在此，我們發現慕容皝的燕王號不是由東晉冊封，所以在當時的漢人士族中對此的意見有贊成也有反對的。於是後趙石虎來攻時，一部分主張反對的人投靠後趙，直接用行動來表達自己的主張了。這種事實在從和後趙間的軍事征戰中也需要「尊晉勤王」的主張中得到證實的。〔註115〕因此，有學者認爲，當時漢人官吏叛變投敵的主要原因是慕容皝自稱燕王而宣佈「自立」，並這種行爲未能得到多數漢人的支持。〔註116〕其實，漢人士族對慕容政權的「自立化」所表示

〔註110〕有學者認爲，在胡三省的注釋中，納言令、常伯、冗騎常侍各個相當於尚書令、侍中、散騎常侍。（參考如下註 111 的胡三省注釋）前燕與東晉在官名上出現如此的差別，是因爲前者爲王國，後者爲帝國。慕容皝把前燕的國制轉變王制時，官僚機構也按照中原式的來改變了。（池培善：《前燕王國的發展》，《中世東北亞史研究——慕容王國史》，首爾，一潮閣，1986 年，第 116 頁。）

〔註111〕《資治通鑑》卷 95 晉紀 17 成帝咸康三年（337）條，第 3012～3013 頁，「九月，鎮軍左長史封奕等，勸慕容皝稱燕王，皝從之。於是備置羣司，以封奕爲國相，韓壽爲司馬，裴開爲奉常，陽騖爲司隸，王寓爲太僕，李洪爲大理，杜羣爲納言令，宋該、劉睦、石琮爲常伯，皇甫眞、陽協爲冗騎常侍，〔胡注：納言令，晉之尚書令，常伯，晉之侍中，冗騎常侍，晉之散騎常侍〕宋晃、平熙、張泓爲將軍，封裕爲記室監。……冬，十月，丁卯，皝即燕王位，大赦。十一月，甲寅，追尊武宣公爲武宣王，夫人段氏曰武宣后，立夫人段氏爲王后，世子儁爲王太子，如魏武、晉文輔政故事。」

〔註112〕劉學銚：《鮮卑史論》，臺北，南天書局，1994 年，第 133 頁。

〔註113〕姜仙：《對於高句麗與前燕的關係的考察》，《高句麗研究》第 11 輯，2001 年，第 16 頁。

〔註114〕三崎良章：《前燕の官僚機構について》，《史觀》第 112 輯，1990 年，第 34頁。

〔註115〕朴漢濟：《五胡前期政權與漢人士族》，《中國中世胡漢體制研究》，首爾，一潮閣，1988 年，第 39 頁。

〔註116〕小林聰：《慕容政權の支配構造の特質——政治過程の檢討と支配層の分析を通して》，《九州大學東洋史論集》第 16 輯，1988 年，第 42 頁。

贊成或反對意見，並不是在慕容皝「稱燕王」時才出現。在此六年以前的 331 年，漢人士族圍繞著慕容廆的燕王號展開了爭論。以宋該為主的多數僚屬認為，慕容廆的官爵較低，由此擔心他無法順利鎮撫其境內的胡、漢人，主張他的官爵應提高為燕王、大將軍。與此不同，一些以韓恆為首的漢人士族卻認為，官爵是立了大功，自然而然晉升的，絕不能無功封王。〔註 117〕據此可知，慕容皝的「燕王號」不由東晉所冊封，所以無法給予漢人士族合法的名分，為了防備他們叛變投敵，那麼慕容皝首先要解決王號問題，即悉心考慮此冊封問題的同時，〔註 118〕立刻對背叛者進行軍事鎮壓，且採取較為嚴酷的措施。〔註 119〕到咸康七年（341），慕容皝被晉朝封為燕王，〔註 120〕從此之後，可消除漢人士族階層的公開不滿，並默認此為既成事實。不過，他在東晉的冊封體制下仍試圖闖出「自立化」的路程。這種事實不僅通過他拒絕使用晉朝的年號，並「自稱十二年」來實現，〔註 121〕而且慕容政權不再「稟命」於晉朝，開始走上脫離冊封體制後的獨自之路來完成。〔註 122〕

二、新都龍城的營建與遷都

　　慕容皝營建作為新都城的龍城，並遷都於其地，以此達到脫離「尊晉勤王」的目的，而呈現出新王朝的氣象。在 341 年正月，慕容皝令陽裕、唐柱等人，在柳城以北、龍山以西建造宗廟和宮闕，命名它為龍城。〔註 123〕在同一年，都城的形狀明顯地呈現出來，就決定遷都於此。〔註 124〕其遷都的

〔註 117〕《資治通鑑》卷 94 晉紀 16 成帝咸和六年（331）條，第 2980 頁。

〔註 118〕到 339 年，慕容皝遣長史劉翔、參軍鞠運於東晉，不僅報告大勝後趙的消息，而且表白不得已自稱燕王的事實。後來，到 341 年，東晉才能冊封慕容皝為使持節、大將軍、都督河北諸軍事、幽州牧、大單于、燕王了。

〔註 119〕《資治通鑑》卷 96 晉紀 18 成帝咸康四年（338）條，第 3020～3021 頁。

〔註 120〕4 世紀初，前燕承認以皇帝國的東晉的地位，而東晉確認前燕的勢力圈，由此兩者間成立了朝貢冊封關係。不過，如果前燕的國力凌駕於東晉，或者相反前燕趨於衰落時，這種關係自然而然就消失。（余昊奎：《4 世紀東亞國際秩序與高句麗對外政策的變化──以對前燕關係為中心》，《歷史與現實》第 36 輯，2000 年，第 57 頁。）

〔註 121〕《資治通鑑》卷 97 晉紀 19 穆帝永和元年（345）條，第 3068～3069 頁。

〔註 122〕姜文晧：《前燕的宗室與勤王政策》，《中國中世政治史研究──五胡十六國史》，首爾，國學資料院，1999 年，第 167 頁。

〔註 123〕《資治通鑑》卷 96 晉紀 18 成帝咸康七年（341）條，第 3042 頁。

〔註 124〕關於何時遷都於龍城，《魏書》、《晉書》都寫成咸康七年。（《魏書》卷 95

原因可能在於狹窄而交通不便的舊都棘城多次遭受水災，〔註125〕但筆者認為，其根本性的原因應從當時的慕容政權所面臨的政治、軍事方面中去尋找。平定慕容仁之亂，且征伐段部、宇文部和高句麗後攻佔整個「遼邦」之地，其疆域比從前擴大了幾倍，並擁有大量的人口。〔註126〕到這時，慕容政權就確保了遷都龍城的有利條件及其「可能性」。〔註127〕就是說，一、遼西之地在農業經濟得到充足的發展，對此更有效地進行管理，有必要其政治中心遷移到棘城以西，即龍城地區；二、慕容皝雖被晉朝所封爲燕王，但絕不可能安置在「遼邦」之地，一定尋找機會進入中原之地，而成爲天下之主。於是，他確認柳城一帶在軍事戰略上的重要性後，決定遷都於「遼西古道」的咽喉，即柳城一帶；〔註128〕三、慕容皝要成爲「眞龍天子」，就編造和「龍」相關的輿論，由此在尋找營建新都城的候選之地時，確認柳城之北有一座「龍山」，在「龍山」的西側，白狼水畔有一片平地，依山傍水，正是古時築城建都的形勝之地。依「龍山」築城，自然可依山名——龍山，而命城名爲「龍城」。〔註129〕在中國歷史上，以胡人出身的攻佔中原，而成爲皇帝的叫做「僭

《徒何慕容庵》附元眞傳，第 2060 頁，「四年（341），元眞（慕容皝）遣使朝貢，城和龍城而都焉」；《晉書》卷 109《慕容皝載記》，第 2822 頁，「咸康七年（341），皝遷都龍城。」）與此不同，《資治通鑑》卻寫成咸康八年。（《資治通鑑》卷 97 晉紀 19 成帝咸康八年（342）條，第 3049 頁，「冬，十月，燕王皝遷都龍城。」）如此，對於此問題，有學者則認爲，根據遷都前後的事情，以及魏收、房玄齡等人的記述方式與司馬光的做比較，《魏書》、《晉書》的記錄比《資治通鑑》的更爲準確。（邱敏：《慕容皝遷都龍城年代考異》，《徐州師範大學學報》期刊，1981 年第 4 期，第 35 頁。）

〔註125〕田立坤：《棘城新考》，《遼海文物學刊》期刊，1996 年第 2 期，第 121 頁。大凌河是以向右側侵蝕爲主，所以大凌河右岸的城池多受其害，尤其是，漢代柳城即被水沖毀，還有前燕的昌黎。棘城位於大凌河右岸，受大凌河的侵害是必然的。與此不同，相對來說，龍城位於大凌河左岸，受水害的威脅則小得多，且龍城交通亦比棘城方便得多。

〔註126〕《晉書》卷 109《慕容皝載記》，第 2823 頁，「南摧強趙，東滅句麗，開境三千，戶增十萬。」

〔註127〕張國慶：《慕容皝遷都龍城的前因及目的》，《遼寧大學學報》期刊，1988 年第 1 期，第 29～30 頁。

〔註128〕田立坤：《棘城新考》，《遼海文物學刊》期刊，1996 年第 2 期，第 121 頁。龍城正處在遼西之地東西南北的交通要衝上，且地域平坦寬闊，遷都於此地後，直到隋唐，一直成爲東北的政治、經濟、文化中心，在東北史上佔有重要的地位。

〔註129〕張國慶：《慕容皝遷都龍城的前因及目的》，《遼寧大學學報》期刊，1988 年第 1 期，第 30～31 頁。

簒」，不可認定「正統」。不過，慕容皝要登上「燕帝」，就遷都於龍城，這意味著他作爲「眞龍天子」，確實給胡、漢人宣傳了確保不「僭簒」而「正統」的輿論。〔註130〕據此可知，舊都棘城若意味著在「遼邦」之地按「勤王」旗幟來追求「國富兵強」的話，那麼新都龍城則意味著廢止「勤王」旗幟，而繼續尋求「不復稟命於晉」。從而，遷都於龍城就是在慕容政權的發展過程中佔有非常重要的一頁，在此地，他們不僅完成「自立化」，而且實現「前燕」的建國及其發展。

三、對胡漢人統治方式的變化

與從前慕容皝據「尊晉勤王」，而對散居在境內各地的胡、漢人進行統治不同，到這時他的統治方式稍微發生了變化。慕容政權據「勤王」旗幟在「遼邦」之地進行「國富兵強」時，一部分作爲忠實的合作者，即漢人士族在後趙來攻時卻反對慕容皝的「自立化」，就叛變投敵了。後趙退卻之後，慕容皝雖對那些漢人採取軍事征伐後的誅滅或相應的處罰，〔註131〕但這些根本不屬於本質性的措施。那麼，爲了解決這些問題，慕容皝採取了怎樣的舉措呢？其內容如下：首先、把僑郡改置爲僑縣而進行統治。永和三、四年（347～348），慕容皝對在其父慕容廆時所設置的僑郡進行改置，把原來按州的單位安置下來的漢人流民，重新安置在以郡爲單位的諸縣，與此同時，以僑郡改爲僑縣後，對僑立的郡縣加強管制。即慕容皝「以勃海人爲興集縣，河間人爲寧集縣，廣平、魏郡人爲興平縣，東萊、北海人爲育黎縣，吳人爲吳縣，悉隸燕國。」〔註132〕這種措施不僅具有對漢人流民積極確保其動向的意圖，〔註133〕

〔註130〕黑龍與白龍出現於龍山，此事更加掩蓋新都城神秘的面紗。（《太平御覽》卷121偏霸部5，引崔鴻《十六國春秋・前燕錄》，第583頁，「十二年四月，黑龍一白龍一，見于龍山，皝率羣寮觀龍，去龍二百步，祭以太牢。二龍交首嬉翔，解角而去。皝大悅，赦境內，號新宮曰和龍，立龍翔寺于山。」）與此同時，後來人民寫出如下的記錄：「黑白二龍山上見，太牢崇祀馨香存。新宮賜號曰和龍，君臣大啓河陽晏。」（遼寧省圖書館藏民國19年本，《朝陽縣志》。這內容直接引用張國慶：《慕容皝遷都龍城的前因及目的》，《遼寧大學學報》期刊，1988年第1期，第30頁。）

〔註131〕《資治通鑑》卷96晉紀18成帝咸康四年（338）條，第3018～3021頁。

〔註132〕《晉書》卷109《慕容皝載記》，第2826頁。

〔註133〕關尾史郎：《前燕政權（337～370年）成立的前提》，《歷史學研究》第488輯，1981年，第20頁。另外，慕容皝之所以實行「屯田」政策，是要達到對不可定居下來的一部分流民（「無田者」）班給範圍之土地，使之轉變小經營農民的

而且能較爲容易地控制他們，以防止漢人士族的謀反。〔註134〕其次、慕容鮮卑從前是爲了掌握農業勞動力，而進行徙民政策的話，這時應該用不同的目的進行遷徙政策的。對此，有學者則認爲，前燕的遷徙政策在整個統治時期普遍地實行下去，但如果對遷徙政策做有效地分析的話，就發現建立前燕前後稍微集中出現。〔註135〕比如，（1）在334年，「慕容皝討遼東，甲申，至襄平。……居就、新昌等縣皆降。……分徙遼東大姓於棘城。以杜羣爲遼東相，安輯遺民。」（2）在350年，「代郡人趙榼帥三百餘家叛燕歸趙幷州刺史張平。燕王儁徙廣寧、上谷二郡民於徐無，代郡民於凡城。」（3）在351年，「燕王儁遣慕容恪攻中山……恪入中山，遷其將帥、土豪數十家詣薊。餘皆安堵。」（4）在361年，「燕河內太守呂護幷其眾，遣使來降……太宰恪引兵擊之，護眾死傷殆盡……徙士人、將帥於鄴，自餘各隨所樂。」如上的徙民措施似乎是針對其領導階層或者豪強階層的，除此之外，對一般人民百姓原則上應仍按照籍貫而進行安置的。〔註136〕這種政策不妨叫做「強幹弱枝」之策，完全不同於從前掌握農業勞動力的徙民政策。〔註137〕前燕的建國前後，對漢人的遷徙政策發生了如上的變化的話，那麼對胡人採取怎樣的遷徙政策呢？這和漢人的情況似乎是一樣的。當時被遷於龍城周圍的段部、宇文部、高句麗

目的。那麼，此政策應與僑郡的設置有同樣的目的。其「屯田」政策是有計劃在征伐後趙，後趙已和高句麗、宇文部結合的情況下，要克服這種困難，實現進入中原之地，並完成「富國強兵」而實行下去的。關於更具體的「屯田」政策，請參考《晉書》卷109《慕容皝載記》，第2822～2825頁。

〔註134〕仇鹿鳴：《僑郡改置與前燕政權中的胡漢關係》，《中國歷史地理論叢》期刊，2007年第4期，第99頁。

〔註135〕關尾史郎：《前燕政權（337～370年）成立の前提》，《歷史學研究》第488輯，1981年，第18頁。

〔註136〕（1）《資治通鑑》卷95晉紀17成帝咸和九年（334）條，第2999頁：（2）《資治通鑑》卷98晉紀20穆帝永和六年（350）條，第3106頁，「胡注：恐其復叛歸趙，故徙之。」（3）《資治通鑑》卷99晉紀21穆帝永和七年（351）條，第3118頁；（4）《資治通鑑》卷101晉紀23穆帝升平五年（361）條，第3184～3186頁。在此，有學者則認爲，尤其是據（2）的舉措可知，代郡民及其周圍郡民就離開他們原來居住地，而遷徙於其附近之地。即使在史書未能詳細地記載與此相關的事情，甚至通過其徙民措施，除了代郡外其他郡縣都沒有廢置，不過其徙民政策是主要針對跟隨趙榼，而很大可能做叛亂的豪強勢力。（關尾史郎：《前燕政權（337～370年）成立の前提》，《歷史學研究》第488輯，1981年，第18頁。）

〔註137〕關尾史郎：《前燕政權（337～370年）成立の前提》，《歷史學研究》第488輯，1981年，第19頁。

人至少不完全是從事農業生產的。我們根據封裕的「屯田」上疏〔註138〕，可知慕容鮮卑為了擺脫從他們可能以後要叛亂的不安心理，就把他們遷徙於和後趙接攘的「西境諸城」，即凡城、廣城等前燕西部最為險要的軍事要地，令他們從事軍役。〔註139〕換言之，當時對封裕來說，最為擔心的事情在於將胡人十萬戶都按照原來的聚居方式，而生活在龍城周圍。由此，封裕要把他們遷徙於「西境諸城」，等於解決此問題的最佳的方法。〔註140〕據此可知，慕容鮮卑在追求「不復稟命於晉」的時候，胡、漢人確實已被認為新的統治對象了。

綜上所述，不「稟命」於東晉，而實行的「自立化」措施確實和「勤王」旗幟的廢止有密切的關係。當然，這些措施直接影響到後來建立「前燕」王朝。慕容鮮卑利用後趙的滅亡和冉魏的混亂，順利攻佔中原之地，就可以成為和東晉爭奪天下的「帝國」。此時慕容鮮卑非但可以自立，還足以參與中原逐鹿，「勤王」旗幟已不再有什麼作用。〔註141〕如下的事實可證明這一點：慕容皝死後，拋棄燕王而自稱燕帝的其子慕容儁不僅設置相當於「帝國」的百官，而且追尊祖父慕容廆為高祖武宣皇帝，父慕容皝為太祖文明皇帝，〔註142〕甚至在對著來到前燕的東晉使臣說「還白汝天子，我承人乏，為中國所推，已為帝矣。」〔註143〕後來，慕容儁在次年（353）2月立可足渾氏為皇后，慕容曄為皇太子，且從龍城遷都於薊城。〔註144〕前燕利用後趙的衰亡和冉魏的動亂，繼續南下，逐步攻佔河北重鎮中山、鄴城等地，最終成為中國北方的新霸主。

〔註138〕《晉書》卷109《慕容皝載記》，第2824頁。

〔註139〕關尾史郎：《前燕政權（337～370年）成立の前提》，《歷史學研究》第488輯，1981年，第19頁。

〔註140〕關尾史郎：《前燕「屯田」政策に關する二、三の問題》，《上智史學》第22輯，1977年，第98頁。

〔註141〕蔣福亞：《劉淵的「漢」旗號和慕容廆的「晉」旗號》，《北京師範學院學報》期刊，1979年第4期，第91頁。慕容廆的這一「勤王」策略，也為氐族苻氏，羌族姚氏所模仿。在他們勢力弱小時，都打起「晉」旗號蠱惑人心，利用漢族人民，勢力一壯大，就扯下其旗號，稱王稱帝。

〔註142〕《資治通鑒》卷99晉紀21穆帝永和八年（352）條，第3131頁。

〔註143〕《太平御覽》卷121偏霸部5，引崔鴻《十六國春秋・前燕錄》，第584頁。

〔註144〕《資治通鑒》卷99晉紀21穆帝永和九年（353）條，第3132頁。有學者認為，慕容鮮卑決定從龍城南遷於薊城，此意味著前燕要經營中國之意。（池培善：《前燕帝國的跳躍》，《中世東北亞史研究──慕容王國史》，首爾，一潮閣，1986年，第133頁。）

第三章 十六國歷史潮流中的「異端」現象：冉魏王朝的興亡與胡漢關係

第一節 「徙胡之舉」與中原的紛亂

我們要瞭解胡人在後趙末有何動向，對其內、外的局勢怎能最終造成他們的「徙胡之舉」，應感到有疑問。只有對這疑問進行有效地解答，才能夠理解冉閔爲何頒佈「殺胡之令」及其如何成爲冉魏建國的背景等相關問題。

一、「徙胡之舉」及其相關的問題

我們一起看一看與「徙胡之舉」相關的史書記載：

> 初，〔冉〕閔之爲〔後〕趙相也，悉散倉庫以樹私恩，與羌、胡相攻，無月不戰。趙所徙青、雍、幽、荆四州之民〔註1〕及氐、羌、胡、蠻數百萬口，以趙法禁不行，各還本土，道路交錯，互相殺掠，其能達者什有二、三。〔註2〕

〔註1〕 關於漢人的遷徙，胡三省做注寫道：「石虎破曹嶷，徙青州之民；破劉胤、石生，再徙雍州之民；破段匹磾及爲燕所敗，徙幽州之民；石勒南掠江、漢，徙荆州之民。」（《資治通鑒》卷99晉紀21穆帝永和七年（351）條，第3115頁。）

〔註2〕 《資治通鑒》卷99晉紀21穆帝永和七年（351）條，第3115～3116頁。

自〔石〕季龍末年而〔冉〕閔盡散倉庫以樹私恩，〔註3〕與羌胡相
攻，無月不戰。青、雍、幽、荊州徙戶及諸氐、羌、胡、蠻數百餘
萬，各還本土，道路交錯，互相殺掠，且饑疫死亡，其能達者十有
二三。〔註4〕

我們雖不可確認如上的內容具體發生在後趙末的什麼時間，〔註5〕但後趙
趨於衰亡，是在冉閔確實暴露出篡奪後趙政權的野心時才出現的。換言之，
如上的內容雖記載在永和七年條中，但這是由於司馬光要敘述過去的事情時
才一同寫道的，所以並非發生在 351 年。之所以如此，是因為《資治通鑒》
中的「初，閔之為趙相也」，以及「以趙法禁不行」時，才發生「徙胡之舉」
的。除此之外，司馬光認為，這種事情如果發生在 351 年的話，不可能如此
記載為「以趙法禁不行」。不過，在此可以肯定的是，冉閔作為後趙的「宰相」，
即大將軍、錄尚書事掌握國權是在於 349 年 11 月石鑒即帝位之後。〔註6〕為
了贏得胡、漢人的青睞，並使他們對其堅定信心，冉閔就打開國家的倉庫，「以
樹私恩」。但經過數個月和「親趙」勢力〔註7〕展開軍事征戰，忍受不了戰爭
之苦的數百萬胡、漢人決定踏上返回原居住地的路途。在這時，冉閔很有可
能想要阻止他們的歸還之舉，但卻沒有時間和能力去制止，且從其歸還之舉
後出現的缺乏人口的情況來看，有必要對剩下的胡、漢人進行懷柔和慰撫的
工作。我們將在下一節對此問題做分析。

筆者在此要注意的是，胡人的遷徙問題。之所以如此，是因為西晉初江

〔註3〕 在《晉書・校勘記》中對此記載提出疑問，就寫道：「此兩語與上下文俱不相
連屬，疑有脫文，今姑以此單獨為句。」(《晉書》卷107《石季龍載記》下校
勘記，第 2800 頁。)

〔註4〕 《晉書》卷 107《石季龍載記》下附冉閔傳，第 2795 頁。

〔註5〕 《資治通鑒》卷 98 晉紀 20 穆帝永和五年（349）條，第 3098 頁，「秦、雍流
民相帥西歸，路由枋頭，共推蒲洪為主，眾至十餘萬。〔胡注曰：成帝咸和四
年（329），石虎破殺劉曜，徙氐、羌十五萬落于司、冀州，八年（333），破
石生，徙秦、雍民及氐、羌十餘萬戶于關東，今因趙亂，故相帥西歸。〕」如
上記載中，值得注意的是，在 349 年 11 月「秦、雍流民」開始返回「本土」。
根據胡三省的注釋，如「徙秦、雍民及氐、羌十餘萬戶于關東」的內容，其
「秦、雍流民」並不都指全部漢人，而是包括「氐、羌十餘萬戶」的胡、漢
人。由此，筆者認為，「徙胡之舉」應當發生在 349 年 11 月前後。

〔註6〕 《資治通鑒》卷 98 晉紀 20 穆帝永和五年（349）條，第 3097 頁。

〔註7〕 在此，這支「親趙」勢力是指以胡羯石氏為中心，而組織起來的武裝集團。
按道理講，冉閔作為一個後趙的權臣不能直接和後趙王朝對峙，應該與後趙
王朝內的「親趙」勢力展開軍事征戰。

統所提出的「徙戎論」在某種程度上局部地實現，〔註8〕且冉魏王朝是全面排擠胡人，或許在這種理念下所建立的。據瞭解，江統根據「非我族類，其心必異，戎狄志態，不與華同」，而把眾多居於中原的胡人返回原居住地，可實現「慰彼羈旅懷土之思，釋我華夏纖介之憂。惠此中國，以綏四方，德施永世，於計爲長」的局面。〔註9〕當時西晉王朝所面臨的政治、社會上的混亂，其原因都歸屬於眾多胡人的內遷雜居，所以要解決其混亂的唯一方法是把他們遷回原居住地。由此，這種「徙戎論」在西晉王朝內部必然引起很大的反響，成爲當時很有影響的主流輿論。〔註10〕不過，從當時中原之地的民族情形來看，「徙戎」卻不容易實現或根本不具備實施這種「徙戎」的條件，甚至胡人都根本絕無熱情去接受「徙戎」。但是在後趙末，眾多胡人困於政治、社會混亂以及經濟破壞之中，最終決定離開十多年來生活的所謂「第二故鄉」的中原之地，踏上返回「本土」的道路。

二、後趙石氏的倒行逆施與胡、漢人的回應

據瞭解，後趙的開國君主石勒不僅對漢文化有深入的瞭解，並對漢文化格外的尊重，而且對漢人士族採取政治、經濟上的懷柔和優待政策，並確認他們的既得利益。由此，後趙在贏得他們的大力支持和協助後，成爲了北方的霸主〔註11〕，和東晉形成了南北對峙的局面。〔註12〕但是，石勒死後即位

〔註8〕 在這裏需要說明的是，胡人要歸還的「本土」並非指在遷徙到中原內地前他們的祖先們曾從事游牧和畜牧業的地方。從這方面來看，「徙胡之舉」和江統的「徙戎論」有本質性的差別。不過，我們認爲，氐、羌、蠻、匈奴等胡人被遷到中原之地後，10多年生活在此地。他們出於自願要從後趙的混亂中脫離，歸還本土。這至少有限度地實現了所謂的「徙戎」。

〔註9〕 《晉書》卷56《江統傳》，第1531～1534頁。

〔註10〕 黃烈：《「徙戎論」與關中氐羌和并州匈奴》，《中國古代民族史研究》，北京，人民出版社，1987年，第374～376頁。晉武帝時，匈奴、鮮卑等胡人多次做騷亂，使晉朝不得安寧。對於解決這種騷亂，泰始四年（268）御史中丞傅玄則提出「臣以爲胡夷獸心，不與華同，鮮卑最甚……今〔胡〕烈往，諸胡雖已無惡，必且消弭，然獸心難保，不必其可久安也……宜更置一郡於高平川，因安定西州都尉募樂徙民，重其復除以充之，以通北道，漸以實邊」（《晉書》卷47《傅玄傳》，第1322頁）的方法。另外，在太康元年（280），侍御史郭欽也主張「裔不亂華，漸徙平陽、弘農、魏郡、京兆、上黨雜胡，峻四夷出入之防，明先王荒服之制，萬世之長策也」（《晉書》卷97《北狄匈奴傳》，第2549頁）的見解。

〔註11〕 顧祖禹：《讀史方輿紀要》卷3歷代州域形勢3，第133頁，「石趙（指後趙）

的石弘爲石虎所殺。石虎篡奪皇位後，日益造成的「倒行逆施」使得胡漢間初步形成的合作氛圍遭到了破壞，致使王朝的統治根基開始動搖，並使王朝逐步滑向衰落的邊緣。對於石氏一族的倒行逆施，我們大致可分爲四個內容：（1）無計劃地進行大型狩獵。如「〔石〕季龍（指石虎）性既好獵，其後體重，不能跨鞍，乃造獵車千乘，轅長三丈，高一丈八尺，置高一丈七尺，格獸車四十乘，立三級行樓二層于其上，剋期將校獵。自靈昌津南至滎陽，東極陽都，使御史監察，其中禽獸有犯者罪至大辟。御史因之擅作威福，百姓有美女好牛馬者，求之不得，便誣以犯獸論，死者百餘家，海岱、河濟間人無寧志矣。」〔註13〕（2）進行大型土木工程。其代表性的有「於襄國起太武殿，於鄴造東西宮，至是皆就。太武殿基高二丈八尺，以文石綷之，下穿伏室，置衛士五百人於其中。東西七十五步，南北六十五步。皆漆瓦、金鐺、銀楹、金柱、珠簾、玉壁，窮極伎巧。又起靈風臺九殿于顯陽殿後，選士庶之女以充之。」〔註14〕（3）對軍事征伐有盲目行動。比如「〔石季龍〕又敕河南四州具南師之備，幷、朔、秦、雍嚴西討之資，青、冀、幽州三五發卒，諸州造甲者五十萬人。兼公侯牧宰競興私利，百姓失業，十室而七。船夫十七萬人爲水所沒、猛獸所害，三分而一。」〔註15〕（4）荒淫無道，民不安生。其代表性的有「〔石季龍〕增置女官二十四等，東宮十有二等，諸公侯七十餘國皆爲置女官九等。先是，大發百姓女二十已下十三已上三萬餘人，爲三等之第以分配之。郡縣要媚其旨，務於美淑，奪人婦者九千餘人。百姓妻有美色，豪勢因而脅之，率多自殺。石宣及諸公又私令采發者，亦垂一萬。總會鄴宮。季龍臨軒簡第諸女，大悅，封使者十二人皆爲列侯。自初發至鄴，諸殺其夫及奪而遣之縊死者三千餘人。荊、楚、揚、徐間流叛略盡，宰守坐不能綏懷，下獄誅者五十餘人。」〔註16〕對於這種倒行逆施的舉措，當時很多

盛時，其地南逾淮漢，東濱於海，西至河西，北盡燕代。」
〔註12〕 張秀平：《試論十六國時期漢族士族的歷史作用》，《浙江師範學院學報》期刊，1984年第1期，第31～32頁。根據「衣冠之士靡不變節，未有能以大義進退者」（《晉書》卷104《石勒載記》上，第2720頁）可知，後趙石勒時的民族問題較爲圓滿地得以解決。我們在史書中能找出當時出仕在後趙政壇的漢人士族的有趙郡張賓，范陽盧諶，渤海石璞，北地傅暢，潁川簡綝，清河崔悅、崔迁，滎陽鄭略等人。
〔註13〕 《晉書》卷106《石季龍載記》上，第2777頁。
〔註14〕 《晉書》卷106《石季龍載記》上，第2765頁。
〔註15〕 《晉書》卷106《石季龍載記》上，第2772頁。
〔註16〕 《晉書》卷106《石季龍載記》上，第2777頁。

人都進行過諫諍，比如侍中韋謏向石虎說道：「自古聖王之營建宮室，未始不於三農之隙，所以不奪農時也。今或盛功于耘藝之辰，或煩役于收穫之月，頓獘屬途，怨聲塞路，誠非聖君仁后所忍爲也。」〔註17〕根據上述韋謏的諫諍可知，石氏一族無限度的大型土木工程等倒行逆施破壞了農業經濟，由此直接造成了政治、社會的不安。加上自然災害和怪異現象的頻繁出現給胡、漢人帶來更大的痛苦和絕望，使他們始終垂死掙扎。比如，史載：(1)「于時大旱，白虹經天」；(2)「時祅怪尤多，石然于泰山，八日而滅。東海有大石自立，旁有血流。鄴西山石間血流出，長十餘步，廣二尺餘。太武殿畫古賢悉變爲胡，旬餘，頭悉縮入肩中」；(3)「時白虹出自太社，經鳳陽門，東南連天，十餘刻乃滅」；(4)「時熒惑犯積尸，又犯昴、月，及熒惑北犯河鼓」，可證實這一點。〔註18〕那麼，對這種毫無希望的現實困境，胡、漢人是如何應對的呢？筆者認爲，第一、醉心於宗教信仰，由此克服現實的痛苦，或以此發動起義。比如，在咸康八年（342），貝丘人李弘不僅利用後趙末政治社會混亂，而且假託自己的姓名符合讖言，就連結黨羽，署置百僚，準備起事。但起義暴露，李弘被誅殺，連坐者達到數千家。〔註19〕對此，有學者認爲，在自東晉至南北朝期間，以「李弘」爲號召的起義達九次之多，其中東晉、十六國時期有五次。這說明人民百姓遭受經濟剝奪和政治壓迫時，「李弘」利用「讖緯」和「道術」蠱惑人民百姓作發動起義。由此可見道教在當時組織發動起義中的特殊作用。〔註20〕另外，在建武三年（337），安定人侯子光（或稱劉光）自稱佛太子，從大秦國來，應當上小秦國之王。後來他改名爲李子楊，之後煽動數千人，在杜南山自稱大黃帝，建元曰龍興。他任爰赤眉、樊經爲左、右丞相，任竺龍、嚴諶爲左、右大司馬，還任謝樂子爲大將軍，以圖謀起義。〔註21〕第二、直接發動武裝起義反抗殘酷的現實生活。比如，在後趙末，數多次爆發的武裝起義中規模最大，影響最深的應屬於 349 年正月

〔註17〕《晉書》卷106《石季龍載記》上，第2772頁。

〔註18〕 (1)《晉書》卷106《石季龍載記》上，第2770頁；(2)《晉書》卷106《石季龍載記》上，第2773頁；(3)《晉書》卷106《石季龍載記》上，第2775頁；(4)《晉書》卷107《石季龍載記》下，第2786頁。

〔註19〕《資治通鑒》卷97晉紀19成帝咸康八年（342）條，第3052頁。

〔註20〕高蘊華：《略論十六國時期各族人民鬥爭》，《內蒙古民族師院學報》期刊，1991年第1期，第25頁。《道藏・洞神部・戒律類》力上2《老君音誦誡經》，「但言老君當治，李弘應出，天下縱橫，返（反）逆者眾，稱名李弘，歲歲有之。」這條記載直接引用高蘊華的論文第25頁。

〔註21〕《晉書》卷106《石季龍載記》上，第2767頁。

由高力督梁犢發動的起義。梁犢在安定、長安等地連續擊敗後趙安西將軍劉寧、樂平王石苞等人，並攻佔了關中之地。後來這支起義軍還在新安、洛陽擊敗大都督、大將軍李農以及統衛軍將軍張賀度，征虜將軍冉閔等人。其勢力已達到洛陽、滎陽、陳留等中原之地。對此，石虎深感大懼。〔註22〕第三、寄希望於新王朝，積極出世，謀求安身立命之所。對此，有學者認為，冉閔建立的王朝由於是通過篡奪後趙政權的方式，所以他任命曾出仕於後趙的漢人為冉魏王朝的主要官職。據此可知，冉魏的建立是依靠拉攏曾支持後趙政權的漢人官僚，新王朝建立後又任命他們為中樞之官。除了中樞官（案，中央官）外，大多擔任地方官的人曾在後趙時沒有多大的名氣，冉魏建立後就能夠出人頭地了。〔註23〕第四、根據「荊楚、揚、徐之民流叛略盡，〔胡注曰：荊楚，以國言，揚、徐，以州言。趙之壞地，南陽、汝南則故荊楚之地也，壽陽則揚州之地也，彭城、下邳、東海、琅邪、東莞則徐州之地也。一曰，荊楚、揚、徐之民先被掠及流入北界者，今流叛略盡〕守令坐不能綏懷，下獄誅者五十餘人」〔註24〕可知，當時百姓背井離鄉，到處顛沛流離的悲慘狀況。筆者認為，第四個內容正符合胡、漢人要脫離種種困難返回「本土」的事實。從前被石勒、石虎遷徙到中原之地的氐、羌、蠻、匈奴等眾多胡人就「以趙法禁不行」，斷然踏上返回原居住地的路程。這絕不是受命令帶有強制性的舉措，而是他們自發自願的行為。在這種「壯舉」當中，胡、漢人間相互殺戮和掠奪，屍橫遍野，且農業經濟的破壞給胡、漢人帶來嚴重的飢餓，甚至出現「人相食」的悲慘情景。關於如此形成的中原之地的慘境，史書記載：「諸夏紛亂，無復農者」〔註25〕，或者「中原大亂，因以饑疫，人相食，無復耕者。」〔註26〕那麼，在這裏，筆者認為在「殺胡之令」頒佈之前的「徙胡之舉」不僅明確地給冉閔提出胡人應和漢人一同成為懷柔和慰撫的對象，且要體現在眾多胡人中，以「羯」為代表的石氏一族要和其他胡人區別開來，至少使他要和不「親趙」的胡人保持一定的聯繫，並贏得他們的默認或暗中的支持。如果對「徙胡之舉」這麼理解的話，我們就可以從中認識「殺胡之令」的出現與冉魏建國相關的背景知識。

〔註22〕《資治通鑑》卷98晉紀20穆帝永和五年（349）條，第3085～3086頁。
〔註23〕市來弘志：《冉魏政權と漢人たち——五胡十六國時代前期の民族關係に關する一考察》，《學習院大學文學部研究年報》第43輯，1996年，第44頁。
〔註24〕《資治通鑑》卷97晉紀19穆帝永和元年（345）條，第3063頁。
〔註25〕《晉書》卷107《石季龍載記》下附冉閔傳，第2795頁。
〔註26〕《資治通鑑》卷99晉紀21穆帝永和七年（351）條，第3116頁。

第二節　「殺胡之令」與冉魏的建國

如上節所述，由於不少胡、漢人遭受石氏一族的殘酷的壓迫，而開始返回其原居住地，所以中原之地出現人口的短缺現象，這最終導致農業生產的破壞以及勞動力、兵力的不足。為了挽救這種局面，冉閔應當對剩下的胡、漢人表示親近，並認可他們的既得利益，以之試圖接近他們。〔註 27〕那麼，在這時胡人應和漢人一樣，就冉閔而言，不管民族出身如何都成為懷柔和拉攏的對象了。不過，以「羯」為代表的胡人集團始終以敵對的態度對待冉閔本人，並保持相當大的勢力，這使得冉閔調整了原來對他們的懷柔或拉攏政策。在此，由於石氏一族的倒行逆施，再加上頻繁的蝗災、旱災等災害，使得眾多漢人因困於失去生命價值而對「反趙」的心理格外強烈，在此情況下最終迫使冉閔頒佈了「殺胡之令」。據瞭解，此令後來為冉閔篡奪後趙政權，並建立漢人王朝的冉魏提供了前提條件。

一、「殺胡之令」的頒佈及其相關的問題

首先讓我們瞭解一下，與此令頒佈的相關內容，其史載如下：

A 宣令內外六夷，敢稱兵仗者斬！〔註 28〕

B 下令城中曰：「近日孫、劉構逆，支黨伏誅，良善一無預也。今日已後，與官同心者留，不同者各任所之。敕城門不復相禁。」〔註 29〕

C 班令內外：「趙人斬一胡首送鳳陽門者，文官進位三等，武官悉拜

〔註 27〕冉閔建立王朝的那一年，就與表二的序號 1、2 一樣，在和後趙殘餘勢力間的征戰中贏得大勝。緊接著他實行「清定九流，準才授任，儒學後門多蒙顯進」的措施後，得到「于時翕然，方之為魏晉之初」（《晉書》卷 107《石季龍載記》下附冉閔傳，第 2794 頁）的效果。據此，王仲犖則說道：冉閔仍走著魏、晉以來封建統治政權的老路，穩定世族，提拔寒門，只是在地主階層方面做工夫，忽視了廣大人民的利益，不肯依靠人民，更無法發掘人民的潛在力量。另外，世族地主或寒門地主，不但沒有反對少數族統治者的決心，而且為了維護自己的財富和權勢地位，有時還會利用機會進行政治投機，從而加速冉魏政權的傾覆。（王仲犖：《魏晉南北朝史》上冊，上海，上海人民出版社，1979 年，第 252 頁。）筆者認為，在史載中的「儒學後門」應指除了漢人出身的寒門勢力外，還包括胡人酋長以及酋帥、貴族階層。之所以如此，是因為其措施實施之後，緊接著出現大單于的設置與將胡人安排給諸將的事情。

〔註 28〕《資治通鑒》卷 98 晉紀 20 穆帝永和五年（349）條，第 3099 頁。

〔註 29〕《資治通鑒》卷 98 晉紀 20 穆帝永和五年（349）條，第 3099 頁。

牙門。」〔註30〕

　D　其屯戍四方者，閔皆以書命趙人爲將帥者誅之，或高鼻多須濫死
　　者半。〔註31〕

　　349 年 11 月，冉閔與李農因有推戴石鑒爲皇帝之功，各自被封大將軍、武德王與大司馬，並一同擔任錄尚書事。但由於石鑒等羯族石氏一族多次想謀害冉閔與李農，他們只好採取如上的一系列對付胡人的措施了。那麼，爲了除去冉閔與李農，石氏一族採取了哪些措施呢？比如，（1）石鑒與樂平王石苞、中書令李松、殿中將軍張才間保持緊密合作關係；（2）鎮守襄國的石祗與姚弋仲、蒲洪等羌、氐族集團結合在一起；（3）中領軍石成、侍中石啓、前河東太守石暉等人一起行動；（4）龍驤將軍孫伏都、劉銖等人在石鑒的默認之下率三千羯士參與殺害冉閔的行動之中。據瞭解，孫伏都、劉銖的挑戰應該對在鄴城內胡羯人的行動趨向造成較大的影響，孫、劉兩人被殺後，在鄴城內從鳳陽門到琨華殿間屍體泛濫，血流成河。因此，爲了減輕這事件對其他胡羯人造成更大的影響，冉閔立刻頒佈了 A 令。

　　A 令頒佈之後，胡人破壞關口，翻過城牆，逃亡的不可勝數。據胡三省的注釋，他們感到「禍之將及」，於是不惜頑強抵抗。〔註32〕即便如此，冉閔也無法無情地完全和胡羯人翻臉，所以通過推戴石鑒的方式來表達對他們的懷柔之情。有學者根據「〔冉閔〕使尚書王簡、少府王鬱帥眾數千，守〔石〕鑒于御龍觀，懸食給之」〔註33〕認爲，冉閔給鄴城供給食物，應不限於胡、漢人任何一方。這種行爲是在「守石鑒于御龍觀」時做出來的，應有阻止胡人逃脫的意圖。〔註34〕那麼，在這種情況下，才有 B 令的實施。B 令頒佈之後，鄴城周圍一百多里的漢人都湧入城內，相反要離開鄴城的胡羯人擠滿了各城門。這種現象意味著對冉閔來說要懷柔胡人的所有措施都告失敗，甚至繼續被他們排斥。對此，有學者則認爲，冉閔雖作爲石虎的養孫，但既有不同於石氏宗室的異姓，又有出身於漢人的血統，這對石氏一族來說就更加排斥他了。這樣一來，冉閔繼續被胡人抵制，並使他感到生命威脅，最後要依

〔註30〕《資治通鑒》卷 98 晉紀 20 穆帝永和五年（349）條，第 3099 頁。
〔註31〕《資治通鑒》卷 98 晉紀 20 穆帝永和五年（349）條，第 3100 頁。
〔註32〕《資治通鑒》卷 98 晉紀 20 穆帝永和五年（349）條，第 3099 頁。
〔註33〕《晉書》卷 107《石季龍載記》下，第 2791 頁。
〔註34〕市來弘志：《冉閔の胡人虐殺に關する一考察》，《响沫集》第 7 輯，1992 年，第 34 頁。

靠的是自己具有「漢人的血統」的事實。〔註35〕換言之，因爲冉閔、李農等人的推戴，能即帝位的石鑒卻對主張除去冉閔的孫伏都等人表示極大的支持。後來孫伏都等人爲冉閔所殺，鄴城內外胡、漢之間的對峙關係進入不可協調的地步。這時，冉閔爲了挽留多數胡人，並表示願意和他們站在同一陣線上，就頒佈 B 令，但沒有想到會造成「胡、羯去者塡門」〔註36〕的事情發生。冉閔深知胡羯不爲自己所用，可能對其他胡人刺激很大。結果，冉閔原來打算拉攏眾多胡人，並把他們變成篡奪後趙政權的合作者的計劃根本無法實現，因此不得不強調自己擁有「漢人的血統」的事實。至此，冉閔意識到胡人是他生命的最大威脅，如此萬不得已才頒佈了所謂「殺胡之令」的 C 令。〔註37〕據瞭解，C 令頒佈之後在一天內被斬首的胡羯人已達到數萬。冉閔就關上鄴城的所有城門後，親自率領漢人去誅殺胡羯。〔註38〕在這種行動中，不少漢人不管男女、老少、貴賤，只要相貌很像胡羯的都被殺了。〔註39〕如此被殺的已達到 20 多萬人，且胡羯的屍體都被堆在城外，爲野犬豺狼所吃了。〔註40〕根據有學者的看法，比如「殺胡之令」不僅在後趙末的政治社會方面，而且在整個十六國時期中，造成了在種族之間前所未有的斷絕和憎惡。〔註41〕因此，這條 C 令所帶來的後果是非常嚴重的。緊接著冉閔還頒佈了 D 令。這意味著「殺胡之令」在後趙境內至少在以漢人出身的將領鎮守的地區內被徹底地實行下去，不僅僅局限於鄴城及其周圍地區。不過，關於「殺胡之令」實施的範圍問題，有學者則認爲，屠殺胡人是在很慌忙地下過決定之後實施的，這可從其手法的殘忍中看到。冉閔在鄴城郊區屠殺胡人時，「屯

〔註35〕 市來弘志：《冉閔の胡人虐殺に關する一考察》，《殉沫集》第 7 輯，1992 年，第 37 頁。
〔註36〕 《資治通鑑》卷 98 晉紀 20 穆帝永和五年（349）條，第 3099 頁。
〔註37〕 市來弘志：《冉閔の胡人虐殺に關する一考察》，《殉沫集》第 7 輯，1992 年，第 33～35 頁。
〔註38〕 「乞活」是指以漢人爲中心而形成的難民集團。後來，以乞活出身的冉閔在頒佈「殺胡之令」時，乞活根據其軍事力量，無疑地參與屠殺胡人的行動當中，且以後使冉閔篡奪後趙政權及其滅亡起到很關鍵的作用。（市來弘志：《乞活と後趙政權》，《中國古代史研究》卷 7，東京，研文出版社，1997 年，第 201～204 頁。）
〔註39〕 《魏書》卷 95《羯胡石虎傳》，第 2054 頁。
〔註40〕 《晉書》卷 107《石季龍載記》下，第 2792 頁。
〔註41〕 大澤陽典：《李農と石閔——石趙末期の政局》，《立命館文學》第 386～390 合輯，1977 年，第 358 頁。

據四方者，所在承閔書誅之。」〔註42〕由此屠殺胡人是在鄴城及其周圍地區進行的。〔註43〕

冉閔爲了拉攏眾多胡人，而頒佈 A 令與 B 令，但最終實施了帶有民族仇殺的 C 令與 D 令。之所以如此，是因爲冉閔及其手下的一幫人不能忍受被胡羯所排擠，與此同時，趁機有目的的要建立起漢人王朝。這時，冉閔立刻宣明自己是個漢人，且徹底拋棄已被「羯族化」的習慣，進而更加激化胡漢之間的矛盾，否則不僅無法擺脫其困境，而且不可建立起王朝。這是因爲冉閔除了對大多數漢人肯定支持自己本人確有信心之外，還要必須從中贏得他們的支持之下才能夠如此行動的。此外，他還確信拋棄中原的漢人而亡命於江南的司馬氏東晉王朝不僅無法代表北方漢人的利益，而且不能保障他們的生命安全。據此，這種任務應當由冉閔本人來完成，他是在這種信念之下實施了一系列和「殺胡之令」有關的措施。冉閔的這種認識對不可離開中原的漢人來說，他們一直受苦於石氏一族的倒行逆施，並對石氏一族恨之入骨，因此對 C 令的頒佈表現得格外的興奮，頗爲積極地參與屠殺胡羯的行列之中。〔註44〕所以，我們可發現只有一天的時間內，胡羯數萬人被殺，甚至因像胡羯，而被殺的漢人已占其總數的一半以上。這件事情不僅說明在很大程度上漢人相互間對冉閔的怨恨和反感迅速地蔓延下去，而且反映出當時胡漢之間的民族矛盾已是非常尖銳。〔註45〕另外，我們發現，冉魏建國後，冉閔以漢人的代表自稱而行動，但是否一直按照自己的這種意願去代表著漢人的利益，這是有很大疑問的。〔註46〕那麼，筆者認爲，冉魏建國後之所以尚未

〔註42〕《晉書》卷 107《石季龍載記》下，第 2792 頁。

〔註43〕市來弘志：《冉閔の胡人虐殺に關する一考察》，《呴沫集》第 7 輯，1992 年，第 35 頁。

〔註44〕關於乞活與後趙的滅亡，周一良則說道：羯胡之與乞活仇懔尤深，而淵源於司馬騰。司馬騰以幷州饑，乃執賣諸胡於山東，以充軍實。……司馬騰結怨於諸胡，然幷州乞活實賴司馬騰全濟，故特感其恩義，爲之報仇。是後乞活之活動大都黨於漢人而抗諸胡。……昔嘗致疑冉閔之亂誅諸胡羯，無貴賤男女少長皆斬之，死者二十餘萬，高鼻多鬚至有濫死者半，何其酷也？依據上述，乃知後趙之世漢人久已痛恨諸胡，而冉閔者更有其誅滅羯胡之理由焉。(周一良：《乞活考》，《魏晉南北朝史論集》，北京，北京大學出版社，1997 年，第 30～31 頁。)

〔註45〕大澤陽典：《李農と石閔──石趙末期の政局》，《立命館文學》第 386～390 合輯，1977 年，第 358 頁。

〔註46〕市來弘志：《冉魏政權と漢人たち──五胡十六國時代前期の民族關係に關する一考察》，《學習院大學文學部研究年報》第 43 輯，1996 年，第 42 頁。

得到東晉和北方漢人的大力支持，〔註47〕其根本原因在於「殺胡之令」頒佈之後不少漢人無辜地被殺，與此同時，冉閔因基於現實的利益，而實行和「親胡」有關的措施。總之，「殺胡之令」頒佈之後，在中原之地排斥胡羯而篡奪後趙政權的冉閔，他的第一個目標看上去已實現了。〔註48〕

我們認為，如果「殺胡之令」的頒佈使冉閔完成篡奪後趙政權的第一個目標的話，那麼在 350 年正月將在未來的王朝內爲了「滅去石氏之迹」，利用「託以讖文有『繼趙李』」，而「更國號曰衛，易姓李氏，大赦，改元青龍」，這似乎是「殺胡之令」頒佈之後的後續措施。〔註 49〕在此，冉閔可立刻建立起新的王朝，但爲何還要如此多此一舉呢？這是史書上的「滅去石氏之迹」留給我們的疑問。冉閔要承認石鑒爲合法的後趙皇位繼承者，這是否會對「親趙」勢力起到一定影響，或者出於一種試圖減輕自己本人所犯下的「屠殺胡羯」罪惡的動機呢？另外，即使無法繼續拉攏除了羯族石氏外的其他胡人，但至少不被他們排斥或敵視，這種僥倖心理是否通過上述後續措施來得以改觀呢？但是，大多數後趙將相，如太宰趙庶、太尉張舉、中軍將軍張春、光祿大夫石岳、撫軍將軍石寧、武衛將軍張季以及諸多公侯、卿、校、龍騰等萬餘人決定歸附於鎮守襄國的石祇，此外，石琨也逃奔於冀州的信都。除此之外，撫軍將軍張沈、張賀都、建義將軍段勤、寧南將軍楊群、劉國、段龕、姚弋仲、蒲洪等胡人將領分別擁有數萬兵力，各自鎮守滏口、石瀆、黎陽、桑壁、陽城、陳留、灄頭、枋頭等地，並接受石祇的持節。這樣一來，從「眾各數萬，皆不附於〔冉〕閔」〔註 50〕的史實來看，冉閔就知道如上的後續措施絲毫沒有一點作用，特別在石琨和張舉、王朗等人率領七萬兵力攻打到鄴城時，似乎沒有給他更多的選擇餘地了。當時冉閔、李農各自打敗石琨、張

〔註47〕《晉書》卷 107《石季龍載記》下附冉閔傳，第 2793 頁，「遣使者持節赦諸屯結，皆不從。……〔冉〕閔遣使臨江告晉曰：『胡逆亂中原，今已誅之。若能共討者，可遣軍來也。』朝廷不答。」

〔註48〕冉閔建立王朝經過了第一、「通過合法的手段來掌握政權」，第二、「通過政變來控制政權」，第三、「篡奪後趙政權」的過程。第一、第二的條件都無法實現時，「篡奪後趙政權」是冉閔唯一的選擇。以後的事實證明實現「篡奪後趙政權」應帶來非常大的風險，其中「殺胡之令」的實施意味著完全否定和破壞後趙的整個體制，是帶來巨變的革命性的事件。由此，冉閔感到不利於控制政權，只能用更極端的方式去拼搏，「殺胡之令」就是在這種背景下頒佈的。（市來弘志：《冉閔の胡人虐殺に關する一考察》，《殉沫集》第 7 輯，1992年，第 33 頁。）

〔註49〕《資治通鑑》卷 98 晉紀 20 穆帝永和六年（350）條，第 3100 頁。

〔註50〕《資治通鑑》卷 98 晉紀 20 穆帝永和六年（350）條，第 3100 頁。

舉等人，之後更趁機率領三萬騎兵征伐鎮守石瀆的張賀度。這時，衛主石鑒便利用冉閔不在鄴城的時機，派宦者到滏口，喚來當時鎮守滏口的張沈來攻佔鄴城，不過此宦者反而把這件事密告了冉閔。冉閔只好放棄原來征伐張賀度的計劃，返回鄴城後不僅殺死石鑒，而且誅殺石虎之孫二十八人。〔註51〕由此後趙石氏宗族遭受到滅族之禍。

二、冉魏的建國與胡漢關係

對殺死石鑒並屠殺其一族的冉閔來說，只剩下一條路可走，那就是篡奪後趙政權，自稱皇帝，並建立起自己的王朝。在這種情況下，司徒申鍾、司空郎闓等四十八人一同勸冉閔即帝位。但在此時，冉閔因未有稱帝的打算，把帝位讓給和自己一同起事的李農。〔註52〕對此，李農卻堅決固辭。冉閔為何把帝位讓給李農呢？有學者認為，最大可能性在於，冉閔本人通過此行為來宣告自己尚未執著帝位的同時，要試探一下李農有何想法。換言之，他要向眾多漢人說明自己從未過有稱帝的打算，這種誠心打動了更多漢人，從中贏得他們的信任和支持。〔註53〕對李農的堅決拒絕，冉閔說「吾屬故晉人也，今晉室猶存，請與諸君分割州郡，各稱牧、守、公、侯，奉表迎晉天子還都洛陽」〔註54〕後，也同樣拒絕不就。〔註55〕這時，尚書胡睦在看破冉閔的真實想法後，勸他說道：因為逃亡於江南的司馬氏不可統一天下，只得由「陛

〔註51〕《資治通鑒》卷98晉紀20穆帝永和六年（350）條，第3101頁。在其他史書中，記載的不是石虎之孫二十八人，而是三十八人。（《太平御覽》卷120偏霸部4，引崔鴻《十六國春秋・後趙錄》，第581頁，「〔冉閔〕廢〔石〕鑒煞之，誅〔石〕虎孫三十八人，盡殲石氏。」）

〔註52〕有學者認為，關於李農的出身、成長背景以及經歷等都不很明確，甚至沒有資料可證明他是否漢人或胡人。因此，李農的族屬問題只待有更加深入分析的必要。（大澤陽典：《李農と石閔──石趙末期の政局》，《立命館文學》第386〜390合輯，1977年，第349頁。）與此不同，大多學者則已把李農看成漢人。（周一良：《乞活考》，《魏晉南北朝史論集》，北京，北京大學出版社，1997年，第32頁；市來弘志：《乞活と後趙政權》，《中國古代史研究》卷7，東京，研文出版社，1997年，第204頁。）

〔註53〕大澤陽典：《李農と石閔──石趙末期の政局》，《立命館文學》第386〜390合輯，1977年，第359頁。

〔註54〕《資治通鑒》卷98晉紀20穆帝永和六年（350）條，第3101頁。

〔註55〕關於冉閔如此固辭帝位的理由，清人王夫之則評價道：「雖非果有效順之誠，然慮趙人之不忘中國而不戴己，未敢遽僭也。」（王夫之：《讀通鑒論》卷13穆帝條，第364頁。）

下」〔註56〕按照天意即帝位完成統一大業。〔註57〕對此，冉閔則認爲，胡睦已認清時機和天命，不可不接受他的進言。在這裏，值得注意的是，與胡睦勸冉閔稱帝之事不同，辛謐卻勸冉閔歸附東晉，並應對東晉忠心耿耿。〔註58〕對此，王夫之則評價道：「非徒效忠於晉，其爲閔計，亦忠之至、識之遠者也。似可與言而與言，懷數十年之積惆，表見於一時，而非以辱吾言於犬羊之耳，可言也，斯可死也。」〔註59〕另外，有學者認爲，當時很多人應該持有和辛謐相同的意見，但冉閔的態度是很強硬。冉閔謀求自立，不歸附於東晉，這通過從前他的種種行爲可以瞭解到。換言之，冉閔不可能不篡奪後趙政權，即皇帝位，所以向東晉稱藩是很難想像的事情。因此，他只得走上謀求獨自生存之路。〔註60〕這時冉閔才能即皇帝位。〔註61〕這是發生在 350 年閏 2 月的事情。之後，冉閔進行大赦，改元永興，國號定爲大魏，就終於實現建立王朝的夙願。與此同時，他恢復自己原來的姓冉氏，且追尊其祖父冉隆爲元皇帝，其父冉瞻爲烈祖高皇帝，其母王氏爲皇太后。此外，他封其妻董氏爲皇后，其子冉智爲皇太子。除此之外，他不僅封拜李農爲太宰、領太尉、錄尚書事、齊王，其諸子爲縣公，而且封自己諸子冉胤、冉明、冉裕爲諸王。

冉閔能屠殺羯族石氏一族，並建立起漢人王朝，其關鍵因素是獲得了困於石氏一族的倒行逆施而生存下來的多數漢人的支持。〔註62〕但與此同時，

〔註56〕當時，胡睦稱冉閔爲「陛下」，這很可能因爲他準確的揣測到冉閔的内心深處的想法。在冉閔堅決推辭稱帝的情況下，誰能夠給他勸說稱帝，看來其任務應由胡睦來擔當。

〔註57〕關於胡睦的這種行爲，王夫之則評價道：「有胡睦者，稱閔功德，謂晉人遠竄江左而不足戴，然後閔無所復忌而僭以成，嗚呼！睦固晉之遺民也，而其逆如此，肉蟲自生而自食，豈自外至哉？睦之喪心失志至此極也，夫亦有其故矣。」（王夫之：《讀通鑒論》卷 13 穆帝條，第 364 頁。）

〔註58〕《晉書》卷 94《辛謐傳》，第 2447 頁，「宜因茲大捷，歸身本朝，必有許由、伯夷之廉，享松、喬之壽，永爲世輔，豈不美哉！」

〔註59〕王夫之：《讀通鑒論》卷 13 穆帝條，第 365 頁。

〔註60〕市來弘志：《冉魏政權と漢人たち——五胡十六國時代前期の民族關係に關する一考察》，《學習院大學文學部研究年報》第 43 輯，1996 年，第 49 頁。

〔註61〕《資治通鑒》卷 98 晉紀 20 穆帝永和六年（350）條，第 3101～3102 頁，「尚書胡睦進曰：『陛下聖德應天，宜登大位，晉氏衰微，遠竄江表，豈能總馭英雄，混壹四海乎！』閔曰：『胡尚書之言，可謂識機知命矣。』乃即皇帝位。」

〔註62〕房玄齡等人在《晉書》中評論道，石氏一族的敗亡相當大部分的原因是由於他們的倒行逆施。（《晉書》卷 107《石季龍載記》下史臣曰，第 2798 頁，「世龍之殖晉人，既窮其酷，永曾之誅羯士，亦殲其類。無德不報，斯之謂乎！」）除此之外，胡三省做注釋，寫道：「自古無不亡之國，宗族誅夷，固亦有之，

為了鞏固新王朝統治根基，冉閔想方設法與在各地方擁有一定勢力的胡人集團尋找合作的機會。他雖深知王朝內部充滿了「反胡」的情緒，但他不得不與這些胡人集團合作。由此，冉閔稱帝後不久，就派人到張沈、蒲洪等胡人集團裏，並表示他們已不屬於「殺胡之令」的範圍之內，以尋求與他們的合作。但是他們對冉閔的態度是非常冷漠的。有學者認為，冉閔之所以未能贏得胡人（案，包括漢人）的信賴，是因為鄴城已成為漢人王朝的都城，甚至大多胡人王朝也曾採用所謂「胡漢混融」的政治體制。但與此不同，冉魏王朝是通過「排斥胡人」而建立，因此得不到胡、漢人的支持是顯而易見的。〔註63〕後來石祇在後趙舊都襄國稱帝時，獲得了他們的積極響應。〔註64〕冉閔雖要和胡人集團的合作計劃遭到挫折，但不可立即收回這種計劃。我們從表二的序號 1、2 中可看到，冉閔在和後趙殘餘勢力的打仗中獲勝，並活捉不少胡人戰俘，為了有效地統治他們，就設置了大單于。筆者認為，冉閔採取這一措施是因為找不到和雄踞於地方的胡人實力集團的合作。〔註65〕冉閔任其子太原王冉胤為大單于、驃騎大將軍的同時，給他安排了降胡一千人。〔註66〕在史書上，除了有大單于麾下安排降胡一千人的情況外，未記載任何對其他被捕獲或主動歸降的胡人如何採取統治的內容。筆者認為，冉閔肯定是採取一些措施，對他們進行管理統治的。關於此統治方法，他們是否就被

未有至於絕姓者。石氏窮凶極暴，而子孫無遺種，足以見天道之不爽矣。」（《資治通鑒》卷 99 晉紀 21 穆帝永和八年（352）條，第 3122 頁。）

〔註63〕大澤陽典：《李農と石閔——石趙末期の政局》，《立命館文學》第 386~390 合輯，1977 年，第 359 頁。

〔註64〕《資治通鑒》卷 98 晉紀 20 穆帝永和六年（350）條，第 3105 頁，「〔冉閔〕遣使者持節赦諸軍屯，皆不從。……趙新興王〔石〕祇即皇帝位于襄國，改元永寧。以汝陰王〔石〕琨為相國，六夷據州郡者皆應之。〔胡注曰：〕諸軍屯，張沈及蒲洪等也。」

〔註65〕關於大單于的出現及其作用，與匈奴漢、後趙的建國及其發展有一定的關係，周一良就列舉相關史書記載，並說道：「其統御境內胡族之方略為何？曰立大單于制是已。……劉氏倡此制，石氏因之。以弟或子領大單于，專總六夷。其下所屬官亦用雜種，自成系統，與皇帝系統下之漢官不相雜廁。以五胡豪傑統領，故能懾服諸部，獲其擁戴。不與漢人雜廁，故得保持其勁悍之風，以供征戰，此劉氏、石氏之所以成功也。」（周一良：《乞活考》，《魏晉南北朝史論集》，北京，北京大學出版社，1997 年，第 27~29 頁。）如果周一良的上述見解接近史實的話，那麼，冉閔設置大單于的理由，應當在於令持有「勁悍之風」的胡人安排在自己的有效控制之下，並從中贏得他們的支持或擁戴。

〔註66〕《晉書》卷 107《石季龍載記》下附冉閔傳，第 2794 頁。

安排到各個將領，接受管理統治呢？因爲冉閔及其將領胡睦、孫威等人所率的兵士並非全都由漢人組成，有不少的胡人應被安排在他們統領之下，並參與各種征戰。史載：「〔慕容儁〕遣慕容評率眾圍鄴。劉寧及弟崇帥胡騎三千奔于晉陽。」〔註67〕這條史載正說明352年4月冉魏與慕容鮮卑之間的征戰之事。在此，劉寧及其弟劉崇所率的「胡騎三千」指在冉魏王朝內專門由胡人來組織成立的兵士，且間接地證明胡人被安排給各個將領，而接受管理統治的事實。不管怎樣，對這種措施，敢於直諫的光錄大夫韋謏強烈地諫諍道：「今降胡數千，接之如舊，誠是招誘之恩。然胡羯本爲仇敵，今之款附，苟全性命耳。或有刺客，變起須臾，敗而悔之，何所及也！古人有言，一夫不可狃，而況千乎！願誅屏降胡，去單于之號，深思聖王苞桑之誡也。」其實，冉閔本來想將通過綏撫胡人的方式來確保勞動力或兵力的計劃，很可能因韋謏的上述諫諍而遭受挫折。這時，他還是通過「大怒，遂誅之，幷殺其子伯陽」的極端方式來繼續實現自己原來的計劃。〔註68〕根據如上史實，我們可發現當時冉閔不可能繼續排斥或敵視胡人集團，顯然與冉魏基於「反胡」、「親漢」的建國理念間有非常大的牴觸。換言之，冉魏的建國理念可通過「殺胡之令」與「盡滅石氏」〔註69〕來更加明亮化了，但從冉魏的實際利益出發，不能完全否定胡人擁有的軍事力量，於是只能謀求和他們之間的種種妥協。這種局面最終導致了大單于的設置與胡人安排在諸將的措施。如果這種看法得以成立的話，冉魏建國時已存在的胡、漢之間，尤其羯、漢之間的民族對峙要克服，需要很大的努力和很長的時間了。另外，冉閔將以「羯」爲代表的石氏一族和其他胡人徹底地區別開來，試圖和似乎少有「親趙」的胡人或根本尚未「親趙」的胡人保持密切關係。筆者認爲，具有此代表性的人物就是衛將軍王泰。他以巴蠻出身，〔註70〕後來到被冉閔所殺爲止，直接參與和後趙殘餘勢力間的征戰中立過戰功，〔註71〕且能正確分析戰勢多次給冉閔進行過諫諍。〔註72〕由此，冉魏王朝面臨危機時，冉閔主動去找他詢問對策。

〔註67〕《晉書》卷107《石季龍載記》下附冉閔傳，第2797頁。
〔註68〕《晉書》卷91《韋謏傳》，第2361頁。
〔註69〕《資治通鑑》卷98晉紀20穆帝永和六年（350）條，第3101頁。
〔註70〕《資治通鑑》卷99晉紀21穆帝永和七年（351）條，第3116頁，「〔冉〕閔怒，還宮，謂左右曰：『巴奴，乃公豈假汝爲命邪！』〔胡注曰：〕王泰蓋巴蠻也。」
〔註71〕《資治通鑑》卷98晉紀20穆帝永和六年（350）條，第3106頁。
〔註72〕《晉書》卷107《石季龍載記》下附冉閔傳，第2794頁，「〔石〕琨等軍且至，

〔註73〕除了王泰外，沒有記載確認哪些人爲胡人出身，但有幾個人可能應屬於胡人出身。其中，可能性最大的是，作爲皇后董氏的外戚，並擔任大將軍的董閏以及擔任車騎將軍的張溫。筆者認爲，關於董閏和張溫的民族出身問題，應需要有一個很詳細的分析。但根據相關學者的分析，由於董氏作爲匈奴的大姓，主要活動於今陝西省境內。此外，張氏作爲羯族的大姓，在後趙王朝中擔任過高官厚爵，爲後趙的建國及其發展作出了不少的貢獻。〔註74〕由此可知，冉閔要擺脫「殺胡之令」頒佈之後所存在的民族問題，就採取以任用似乎稍微有「親趙」的胡人或根本沒有「親趙」的胡人的方式來解決。那麼，我們是否能由此推斷，冉魏是因爲懷柔拉攏漢人政策失效又加上爲恢復中原之地遣使東晉被拒絕這雙重困難所逼而採取的唯一措施呢？〔註75〕冉魏在從建國到滅亡，始終和在後趙任官的漢人保持有一定的關係，但冉魏建國後，重新參與其政壇的人越來越少，面臨著人才枯竭的局面。〔註76〕由此，冉閔不顧一些大臣們的反對，去要認眞思考並實行拉攏胡人集團的行動是自然而然的事情了。在這裏，值得一提的是，冉閔爲何對和自己一同打起「反羯」旗幟的李農及其三子，甚至對向書令王謨，侍中王衍，中常侍嚴震、趙昇等不少漢人採取所謂屠殺的極惡的手段呢？這很可能牽涉到李農召集一幫人反對冉閔，並形成以他爲首的權力集團，或許由此暴露出眾多漢人間的相互牴觸。〔註77〕以後的事實證明冉閔殺死李農後，完全得不到以乞活爲

閔將出擊之，衛將軍王泰諫曰：『窮寇固迷，希望外援。今強救雲集，欲吾出戰，腹背擊我。宜固壘勿出，觀勢而動，以挫其謀。今陛下親戎，如失萬全，大事去矣。請愼無出，臣請率諸將爲陛下滅之。』」

〔註73〕《資治通鑒》卷99晉紀21穆帝永和七年（351）條，第3116頁，「趙王〔石〕祗使其將劉顯帥眾七萬攻鄴，軍于明光宮，去鄴二十三里。魏主〔冉〕閔恐，召王泰，欲與之謀，泰恚前言之不從，辭以瘡甚。閔親臨問之，泰固稱疾篤。」

〔註74〕陳連慶：《中國古代少數民族姓氏研究——秦漢魏晉南北朝少數民族姓氏研究》，長春，吉林文史出版社，1993年，第23～24頁；第382～383頁。

〔註75〕《晉書》卷107《石季龍載記》下附冉閔傳，第2793頁，「〔冉〕閔遣使臨江告晉曰：『胡逆亂中原，今已誅之。若能共討者，可遣軍來也。』朝廷不答。」

〔註76〕市來弘志：《冉魏政權と漢人たち——五胡十六國時代前期の民族關係に關する一考察》，《學習院大學文學部研究年報》第43輯，1996年，第46頁。

〔註77〕關於冉閔爲何殺死李農等漢人及其事件所帶來的問題，有學者則認爲，我們對其原因無法進行詳細的分析，不知是否有李農爲其他漢人所推戴的現象發生呢？此外，冉閔失去李農集團後，其政治勢力大爲削弱，冉魏王朝的統治能力也隨之下降。總而言之，冉閔徹底斷絕與李農集團的關係，造成了軍事、政治上的巨大損失，這很可能是冉魏王朝滅亡的一個重要因素。（大澤陽典：

中心的李農集團的任何援助。〔註78〕除此之外，冉魏的徐州刺史周成、兗州刺史魏統、荊州刺史樂弘、豫州刺史張遇、平南將軍高崇、征虜將軍呂護等人都在廩丘、許昌等地以及他們鎮守的地區直接歸屬於東晉。〔註79〕冉魏王朝是因爲不僅充分得到漢人的支持，而且最大地利用羯、漢間的矛盾，最終建立起來的，但始終在其內部無法實現漢人相互間的團結和整合，反而出現種種矛盾和糾紛，由此冉閔不得不對胡人集團採取懷柔和慰撫的方式，並積極地接近他們。總之，這是冉魏建立後，所面臨的最嚴重的，且急需解決的問題。冉魏主冉閔不僅未能解決此問題，而且堅持以「輕胡之事」來處理對外之事。此最終造成冉閔身死，冉魏滅亡。

第三節 「輕胡之事」與冉魏的滅亡

筆者已在前一節敘述了通過「殺胡之令」的實施來得以建立冉魏的過程及其王朝內部所存在的胡、漢之間的矛盾，且因現實上的利益，冉閔不得不去懷柔胡人的事實。既然知道在本節「輕胡之事」中的「胡」不指氐、羌、蠻、羯、匈奴，而指慕容鮮卑，冉閔爲何輕視慕容鮮卑，此事後來對冉魏造成怎樣的影響，並使之走上衰亡之路呢？筆者認爲，導致任何一個王朝的滅亡，其理由不能用特定的一、兩個事件加以說清楚，這對冉魏王朝來說也不例外。如前所述，徹底按照「反胡」和「親漢」的理念，而建立起的冉魏由於面臨著現實上的利益不能與居於各地方的胡人集團繼續敵對下去，所以採取「親胡」策略，由此遭到不少漢人的公開反對。據此可知，在冉魏王朝內，胡漢之間的糾紛和矛盾更加激烈。在無法繼續積極懷柔或慰撫胡、漢人的情況下，換言之，在胡、漢之間的矛盾、糾紛更加激烈的情況下，慕容鮮卑對中原之地虎視眈眈，作爲一個王朝的君主卻始終對此持有輕視的態度，其結

《李農と石閔──石趙末期の政局》，《立命館文學》第386～390合輯，1977年，第360頁。）

〔註78〕 有學者認爲，石虎死後，諸子爭立，大臣相殺，大將李農畏誅，逃奔廣宗。那一帶是中原地區乞活軍的根據地，乞活軍爲了有利於推翻後趙統治起見，都主動受李農指揮，和李農一起退保上白，這樣，李農也和乞活軍建立了友誼。……後來冉閔由於猜忌而把和自己合作共同消滅羯族的李農殺害了之後，對於和李農有過深厚友誼的乞活軍，未見有進一步的聯繫。（王仲犖：《魏晉南北朝史》上冊，上海，上海人民出版社，1979年，第250～252頁。）

〔註79〕 《資治通鑑》卷99晉紀21穆帝永和七年（351）條，第3118頁。

果是可想而知的。如果我們可從胡漢對立的局勢來分析冉魏的滅亡的話,漢人君主冉閔始終輕視慕容鮮卑,就在這種心理狀態之下,所發動的軍事征伐肯定能使其王朝捲入衰亡的邊緣的。所以,我們認爲冉魏的滅亡可直接關係到冉閔不僅過早陶醉於和後趙殘餘勢力的戰爭中獲勝的喜悅之中,而且沉醉在十六國時期普遍存在的「自古無胡人爲天子者」〔註80〕的觀念之中。首先,讓我們看一看與其有關的史書記載,其如下:

> 魏主〔冉〕閔將與燕戰,大將軍董閏、車騎將軍張溫諫曰:「鮮卑乘勝鋒銳,且彼眾我寡,宜且避之,俟其驕惰,然後益兵以擊之。」
>
> 閔怒曰:「吾欲以此眾平幽州,斬慕容儁,今遇恪而避之,人謂我何!」
>
> 司徒劉茂、特進郎闓相謂曰:「吾君此行,必不還矣,吾等何爲坐待戮辱!」皆自殺。〔註81〕

如上記載不僅表明董閏、張溫認爲在和慕容鮮卑間的打仗中要贏得勝利,必須看清敵人的不足而行事,而且提示劉茂、郎闓已看破冉閔沒有正確地把握對慕容鮮卑的任何信息,只因有「人謂我何」〔註82〕的心態而出戰,會直接造成他本人的身亡與王朝的滅亡。不管怎樣,如此固執出戰的冉閔在和慕容恪間進行了十多次戰鬥,但不能贏得勝利。據史書記載,慕容恪的兵士因冉閔「素有勇名,所將兵精銳」而感到很大的畏懼。〔註83〕不過,就冉閔本人對慕容恪所採取的戰略對策與參軍高開的正確戰略分析而言〔註84〕,「輕胡之事」與冉閔打敗後被捕,王朝趨於衰亡有直接關係。

〔註80〕 《資治通鑑》卷90晉紀12元帝太興元年(318)條,第2862頁。「自古無胡人爲天子者」就是在從前以匈奴屠各出身的靳準誅殺匈奴漢國劉氏宗室,篡奪政權後,向東晉傳送傳國玉璽時,曾對胡嵩說過的。據瞭解,靳準不僅要從東晉處謀求自己篡奪事實的准許,而且包括自己在內一般的胡人都被「自古無胡人爲天子者」的觀念所接受,就坦白地這麼說過。

〔註81〕 《資治通鑑》卷99晉紀21穆帝永和八年(352)條,第3125頁。

〔註82〕 在其他史書中,「人謂我何」不如「今遇〔慕容〕恪而避之,人將侮我矣」(《晉書》卷107《石季龍載記》下附冉閔傳,第2796頁)更生動地表達當時冉閔的心態。

〔註83〕 《資治通鑑》卷99晉紀21穆帝永和八年(352)條,第3125頁。

〔註84〕 《資治通鑑》卷99晉紀21穆帝永和八年(352)條,第3125頁,「〔慕容恪〕謂將士曰:『冉閔勇而無謀,一夫敵耳!其士卒飢疲,甲兵雖精,其實難用,不足破也!』閔以所將多步卒,而燕皆騎兵,引兵將趣林中。恪參軍高開曰:『吾騎兵利平地,若閔得入林,不可復製。宜亟遣輕騎邀之,既合而陽走,誘致平地,然後可擊也。』恪從之。魏兵還就平地。恪分軍爲三部。」

一、「輕胡之事」的表現之一——陶醉於對後趙的勝利之中

冉閔為何始終固執這種「輕胡之事」的心態呢？我們要正確掌握其問題，首先瞭解一下他在和後趙殘餘勢力征戰中的勝利之事。這些事情按時間順序做整理，以得出如下的結果：

表二　冉魏與後趙間的軍事征戰一覽表

序號	年　月	戰爭形式	參戰人物	交戰對象	戰地	交戰內容及其結果	出典／頁碼
1	350.4～6	迎戰	冉閔、王泰	石琨、劉國	邯鄲	石琨等人敗北後，一萬多人被殺。劉國敗退於繁陽。	《晉書》2794；《資治通鑑》3106。
2	350.8	迎戰	冉閔、劉群、王泰、崔通、周成	張賀度、段勤、劉國、靳豚	蒼亭、隱安	張賀度等人敗北後，二萬八千人被殺。靳豚被殺於隱安。	《晉書》2794；《資治通鑑》3108。
3	350.11～351.3	挑戰	冉閔、胡睦、孫威、王泰	石祇、石琨、姚襄、悅綰	襄國、長蘆、黃丘	冉魏胡睦、孫威等人敗北而撤退。冉閔接納道士法饒的諫諍後出戰，但大敗而歸。後來，他只率十餘騎逃亡於鄴城。	《晉書》2794～2795；《資治通鑑》3109～3115。
4	351.4	迎戰	冉閔	劉顯	鄴城	冉閔再次率鄴城人民出戰，打敗劉顯後，殺死了三萬多人。	《晉書》2795；《資治通鑑》3116。
5	351.7	迎戰	冉閔	劉顯	鄴城	劉顯敗北後，回到襄國。不久他稱帝。	《晉書》2796；《資治通鑑》3118。
6	352	迎戰	冉閔	劉顯	常山、襄國	冉閔攻打到襄國，之後殺死劉顯等後趙公卿一百多人。另外，冉閔焚燒襄國宮室後，把其部眾遷徙於鄴城。	《晉書》2796；《資治通鑑》3122。

據上表可知，冉魏在從建國到滅亡為止，和後趙之間的軍事征戰共六次，但就每個征戰的持續時間長短及其規模而言，並不屬於局部性的戰役，是用王朝的全部力量來打仗的。與此同時，從征戰的形式來看，大多數屬於後趙對冉魏的挑戰，這正說明胡羯石氏對冉魏具有強烈的敵視。另外，據序號 3

的內容可知，冉魏只在一次挑戰中遭受大敗。這種敗北雖不同於交戰對象和所面臨的處境，但和冉閔輕視慕容鮮卑出戰後身敗國亡的情況非常相似。當時姚襄和悅綰受到石祗的救援，就各自率領羌族和慕容鮮卑的部眾出戰。冉魏將領胡睦和孫威為姚襄和悅綰所敗，不少兵士戰死，這時冉閔將親自率眾出戰，以扭轉戰局。對此，衛將軍王泰諫諍說道：「今襄國未下，外救雲集，若我出戰，必覆背受敵，此危道也。不若固壘以挫其銳，徐觀其釁而擊之。且陛下親臨行陳，如失萬全，則大事去矣。」冉閔打算接納其諫諍。但這時，道士法饒卻進言說道：「陛下圍襄國經年，無尺寸之功，今賊至，又避不擊，將何以使將士乎！且太白入昴，當殺胡王，百戰百克，不可失也！」〔註85〕冉閔不顧王泰的諫諍，就聽取法饒的進言，大言「吾戰決矣，敢諫者斬」而出戰。但結果卻是「潛于襄國行宮」，之後只率十餘騎逃奔於鄴城。他對此事耿耿於懷，後來以「誅法饒父子，支解之」來發洩私憤。〔註86〕從中可知，在戰場上，輕敵自大，其結果顯而已見。冉閔雖遭受這次的大敗，但在重新調整戰事後繼續出戰，在和序號 4、5、6 的內容一樣，對後趙殘餘勢力贏得決定性的勝利。他攻佔後趙都城襄國後，不僅誅殺劉顯及其公卿百餘人，而且將其部眾遷徙於鄴城周圍。這樣，後趙徹底宣告滅亡。後來的事實證明，後趙殘餘勢力失去了其領導核心，各自圖謀生存，未能直接威脅冉魏的發展。〔註87〕

二、「輕胡之事」的表現之二──「自古無胡人爲天子者」

　　據瞭解，當時對冉魏來說，最大的競爭對手莫過於不斷向中原之地發展勢力的慕容鮮卑。從前冉閔要在和後趙的軍事征戰中尋找合作對象，就派常

〔註85〕《資治通鑑》卷99晉紀21穆帝永和七年（351）條，第3114～3115頁。

〔註86〕《晉書》卷107《石季龍載記》下附冉閔傳，第2795頁。當時冉閔大敗後不久，在冉魏王朝的統治根基大大的動搖了。比如，史載：「降胡栗特康等執冉胤及左僕射劉琦等送于〔石〕祗，盡殺之。司空石璞、尚書令徐機、車騎胡睦、侍中李綝、中書監盧諶、少府王鬱、尚書劉欽、劉休等及諸將士死者十餘萬人，於是人物殲矣」。（同上。）

〔註87〕後趙滅亡後，曾效忠於後趙的羌族首領姚氏為了謀求生存，決定歸附於東晉。（《資治通鑑》卷99晉紀21穆帝永和七年（351）條，第3119頁，「姚弋仲遣使來請降。〔胡注曰：趙亡，弋仲乃降。晉史言其盡忠於石氏。〕冬，十月，以弋仲為使持節、六夷大都督、督江（淮）北諸軍事、車騎大將軍、開府儀同三司、大單于、高陵郡公，又以其子襄為持節、平北將軍、都督并州諸軍事、并州刺史、平鄉縣公。」）

煒聘於慕容儁，試圖打下和慕容鮮卑間的友好關係。〔註88〕對此，慕容儁並
不領情，趁機令慕容恪、慕容評攻佔幽州，緊接著對華北重鎮中山、魯口進
行大規模的軍事攻勢。對於慕容鮮卑如此的攻勢，我們認爲比後趙更難對
付，但冉閔始終以輕視的態度行事。這爲什麼呢？因爲如前所述他除了已陶
醉於對後趙的勝利之中，不能正確分析現實局勢之外，還有強烈地受到當時
胡、漢人都普遍所接受的「自古無胡人爲天子者」的影響。眾所周知，當時
胡人統治者所面臨的最大的問題之一，在於以「戎狄」出身的他們如何從胡
人不可稱天下帝王的觀念中順利地擺脫出來。匈奴漢國的開國君主劉淵就強
調「血統」和「德運」，後趙的開國君主石勒與在十六國時期最強大的王朝
前秦的苻堅不稱「帝」，而稱「王」，都通過此辦法來不違背這種觀念，而對
此順應下來。〔註89〕除此之外，當時漢人士族普遍認爲漢文化優越於其他少
數民族文化；漢人高貴於其他胡人，即以漢文化爲中心的夷狄觀。〔註90〕然
而，冉閔身爲漢人，並不同於接受這種觀念的五胡君主，從他的出身來看，
並不妨礙他成爲天下帝王。加上，他在擁有眾多漢人的支持得以建立王朝的
同時，因滅亡曾統一北方的後趙石氏一族而極度自信。由此，他對同樣是胡
人出身的慕容儁一直採取輕視的態度看上去是很自然的事情。換言之，這是
一種表現在冉閔確信可代替司馬氏而將成爲眞正以漢人出身的君主統治中
原漢人，且可通過他要復興並繼承漢人王朝的正統，而強調自己的漢人血統
得以證明。〔註91〕不僅如此，當時漢人雖在政治上懾服迎合胡人統治者，但
在文化上仍擁有因優越感而產生出的夷狄觀。〔註92〕冉閔爲慕容恪所敗後，
被活捉。慕容儁責罵他說道：「汝奴僕下才，何敢妄稱天子？」冉閔則反駁
說道：「天下大亂，爾曹夷狄人面獸心尙欲篡逆，我一時英雄，何爲不可作
王耶！」〔註93〕我們在上述兩人的對話中就看到冉閔抱有他作爲「一時英

〔註88〕《晉書》卷110《慕容儁載記》，第 2832 頁。

〔註89〕姜文晧：《胡人天子論的出現》，《中國中世政治史研究——五胡十六國史》，
　　　　首爾，國學資料院，1999，第 45～53 頁。

〔註90〕川本芳昭：《五胡十六國、北朝期における胡漢融合と華夷觀》，《佐賀大學教
　　　　養部研究紀要》第 16 輯，1984 年，第 176 頁。

〔註91〕市來弘志：《冉魏政權と漢人たち——五胡十六國時代前期の民族關係に關す
　　　　る一考察》，《學習院大學文學部研究年報》第 43 輯，1996 年，第 46 頁。

〔註92〕川本芳昭：《五胡十六國、北朝期における胡漢融合と華夷觀》，《佐賀大學教
　　　　養部研究紀要》第 16 輯，1984 年，第 177 頁。

〔註93〕《太平御覽》卷120偏霸部 4，引崔鴻《十六國春秋・後趙錄》，第 582 頁。

雄」，無理由不稱帝的眞實的想法。對此，慕容儁大怒，對冉閔進行三百棍打，並把他押送到龍城。不久冉閔被斬首於龍城遏陘山下。由此，其山周圍七里內草木皆枯死，蝗蟲大起，且從當年 5 月至 12 月間未下雨。這時，慕容儁想起冉閔曾說過的話，就派人對他進行哀悼而祭祀，諡他爲武悼天王，這樣才下了大雪。〔註 94〕這些內容即使讓我們似乎感到漢人史官對冉閔之死進行相當大的潤飾，但因爲當時這種「自古無胡人爲天子者」的觀念普遍存在並被眾多胡、漢人所接受，所以在這種觀念的支配下，慕容儁就棍打冉閔，給他帶來極大的侮辱，且爲消除災禍對他進行祭祀，對冉閔進行冊封諡號的事情就顯得很正常了。那麼，我們認爲，冉閔始終受到這種觀念的影響，「輕胡之事」是他一貫的信念。以後的事實證明，慕容鮮卑陸續攻佔冉魏的常山、魯口、鄴城等重鎮，並活捉冉閔妻子與諸王公卿後，全部押送於薊城。這樣，慕容鮮卑就實現了他們向來已久的掌握中原之地，並對此地進行統治的夙願。不久，慕容儁即皇帝位，大赦境內，署置百官，便成爲中國北方的新的霸主。〔註 95〕

〔註 94〕《晉書》卷 107《石季龍載記》下附冉閔傳，第 2797 頁。
〔註 95〕《晉書》卷 110《慕容儁載記》，第 2833～2834 頁。

第四章　確保正統名分的全過程：
慕容鮮卑的「復燕」與西燕的興亡

第一節　慕容鮮卑的「復燕」與西燕繼於前燕的正統

　　前秦建元十九年（383），苻堅爲了實現一統天下，對東晉進行征伐，但大敗於淝水。之後在苻堅的統治下遭受壓迫或壓制的不少胡人通過「反苻」鬥爭來謀求「自立」。﹝註1﹞其中，慕容鮮卑打起「興復大燕」的旗幟，就進

﹝註1﹞　前秦苻堅被東晉敗於淝水後不久，慕容鮮卑等眾多胡人集團聚集自己的部眾，而進行「反苻」鬥爭。筆者認爲，胡人集團之所以表現出如此激烈的鬥爭，是因爲他們大致上是由於在苻堅的統治下遭受較大的壓制或壓迫。關於此問題，有學者則闡述了如下的看法：前秦苻堅對包括慕容鮮卑在內的諸民族採取了如何統治呢？目前應有兩種截然不同的看法，一則壓制、壓迫；二則優待、重用。如果苻堅確實進行過壓迫，這是否體現在整個苻堅的統治時期呢？但我們可發現有一些人確實受到優待，所以這些事例如何去判斷也是一個問題了。另外，如果苻堅給予優待，我們卻在慕容宗室中發現生活頗爲艱苦或貧窮的人，這就涉及到有關「優待」衡量標準的問題了。因此，一般來講，苻堅任命慕容氏爲地方官，令他們離都城長安較爲遠的邊郡當官的同時，沒有能根據個人的能力高低一律相待。於是，後來慕容氏他們也按照從苻堅受到過的待遇之好壞來對待他的。（藤井秀樹：《前秦における對慕容氏政策》，《史朋》第32輯，1999年，第25～33頁。）另外，關於前秦苻堅的民族政策及其歷史作用，請參考吳孝銑：《試論秦王苻堅的民族政策》，《魏晉南北朝史研究》，成都，四川省社會科學院出版社，1986年，第209～225頁。

入創立「前燕」的後身王朝的鬥爭之中。〔註2〕筆者認爲，其鬥爭怎樣進行下去，且在其中所包含的實質內容又如何應有分析的必要。眾所周知，當時的「復燕」活動由慕容垂和慕容泓、慕容冲分別在關東和關中展開，不過對後者的研究到目前很薄弱，似乎尚未徹底地進行。據此，筆者將在本章節對慕容西燕如何繼承前燕正統的問題進行分析，希望據此引起學術界的注意而對西燕的看法有所改變。

一、原前燕主慕容暐對慕容泓、慕容冲的認識

原前燕主慕容暐對於當時主導「復燕」活動的兩個勢力，即其弟慕容泓、慕容冲與其叔父慕容垂是如何看待的呢？要分析其問題使我們更清楚地瞭解到前燕的正統應由哪個勢力來所繼承。據瞭解，慕容暐不僅認可他死後令慕容泓立刻登上新王朝的帝位，而且確認由此給他的「復燕」活動賦予更爲合法的名分。甚至後來慕容泓被殺後，慕容冲率關中鮮卑人而主導「復燕」時，慕容暐聚集長安城內的鮮卑人，試圖殺害苻堅，並和慕容冲進行響應。

當時扣留於長安做人質的慕容暐聽到慕容泓和慕容垂的「復燕」的消息後，秘密地和他們保持緊密關係，並表示暗中的支持。〔註3〕另外，慕容泓先後打敗前秦將帥強永、苻睿後，在送給苻堅的書信中不僅表達他不得已打起「復燕」的理由，而且要求送回他自己的君主慕容暐，由此可以和前秦保持長久的友好關係。〔註4〕對此，苻堅叫回慕容暐斥責慕容泓的行爲怎麼比「人

〔註2〕 關於慕容氏怎能完成「復燕」，有學者認爲，與其說前秦苻堅曾對舊前燕人採取過的較爲溫和的政策，不如說慕容前燕爲統治中原之地，積極利用當地漢人士族的「血緣」和「地緣」關係，並使他們對當地人民或豪強採取安撫、拉攏等統治方式。如此，前燕留存在關東社會的「人才資源」，後來在淝水之戰後，積極反映在慕容氏的「復燕」之中。（小林聰：《慕容政權の支配構造の特質——政治過程の檢討と支配層の分析を通して》，《九州大學東洋史論集》第16輯，1988年，第49頁。）

〔註3〕 《太平御覽》卷122偏霸部6，引崔鴻《十六國春秋·前秦錄》，第591頁，「〔慕容〕暐乃潛使諸弟及宗人起兵于外。」據史載，我們很可能把它理解爲慕容暐秘密地派「諸弟」和「宗人」到長安城外，以圖謀「反苻」起兵。不過，當時慕容泓、慕容冲、慕容垂的「反苻」起兵並不完全是這樣。於是，我們對上述記載，與其說可直接採取史載原來的意思，不如說慕容暐對在長安城外進行「反苻」起兵的「諸弟」和「宗人」表示默認和支持的同時，要和他們取得有一定程度上的聯繫。

〔註4〕 《資治通鑑》卷105晉紀27孝武帝太元九年（384）條，第3328頁，「〔慕容泓〕遣使謂秦王〔苻〕堅曰：『吳王已定關東，可速資備大駕，奉送家兄皇帝，

面獸心」的還要毒辣。這時，慕容暐替慕容泓向苻堅叩頭懺悔「反苻之罪」，且表示用更大的「忠誠」來報答苻堅對他的恩惠。慕容暐既然如此眞誠，苻堅就令他分別寫信給慕容泓和慕容垂，如他們停止「反苻」鬥爭而悔改的話，可以免罪釋放。〔註5〕不過，不同於如上的諾言，慕容暐卻相反地給慕容泓秘密寫信，更加鼓勵他「復燕」活動。我們在《晉書‧苻堅載記》中看到相關的史載，其如下：

> 〔慕容〕暐密遣使者謂〔慕容〕泓曰：「今秦數已終，長安怪異特甚，當不復能久立。吾旣籠中之人，必無還理。昔不能保守宗廟，致令傾喪若斯，吾罪人也，不足復顧吾之存亡。社稷不輕，勉建大業，以興復爲務。可以吳王爲相國，中山王爲太宰、領大司馬，汝可爲大將軍、領司徒，承制封拜。聽吾死問，汝便即尊位。」〔註6〕

根據如上記載，〔註7〕我們可知對苻堅來說最難以面對的敵人不是處於離他自己很遠的地方，而是在他身邊掩蓋耳目，不使他聽到、看到眞實情況。與此同時，我們可理解十多年在前秦都城長安做人質的慕容暐已確認該王朝的國運，並趁機鼓勵慕容泓，以完成「復燕」。換言之，慕容暐不使慕容泓過問他自己的生死，爲了更加表示支持「復燕」活動，不僅以慕容垂任相國，以慕容沖任領大司馬，而且使慕容泓擁有「承制封拜」之權。筆者認爲，當時只有慕容暐本人才能做出如此決定。〔註8〕那麼，慕容暐對慕容泓的「復燕」比慕容垂的寄予更大的意義，甚至他自己試圖把使前燕走上滅亡的「罪」通過慕容泓的「復燕」來寬恕。〔註9〕關於慕容暐如上的「官職任命」，有學者

　　泓當帥關中燕人翼衛乘輿，還返鄴都，與秦以虎牢爲界，永爲鄰好。」」
〔註5〕　《十六國春秋輯補》卷37《前秦錄》7，第290頁。
〔註6〕　《晉書》卷114《苻堅載記》下，第2921頁。
〔註7〕　有學者則主張，史書記載給我們提供一些信息：比如，慕容暐爲實現燕的復興提出了具體的行動綱領。這具體表現在他雖處於人質，但在前秦長安爲完成燕的復興，親自設計了相關方案。（池培善：《燕的復興運動與西燕的國制變化過程》，《中世中國史研究——慕容燕與北燕史》，首爾，延世大學校出版部，1998年，第32頁。）不過，據瞭解，當時慕容暐作爲行動不自在的人質，不知他怎能自由自在地和打起「復燕」的人保持聯繫，即便如此，如果我們對他爲完成「復燕」直接指揮一切事情，並參與慕容泓、慕容垂的所有事情的話，這使我們對慕容暐的行爲能否表示更積極的肯定，也似乎感到有一些不妥之處。
〔註8〕　李椿浩：《「統府」體制與後燕、南燕的建國》，《東方學》第15輯，2008年，第179頁。
〔註9〕　劉玉山、劉偉航：《十六國時期慕容西燕、後燕幾個問題的再檢討》，《東南文化》期刊，2007年第1期，第66頁。

認為，這意味著燕的官僚任命已完成。與此同時，慕容暐在前秦長安為「復燕」的完成而直接參與其中，甚至他死後的任務交給慕容泓，因此使慕容垂脫離了「復燕」的行列之中了。〔註10〕在這裏，我們暫時迴避這種主張是否有多少說服力，不過慕容暐已認識到當時的「復燕」分別進行在關中和關東之地，應該屬於重新建立「前燕」的後身王朝的過程。尤其就其官職名稱而言，以慕容垂任相國，可能是關係到他的年齡和經驗，〔註11〕且通過大司馬曾在前燕時掌握軍權，而具有輔政大權的事實來，〔註12〕使慕容沖在「復燕」活動中掌握軍權，以便讓他更有效地進行「復燕」活動。〔註13〕另外，慕容泓作為皇太弟擁有「承制封拜」之權，意味著慕容暐認可他就是鮮卑人在實際參與整個「復燕」活動中的最高領導。〔註14〕慕容泓如此受到慕容暐極大的信任，以及合理的名分之後，信心倍增，朝氣蓬勃，就率他自己部眾十多萬，前往長安時，改年號「燕興」〔註15〕。

另外，慕容暐將與慕容紹兄慕容肅等人一起聚集長安城內的鮮卑人，暗

〔註10〕池培善：《對西燕的研究》，《白山學報》第32輯，1985年，第161～162頁。筆者對這種看法應有相當大的疑問：即前燕滅亡後被遷到長安的慕容暐作為行動不便的人質怎麼能夠自由地參與「復燕」活動；慕容暐寫信給慕容泓之事可理解為他直接參與其活動；加上慕容暐死後的安排可理解為「官僚任命的完成」等等。甚至更無法接受的是，比如，慕容垂之所以走上和慕容泓、慕容沖不同的「復燕」之路，是因為「慕容暐死後的事情交給慕容泓」。

〔註11〕慕容垂死於396年，當時他已有71歲。（《晉書》卷123《慕容垂載記》，第3090頁，「〔慕容垂〕以太元二十一年死，時年七十一。」）那麼，他被任命相國時才有59歲，比他的姪子慕容泓、慕容沖從年齡、經歷等來看，無疑具備條件的合適人選。

〔註12〕谷川道雄：《慕容國家における君權と部族制》，《隋唐帝國形成史論》，東京，筑摩書房，1971年，第84～85頁。

〔註13〕慕容泓曾自稱大將軍、濟北王時，就推舉慕容垂為領大司馬、吳王。（《資治通鑑》卷105晉紀27孝武帝太元九年（384）條，第3326頁。）但慕容暐不同於慕容泓的意圖就任命慕容沖為大司馬。據瞭解，前燕時，大司馬是掌握軍權，並行使輔政大權的官職。那麼，在當時實行「復燕」活動的兩個勢力集團中，慕容暐和其弟慕容泓、慕容沖相比，沒有對叔父慕容垂加以重視。

〔註14〕在此，我們則認為，「承制封拜」意味著慕容泓按照原前燕主慕容暐的意圖來任意實行封拜之事。那麼慕容泓可通過「承制封拜」來對參與「復燕」活動的鮮卑人進行有效的統領。

〔註15〕當時，慕容泓在改元「燕興」的年號中包含著通過自己的「復燕」來可實現「前燕復興起來」的意思的話，這肯定體現著他明知受到慕容暐的支持的同時，確認自己是個合法性的繼承者。

中謀劃弒殺苻堅。〔註16〕對此，有史書記載：「初，暐之遣諸弟起兵於外也，堅防守甚嚴，謀應之而無因。」就是說，慕容暐曾遣諸弟到長安城外去參與「反苻」起兵，但後來因為苻堅對鮮卑人加強防範，而無法和他們聯繫，自己只能單方面開展「反苻」鬥爭。〔註17〕因此，他要埋下伏兵，弒殺苻堅，使「復燕」大業不至於流產。不幸的是謀反計劃被暴露後，在苻堅派人叫回慕容暐和慕容肅時，慕容肅向猶豫不定的慕容暐說道：「事必洩矣，入則俱死。今城內已嚴，〔胡注：已嚴者，謂鮮卑之眾也。〕不如殺使者馳出，既得出門，大眾便集。」〔註18〕但是，慕容暐卻不接受其進言，要去朝見苻堅。苻堅立刻和「吾相待何如，而起此意」一般斥責他們。對此，慕容暐要託詞應對，不過站在他旁邊的慕容肅卻認為，「意氣」不如「家國」重要，而告白了謀反的真相。苻堅聽到此話，就感到極大的背離之心，更加憤怒。他先殺死慕容肅後，誅殺包括慕容暐在內的慕容宗族，以及長安城內的不分男女、老少的所有鮮卑人。〔註19〕

我們認為，慕容暐之死對後來的「復燕」活動在其性質和發展方面應有相應的變化。之所以如此，是因為以後的「復燕」活動分別由慕容沖和慕容垂來進行的同時，各自都積極尋找自己的生存空間，此外，慕容沖確認慕容暐的死訊後，立刻即帝位而建立西燕，改元更始。在這裏，我們可把慕容沖稱帝的事實看成他繼承慕容暐的「原前燕主」的地位，並具有合法性的行為，

〔註16〕慕容泓被殺後，其弟慕容沖繼承了他的位置。目前沒有相關記載可證實慕容暐已獲悉慕容沖也參與「復燕」活動中，尤其關中鮮卑人內部的權力變化如此發生等問題採取了怎樣的態度。如果慕容暐認定由於慕容泓的「德望」不如慕容沖，且他的軍法頗為嚴格而被殺的話，那麼，與他支持慕容泓之事一樣，對慕容沖的「復燕」活動也應有支持。由此，我們認為，慕容暐將殺死苻堅後，試圖和慕容沖間的聯合，這很可能就是他具體參與其活動計劃中的一部分了。

〔註17〕《晉書》卷114《苻堅載記》下，第2924頁，「初，〔慕容〕暐之遣諸弟起兵於外也，〔苻〕堅防守甚嚴，謀應之而無因。」我們只據於史載的著重號部分，似乎慕容暐不是處於人質，而是較為自由地遣諸弟到長安城外，指揮一切「復燕」活動。不過，在現存史料中參與「反苻」起兵的諸弟只有慕容泓、慕容沖兩人。此外，他們也不是慕容暐所遣的，加上當時慕容泓已被殺，慕容暐之弟只有剩下慕容沖一個。由此，筆者如前在註3已說明，與其說慕容暐主動遣諸弟到長安城外，指揮「反苻」起兵，不如說和參與起兵的人保持聯繫，並表示極大的支持。

〔註18〕《資治通鑑》卷105晉紀27孝武帝太元九年（384）條，第3338頁。

〔註19〕《資治通鑑》卷105晉紀27孝武帝太元九年（384）條，第3338頁。

因為慕容暐以原前燕主的身份，在慕容宗室和鮮卑人當中所擁有的「權威」都為慕容沖所繼承。我們還發現慕容沖以皇太弟即帝位完全未有「非法性」的成分，甚至和他自己競爭前燕正統的慕容垂也認可慕容沖稱帝的事實。〔註20〕由此可知，慕容沖就是唯一整個慕容宗室所認可的具有合法性的「前燕」的帝王。那麼，「前燕」的帝系應當按照慕容皝→慕容儁→慕容暐→慕容沖的順序繼承下來。關於因慕容暐之死而發生的「復燕」在性質上的變化，有學者認為，「燕」的復興運動就等於雖慕容暐在長安做人質，但還推舉他為皇帝的運動。他被符堅所殺後，其運動遭受嚴重的挫折。這是因為其運動原來都以慕容暐為中心而展開，甚至參與其運動的各個勢力集團都要復立慕容暐為帝，而聚集團結慕容氏部眾的。〔註21〕筆者對於這種看法中有如下的主張不容易接受，即慕容暐死後「復燕」活動已遭受挫折的這個看法。為何有如此的想法，是因為西燕和後燕的建國都是通過「復燕」的順利完成來得到的，那又怎麼能夠說「復燕」活動已遭受挫敗呢？與此同時，慕容泓、慕容沖，還是慕容垂在慕容暐生存時，都認可他的「威望」或「權威」，而不可盲目自稱燕帝，甚至在慕容暐本人曾預測自己的死亡時，使慕容泓繼承他自己的地位。慕容泓被殺後，慕容沖以皇太弟繼承慕容暐的「原前燕主」的地位屬於合法的。由此可知，西燕是已擁有「前燕」正統的。那麼，慕容暐死後，「燕」的復興運動不是就此夭折，而是通過慕容沖建立西燕王朝來而使其得到完成的。

綜上所述，原前燕主慕容暐不把「復燕」的名分交給其叔父慕容垂，而賦予其弟慕容泓。後來慕容泓被殺後，被立為皇太弟的慕容沖清楚地認識這個事實，並確認慕容暐的死訊後，立刻即燕帝位。這種事實使我們知道慕容沖不僅繼承了慕容暐合法的地位，而且宣佈西燕繼承「前燕」的後身王朝的來龍去脈。

〔註20〕慕容暐被殺後不久，慕容垂的群僚向他表示可稱帝而建燕朝，但他因「慕容沖稱號關中」，而不接納其進言。（《十六國春秋輯補》卷43《後燕錄》2，第339頁。）筆者認為，慕容垂之所以不覬覦帝位，是因為他不僅承認慕容暐的合法繼承者不是他自己，而是慕容沖，而且認可「前燕的正統」應由慕容沖來繼承。

〔註21〕池培善：《對西燕的研究》，《白山學報》第32輯，1985年，第165～166頁。（池培善：《燕的復興運動與西燕的國制變化過程》，《中世中國史研究——慕容燕與北燕史》，首爾，延世大學校出版部，1998年，第40～41頁。）

二、慕容泓、慕容沖對原前燕主慕容暐的理解

　　慕容泓、慕容沖兩人先後對原前燕主慕容暐有如何認識呢？筆者認為，分析其問題不僅使我們能夠掌握在當時中國北方所展開的「復燕」中誰屬於慕容暐的真正的儲君，而且使我們對於正確判斷西燕是否前燕的後身王朝而獲得另一個依據。據瞭解，慕容泓、慕容沖始終把慕容暐看成自己的君主，且將推舉他為未來「前燕」王朝的君主。這種事實可使我們在和前秦勢力相互展開的軍事征戰之中，得以確信。關中鮮卑人與前秦間所展開的軍事征戰按時間順序來整理，就得出如下的內容：

表三　慕容泓、慕容沖時與前秦間的軍事征戰一覽表

序號	年 月	戰爭形式	參戰人物	交戰對象	戰 地	交戰內容及其結果	備 註
1	384.3	迎戰	慕容泓	強永	華陰	慕容泓第一次在與前秦主力勢力強永間的征戰中，贏得勝利。	
2	384.4	迎戰	慕容泓	苻睿、姚萇	華澤	苻睿不接納姚萇的諫諍，而固執和慕容泓進行戰爭，但大敗而死。後來姚萇也打起「反苻」旗幟，給前秦造成重大的影響。	
3	384.4	挑戰	慕容沖	苻熙、竇衝	蒲坂、河東	慕容沖為竇衝所敗後，率八千騎兵投靠於慕容泓。	
4	384.7	挑戰	慕容沖	苻暉、姜宇、苻琳	鄭西、灞上	慕容沖既在鄭西打敗苻暉，又在灞上擊敗姜宇、苻琳。之後，他開始根據於阿房城。	這次戰役是慕容沖以皇太弟的名義而進行的。
5	384.9～12	挑戰	慕容沖	苻堅	長安	當時兩者相持不下。尤其在 12 月慕容暐的謀反之事被暴露後，不少鮮卑人被誅殺。另外，這時慕容柔、慕容盛能脫離苻堅的控制範圍後，投靠於慕容沖。	慕容暐被殺
6	385.1	迎戰	慕容沖	苻堅	仇班渠、雀桑、白渠	苻堅打敗慕容沖於仇班渠、雀桑，但反而大敗於白渠。	

7	385.1	挑戰	高蓋	竇衝、李辯	長安南城	高蓋敗北，其部眾八百多人被斬首。	
8	385.1	挑戰	高蓋	苻宏	成貳壁	高蓋爲了挽救敗局，就攻擊渭水以北諸多堡壁，但被苻宏打敗於成貳壁。	
9	385.2	迎戰	慕容沖	苻堅	長安城以西	苻堅打敗慕容沖後，進擊到阿房城下，但懼遭埋伏未能入城繼續攻擊。	處於困境的慕容沖後來東山再起。
10	385.3	挑戰	慕容沖	苻方	驪山	慕容沖打敗苻方於驪山後，爲了安撫三輔之民，任韋謙爲馮翊太守。	
11	385.3	迎戰	慕容沖	苟池、俱石子、楊定	驪山	雖然苟池、俱石子被慕容沖所敗，但楊定卻獲勝。苻堅對一萬多鮮卑人進行坑殺。	
12	385.5	挑戰	慕容沖	苻堅、楊定	長安	苻堅接到衛將軍楊定敗北而被俘的消息後，令太子苻宏繼續鎮守長安。他就率一部分部眾退居於五將山。	慕容沖攻佔長安後，將以之爲西燕的政治、軍事要地。

說明一：上表據《晉書》、《魏書》、《資治通鑑》、《十六國春秋輯補》而成。

說明二：年月中，尤其月份據《資治通鑑》而成。

據瞭解，關中鮮卑人的「復燕」應是由慕容泓開始的。前燕時被封濟北王的他在前燕滅亡後，被遷到關中之地，並任爲前秦地方官北地長史〔註22〕。後來前秦苻堅被東晉大敗於淝水後，其地方統治開始暴露出重大問題，且慕容垂在關東打起「復燕」旗幟時，使慕容泓本人也進入他自己的「復燕」之路。首先，他拋棄不要北地長史之職，回到關東之地聚集「馬牧鮮卑」數千人〔註23〕，之後再回到關中的華陰，並以之爲自己的根據地。如此，慕容泓根據於華陰，而開始虎視眈眈長安。對此，苻堅令強永（或稱張永）率五千

〔註22〕北地長史是指在北地太守之下主管軍事任務的官職。一般來講，在諸王國、邊郡、屬國等地不設置郡丞時，而設置長史來掌管軍事任務。

〔註23〕《晉書》卷114《苻堅載記》下，第2919頁。關於慕容泓在何地招集部眾，張正田認爲，史書雖寫成「關東」，但此很可能「河東」之誤。於是，慕容泓不是亡命「關東」，而是東奔臨近關中的「河東」或平陽一帶，憑藉其弟慕容沖在此地擔任約11、12年的平陽太守之影響力，才可能迅速動員部眾。（張正田：《西燕政權結構、戰略目標與其興衰關係——以立國初期（公元三八四～三八六）爲研究中心》，《政大史粹》第6輯，2004年，第10～22頁。）

兵去征討他，但以大敗告終。慕容泓第一次在與前秦主力勢力間的打仗中獲勝後，應會聚集強永的殘餘部眾，其勢力比從前更爲強大。由此，他自稱使持節、大都督陝西諸軍事〔註24〕、大將軍、雍州牧、濟北王的同時，推舉其叔父慕容垂爲丞相、都督陝東諸軍事、領大司馬、吳王。〔註25〕苻堅聽到強永被打敗的消息後，感到十分驚訝，立刻接納權翼的諫諍：即慕容泓將和關中鮮卑人聯合起來應給前秦帶來更嚴重的後果。〔註26〕之後，苻堅不僅任苻熙爲使持節、都督雍州雜戎諸軍事、鎮東大將軍、雍州刺史，鎮守於蒲坂（或稱蒲阪），而且招回原雍州刺史苻睿（或稱苻叡）後，任他爲都督中外諸軍事、衛大將軍、司隸校尉、錄尚書事，做出對慕容泓進行軍事征伐的準備。尤其是，苻堅還任左將軍竇衝和龍驤將軍姚萇爲苻睿的長史和司馬後，令他率五萬兵，去征伐慕容泓。〔註27〕不過，苻睿完全違背苻堅對他的希望或期待，只表現出「粗猛輕敵」，而不可安撫兵士，「欲馳兵邀之」。我們對這是否他擁有眾多兵士，使其變得怠慢不得而知。與此相反，慕容泓感到前秦兵士的壓迫，如何進行打仗，或許關係到敗北後要逃亡關東，這事情使他對這次戰役格外的重視。從當時的形勢來看，苻睿肯定把這次戰役看成殲滅慕容泓的絕好的機會了，所以不讓鮮卑人返回關東去，斷絕他們此路線後，發動攻擊了。不過，這時姚萇卻勸告苻睿不可對鮮卑人進行攻擊，只好放他們返回關東，〔註28〕但輕視敵人，而自高自大的苻睿未有採納他的進言，不僅使自己在華陰相互激戰中戰敗而死，而且其後確實給關中鮮卑人留下建立西燕的絕好的機會了。慕容泓在這次「華陰戰役」中獲勝對「復燕」增添了極大的自信，並更加加強自己的勢力。這時，苻睿的殘餘部眾應歸附於慕容泓，與此同時，起兵於河東的慕容沖率八千騎兵來歸附後，慕容泓的部眾已擴大

〔註24〕 在其他同類史書中，把這時慕容泓自稱的「大都督陝西諸軍事」改寫爲欠缺「大」的都督陝西諸軍事。（《資治通鑒》卷105晉紀27孝武帝太元九年（384）條，第3326頁。）

〔註25〕 《十六國春秋輯補》卷37《前秦錄》7，第289頁。

〔註26〕 《晉書》卷114《苻堅載記》下，第2920頁，「〔權〕翼曰：『寇不可長。慕容垂正可據山東爲亂，不暇近逼。今〔慕容〕暐及宗族種類盡在京師，鮮卑之眾布於畿甸，實社稷之元憂，宜遣重將討之。』」

〔註27〕 《資治通鑒》卷105晉紀27孝武帝太元九年（384）條，第3326～3327頁。

〔註28〕 當時作爲苻睿副將的姚萇正確認識到慕容鮮卑參與「反苻」軍事鬥爭的理由：即，他們是持有「思歸之志」或「思歸之心」，而在「反苻」軍事鬥爭中獲勝後，「東歸」於關東之地的。關於此內容可參考腳註63。

到十多萬人。〔註29〕表三的序號 1、2、3 的內容正說明這些情況。如此加倍自信的慕容泓派人到苻堅那裏，說明他自己不得已打起「復燕」旗幟的理由，並表白自己內心的想法。其內容如下：

> 〔慕容泓〕遣使謂〔苻〕堅曰：「秦爲無道，滅我社稷。今天誘其衷，使秦師傾敗，將欲興復大燕。吳王已定關東，可速資備大駕，奉送家兄皇帝並宗室功臣之家。泓當率關中燕人，翼衛皇帝，還返鄴都，與秦以武牢爲界，分王天下，永爲鄰好，不復爲秦之患也。鉅鹿公輕儇銳進，爲亂兵所害，非泓之意。」〔註30〕

據如上記載，值得注意的是如下有四個問題：比如，（1）按照天意而進行的「復燕」活動一定要成功，不可抵擋；（2）根據「吳王已定關東，可速資備大駕」，可知當時「復燕」應沒有由慕容泓和慕容垂區別開來進行；（3）慕容泓能說出「翼衛皇帝，還返鄴都」，是因爲要推舉慕容暐爲新王朝的君主，而後自己的「復燕」告一段落。與此同時，（4）我們雖不知慕容泓爲何以殺害苻睿的人稱爲「亂兵」，但不管他們是在自己部眾當中的「邪惡之眾」，還是「對苻氏持有怨恨的部眾」，慕容泓再次聲明「復燕」是通過「關中燕人」的「反苻」鬥爭來一定要完成的。如上的記載，我們更加確認慕容泓對「復燕」的自信不可動搖，而堅定不移。後來慕容泓被謀臣高蓋、宿勤崇所殺，〔註31〕並慕容沖被推舉爲新的領導後，關中鮮卑人的「復燕」應當進

〔註29〕《資治通鑑》卷 105 晉紀 27 孝武帝太元九年（384）條，第 3328 頁。

〔註30〕《晉書》卷 114《苻堅載記》下，第 2920 頁。有學者認爲，慕容泓遣使至前秦苻堅後，之所以向他宣示如上史載的內容，是因爲慕容泓要建立以慕容暐爲帝的「大燕」。與此同時，這意味著燕的復興已達到了完成的階段。（池培善：《燕的復興運動與西燕的國制變化過程》，《中世中國史研究——慕容燕與北燕史》，首爾，延世大學校出版部，1998 年，第 30 頁。）不過，筆者卻認爲，如上史載不是意味著燕的復興已達到完成的階段，而是慕容泓僅僅通過書信的方式來表達自己如何打起「復燕」的想法。由此，我們不容易贊成這種看法。

〔註31〕慕容泓是被高蓋、宿勤崇等人所殺的，還是被其弟慕容沖所殺的呢？張正田卻根據「慕容泓爲其叔父〔慕容〕沖所殺，沖自稱皇太弟」（《晉書》卷 9《孝武帝紀》，第 233 頁）否定前者，相信後者。他認爲，上述記載雖然顯示慕容沖爲慕容泓之叔父當爲誤，但能證明慕容沖殺死慕容泓之政變。他之所以如此進行推測，是因爲西燕方復國時，慕容沖可能因其兄慕容泓奪取他自己在平陽一帶十多年領導基業，而殺死慕容泓之動機外，也可能有企圖掌控一切軍事勢力，以直接指揮西進，報復苻堅之心理。（張正田：《西燕政權結構、戰略目標與其興衰關係——以立國初期（公元三八四～三八六）爲研究中心》，《政大史粹》第 6 輯，2004 年，第 9 頁；第 22～25 頁。）不同於此看法，

入了新的局面。〔註32〕

慕容沖〔註33〕繼承其兄慕容泓所留下的遺業後，對前秦主力勢力採取更積極地反擊。在此我們發現後來直到慕容沖攻佔長安而定都於此爲止，如下的幾個事件給西燕王朝的生存造成了很大的轉機：比如，第一、是攻佔阿房城的事件；第二、是聽到慕容暐死訊後，立刻即燕帝位而建立西燕；第三、苻堅雖有機會殲滅鮮卑人，但未能採取積極進攻給他們留下東山再起的機會。那麼，我們將圍繞著這三個問題來瞭解慕容沖對前秦所採取的軍事征戰上的性質及其內容：

首先，由於長安面臨著「反苻」勢力的攻擊，苻暉就率洛陽、陝城的七萬部眾而返回，且益州刺史王廣令王蚝率「蜀漢之眾」去參與防衛長安之戰。與此同時，苻堅聽到慕容沖拒離長安只有 200 多里的消息後，放棄原來征討後秦姚萇的計劃，就返回到長安。苻堅到達長安後，立刻令撫軍大將軍苻方鎮戍驪山，且任苻暉爲使持節、散騎常侍、都督中外諸軍事、車騎大將軍、司隸校尉、錄尚書事後，令他率五萬大軍抵擋慕容沖的進攻。苻堅做出如上的措施的同時，任苻琳爲中軍大將軍，使他爲苻暉做後援。儘管有如上的防備措施，但苻暉大敗於鄭西。〔註34〕這樣，苻堅應有再一次做防備上的舉措

筆者認爲，首先，張正田只認可在《晉書・孝武帝紀》中的慕容沖爲慕容泓之叔父有誤而不可取，但不知爲何相信而採納慕容沖殺死慕容泓的理由。這很可能作者只採取對自己有利的記載，而否定對其不利的。其次，張正田對慕容沖殺死慕容泓的理由純粹屬於推測，沒有一個有力的證據。慕容泓不是德望不如慕容沖，執行軍法苛峻而被高蓋、宿勤崇等人所殺的嗎？慕容泓的死因如此的具體和明確，但張正田卻對此「不過是欲加之罪的政治藉口」。這只能使我們想起一種我行我素、我田引水的態度。

〔註32〕慕容泓在率領鮮卑人攻打長安過程中，因德望缺失，軍法苛峻而被殺了。那麼，以後如何進行與居於關中之地的鮮卑人間的結合，且主持與前秦主力勢力間的軍事征戰之事只好由慕容沖來主導進行。(《十六國春秋輯補》卷37《前秦錄》7，第291頁，「〔慕容〕泓謀臣高蓋、宿勤崇等以泓德望後〔慕容〕沖，且持法苛峻，乃殺泓，立沖爲皇太弟，承制行事，自相署置。」)

〔註33〕慕容沖身爲慕容泓之弟，在前燕時被封中山王，而在前秦時被任平陽太守。(《魏書》卷95《徒何慕容暐傳》，第2061頁，「〔慕容〕泓弟中山王〔慕容〕沖，先爲平陽太守……。」)但是，有學者卻做了一個圖表，即〈鮮卑慕容部的世系表〉後，表示慕容沖爲慕容垂之弟。那麼，慕容沖屬於慕容泓之叔父。(横山貞裕：《鮮卑慕容氏の歸義過程》，《國士館大學教養論集》第15輯，1982年，第51頁。)據上述記載，這的確有錯誤。

〔註34〕繼承慕容泓之位的慕容沖在第一次與前秦主力勢力苻暉間的打仗中能夠獲勝，應有幾個重要的原因。筆者認爲，慕容沖除了他自己的部眾安排在適當

了：比如，任姜宇爲前將軍，與中軍大將軍苻琳一同率三萬大軍，攻擊慕容沖於灞上，但沒想到他們都被慕容沖所敗而死了。〔註35〕慕容沖在這兩次的戰役中獲勝，之後可進入阿房城鎮守，這毫無疑問從心理上給苻堅施加更大的壓力。〔註36〕這從苻堅向慕容沖所說的話語中可以容易找出的，即他指責慕容沖說道：「爾輩羣奴正可牧牛羊，何爲送死！」對此，慕容沖卻反駁回答道：「奴則奴矣，既厭奴苦，復欲取爾見代。」〔註37〕苻堅雖已幾次被慕容沖所敗，且因慕容沖的「復欲取爾見代」的回答而感到一定程度的侮辱，但要努力忘記這一切，就想起從前他寵愛慕容沖的情況後，送給他一隻錦袍要求停止「反苻」軍事鬥爭。〔註38〕不過，慕容沖則以皇太弟的命令，令其詹事向苻堅轉告道：「皇太弟有令：孤今心在天下，豈顧一袍小惠。苟能知命，便可君臣束手，早送皇帝，自當寬貸苻氏，以酬曩好，終不使既往之施獨美於前。」〔註39〕如此徹底被慕容沖所愚弄的苻堅就想起從前王猛和苻融向他自己勸告不要重用慕容氏的諫諍，如「吾不用王景略、陽平公之言，使白虜敢

的地方，而加強極大的戰鬥力之外，還通過它來提高整個部眾的士氣。（《晉書》卷114《苻堅載記》下，第2922頁，「〔慕容〕沖乃令婦人乘牛馬爲眾，揭竿爲旗，揚土爲塵，督屬其眾，晨攻〔苻〕暉營於鄴西。暉出距戰，沖揚塵鼓譟，暉師敗績。」）

〔註35〕《資治通鑒》卷105晉紀27孝武帝太元九年（384）條，第3330～3331頁。

〔註36〕《魏書》卷95《徒何慕容暐傳》，第2062頁，「初，〔苻〕堅之滅燕，〔慕容〕沖姊清河公主年十四，有殊色，納之，寵冠後庭。沖年十二，亦有龍陽之姿，堅又幸之。姊弟專寵，宮人莫進，長安歌之曰：『一雌復一雄，雙飛入紫宮。』咸懼爲亂。王猛切諫，堅乃出沖。及其母辛，葬之以燕后之禮。長安又謠曰：『鳳皇，鳳皇，止阿房。』堅以鳳皇非梧桐不栖，非竹實不食，乃蒔梧竹數十萬株于阿房城，以待鳳皇之至。沖小字鳳皇，至是終爲堅賊，入止阿城焉。」

〔註37〕《晉書》卷114《苻堅載記》下，第2923頁。如上所知，苻堅是用「爾輩羣奴正可牧牛羊」來指責慕容沖的。對此，有學者則認爲，這記載不僅給我們提供重要信息得以瞭解游牧民的意識結構，而且還透露出像苻堅的游牧民進入中國內地後脫離他們原有的生活，而轉變爲中國化的證據。（池培善：《對西燕的研究》，《白山學報》第32輯，1985年，第165頁。）不過，筆者認爲，苻堅對慕容沖怎麼不知從前他自己的恩惠和寵愛，而特意用「可牧牛羊」來責備他的。所以，這是否意味著「游牧民的意識結構的一個重要的證據」感到很大的疑問。另外，有學者卻認爲，漢代一種奴隸或類似奴隸的身份的人直到晉代雖然沒有明白的記載，但一般對於牧人一提到就含有輕蔑之意。（唐長孺：《晉代北境各族「變亂」的性質及五胡政權在中國的統治》，《魏晉南北朝史論叢》，北京，生活・讀書・新知三聯書店，1955年，第152～153頁。）

〔註38〕《資治通鑒》卷105晉紀27孝武帝太元九年（384）條，第3334頁。

〔註39〕《晉書》卷114《苻堅載記》下，第2923頁。

以至於此！」後，表示極大的後悔。〔註40〕由此可知，攻佔阿房城的慕容沖從心理上無疑給苻堅施加更大的壓力，且在初期和前秦間的軍事征戰中應佔有很大的優勢了。

　　另外，確認慕容暐死訊的慕容沖立刻即燕帝位，而建立起繼承「前燕」正統的西燕王朝。之後，他是與從前慕容泓和其叔父慕容垂以陝縣爲界分成其以西和以東進行「復燕」活動一樣，〔註41〕對前秦的軍事征戰是在陝縣以西進行展開的。換言之，以陝縣以東的「復燕」活動由慕容垂負責進行，而他自己要掌握陝縣以西的「復燕」活動，以長安爲中心圖謀西燕的發展。這就是剛建國的西燕所要面對，而無可迴避的命運的話，就只能圍繞著關中之地與前秦主力勢力進行你死我活的軍事征戰。〔註42〕表三的序號6、7、8、9的內容正說明此問題。首先，慕容沖和苻堅之間先後在仇班渠、雀桑、白渠等地進行打仗，但各有勝負，無法判別兩者的絕對勝負。有一次苻堅被圍困，殿中上將軍鄧邁、左中郎將鄧綏、尚書郎鄧瓊兄弟拼命求救出來，才能幸免。〔註43〕與此相反，西燕尚書令高蓋攻擊長安城後，雖攻佔其南門而進入南城，

〔註40〕《太平御覽》卷122偏霸部6，引崔鴻《十六國春秋・前秦錄》，第591頁。

〔註41〕慕容泓打起「復燕」旗幟後不久，自稱使持節、大都督陝西諸軍事、大將軍、雍州牧、濟北王的同時，推舉其叔父慕容垂爲丞相、都督陝東諸軍事、領大司馬、冀州牧、吳王。（《晉書》卷114《苻堅載記》下，第2919～2920頁。）那麼，這舉措是慕容泓以陝縣爲界分成其以東和以西，將體現出和慕容垂一同進行「復燕」的構想。

〔註42〕《晉書》卷114《苻堅載記》下，第2920頁，「〔苻〕堅謂權翼曰：『……關東之地，吾不復與之爭……。』」同上書，卷123《慕容垂載記》，第3080頁，「〔慕容〕垂曰：『……關西之地，會非吾有，自當有擾之者，吾可端拱而定關東……。』」根據如上記載可知，慕容垂和苻堅間很少發生直接的軍事衝突，但慕容泓、慕容沖的情況截然不同於此。不過，有學者卻認爲，慕容泓、慕容沖在對手的選擇方面，確實選錯了。就是說，始終很盲目的與前秦主力勢力展開了軍事征戰。（劉玉山、劉偉航：《十六國時期慕容西燕、後燕幾個問題的再檢討》，《東南文化》期刊，2007年第1期，第67頁。）另外，筆者認爲，從當時的局勢來説，慕容泓或慕容沖不可能主動選擇他們自己的軍事征戰的對象，加上已把關東之地託付給慕容垂的情況下，他們在關中之地進行「復燕」是理所當然的事情。由此，筆者不太贊成劉玉山的看法。

〔註43〕《晉書》卷114《苻堅載記》下，第2925頁，「殿中上將軍鄧邁……相謂曰：『吾門世荷榮寵，先君建殊功於國家，不可不立忠效節，以成先君之志。且不死君難者，非丈夫也。』於是與毛長樂等蒙獸皮，奮矛而擊沖軍。沖軍潰，堅獲免。」由此可見，鄧邁等人和其先君鄧羌忠於前秦一樣，通過對前秦「立忠效節」來實現「先君之志」。（李椿浩：《漢人鄧羌與氐族前秦政權》，《陝西歷史博物館館刊》第14輯，2007年，第20頁。）這種忠孝同質的道德觀也

但遭到前秦左將軍竇衝、前禁將軍李辯等人的反擊，八百多人被斬首。〔註44〕於是，他爲了挽救敗局引兵攻擊渭水以北的諸多堡壁，但在成貳壁受苻宏的反擊後，三萬多人被斬首。〔註45〕除此之外，苻堅在長安城以西又打敗慕容沖後，追擊到阿房城。這時，諸將軍勸苻堅「請乘勝入城」繼續攻擊慕容沖，但他「恐爲沖所掩」，未接納他們的進言，引兵返回。胡三省對此做注釋寫道：「阿城，即阿房宮城，沖之巢穴也。萬乘之主，固不可乘危徼倖，然秦喪敗若此，乘諸將之勝氣以圖萬一之功，可也，引兵而還，何歟！」〔註46〕苻堅憑藉「勝氣」很可能獲得「萬一之功」，但未接納諸將軍的意見後返回，確實給慕容沖給予東山再起的機會。

後來，恢復元氣的慕容沖不僅幾次在和苻暉間的征戰中獲勝，並在驪山打敗苻方，而且活捉前秦尚書韋鍾後，任其子韋謙爲馮翊太守，以招集三輔之地的人民百姓。與此同時，慕容沖在驪山附近，爲了供給軍糧與前秦左將軍苟池、右將軍俱石子間進行征戰，既打敗他們，又順利解決軍糧問題。如此慘敗的消息惹苻堅大怒，就派領軍將軍楊定攻擊慕容沖後，活捉一萬多鮮卑人。這時，苻堅不可抑制憤怒，對他們進行坑殺。不過，史書卻關於慕容沖和苻堅間的軍事征戰，記載著：「沖毒暴關中，人皆流散，道路斷絕，千里無烟。」〔註47〕由此可知，苻堅是替關中之民對慕容沖採取所謂「坑殺」的最極端的方式來對付的。在這裏，我們似乎感到苻堅對慕容沖所採取的就是以眼還眼，以牙還牙的舉措。雖然前秦苻堅以此得以獲勝，但其滅亡似乎是個無法改變的事實，很可能是個天意了。〔註48〕據瞭解，當時在《古符傳賈錄》中寫道：「帝出五將久長得。」並在謠語中寫道：「堅入五將山長得。」

在前秦時存在，並其君主處於危難時發揮積極作用。我們根據有學者的看法得以證實這一點：如他認爲，東漢以來，忠孝相通的思想普及，人們相信君臣秩序的原理是等同於父子之倫。（甘懷眞：《中國中古時期君臣關係初探》，《國立臺灣大學歷史學系學報》第21期，1997年，第43頁。）

〔註44〕《資治通鑑》卷106晉紀28孝武帝太元十年（385）條，第3340頁。在其他史書中，記載的不是800人，而是1800人。（《晉書》卷114《苻堅載記》下，第2925頁，「左將軍竇衝、前禁將軍李辯等擊敗之，斬首千八百級，分其屍而食之。」）

〔註45〕《資治通鑑》卷106晉紀28孝武帝太元十年（385）條，第3340頁。

〔註46〕《資治通鑑》卷106晉紀28孝武帝太元十年（385）條，第3340～3341頁。

〔註47〕《十六國春秋輯補》卷38《前秦錄》8，第297頁。

〔註48〕《資治通鑑》卷106晉紀28孝武帝太元十年（385）條，第3346頁，「胡注：史言關中之人，乃心爲〔苻〕堅，而力不能濟，蓋天棄秦也。」

苻堅不僅相信其謠語，而且得知衛將軍楊定敗北而被活捉的消息後，想到在長安未有多大的希望，後事便託付給太子苻宏，就帶領中山公苻詵、張夫人以及數百騎，前往五將山了。苻堅離開長安後不久，苻宏也帶領母妻、宗室男女以及數千騎離開長安。到這時，前秦的公卿百官紛紛離散。〔註49〕如此，慕容沖較爲順利地攻佔長安，以之爲西燕的新的政治、軍事要地。表三的序號10、11、12正說明此內容。定都長安後不久，慕容沖爲了謀求西燕的新的發展，不僅令高蓋率五萬兵對後秦姚萇進行征伐，〔註50〕而且慰撫鮮卑人，以鼓勵農業生產。〔註51〕不過，筆者後將述及，這種策略根本無法得以實行。之所以如此，是因爲當時關中鮮卑人在觀念上被對「東歸」的熱情所束縛。他們原來就是要順利地返回於關東之地而參與「反苻」軍事鬥爭的。因此，他們對在長安謀求發展的慕容沖表示極大的不滿。那麼，慕容沖的失敗是必然的事情了。據瞭解，慕容沖被左將軍韓延所殺後，關中鮮卑人開始離開長安，踏上「東歸」的路程。〔註52〕對此，筆者將在下一節詳細敘述。

三、慕容垂的「復燕」與後燕是否前燕的後身王朝

在前面，筆者已通過原前燕主慕容暐，以及慕容泓、慕容沖的事例來對於慕容西燕是否繼承前燕正統的王朝進行分析了。那麼，當時也參與「復燕」活動的慕容垂對這種事實是如何反應呢？我們確實對它具有很大的興趣。因爲就在繼承前燕正統的問題上，慕容垂作爲第三者，保持了怎樣的態度呢？我們若能夠正確面對其問題，西燕的建國理念問題應得到更加明朗化了。眾所周知，在「復燕」過程中，慕容垂不僅不可稱爲燕帝，而建立起前燕的後身王朝，而且認可慕容泓、慕容沖爲慕容暐的合法的繼承者，而受到這種事實的限制。

慕容垂的「復燕」旗幟，對慕容鮮卑來說，似乎認爲這是上天給予他其

〔註49〕《晉書》卷114《苻堅載記》下，第2928頁。
〔註50〕《資治通鑑》卷106晉紀28孝武帝太元十年（385）條，第3355頁。
〔註51〕《資治通鑑》卷106晉紀28孝武帝太元十一年（386）條，第3359頁。
〔註52〕《魏書》卷95《徒何慕容永傳》，第2064頁，「〔慕容〕沖之入長安，王嘉謂之曰：『鳳皇，鳳皇，何不高飛還故鄉？無故在此取滅亡！』」我們認爲，王嘉的言及真實地寫照當時關中鮮卑人的內心狀態。就是說，他們很可能無法返回故鄉，是在這種絕望之下，殺死慕容沖後，開始踏上「東歸」於關東的路程了。

實際行動的機會。〔註 53〕因此，慕容垂的起兵與其說他對前秦苻堅具有敵對感，不如說「復燕」大業應是由他自己來承擔的一種使命。〔註 54〕慕容垂雖公開宣稱替原前燕主慕容暐而建立慕容氏王朝，但始終無法從作為「臣子」的觀念中脫離出來。〔註 55〕這種事實我們通過一個事例來可以得到證實：即，慕容垂對於勸告他自己稱為尊號的屬官們，表示婉轉地拒絕，但只依靠「晉中宗故事」來，自稱大將軍、大都督、燕王。〔註 56〕在這裏，「晉中宗」指司馬睿，其「故事」指他的君主愍帝司馬鄴扣留在匈奴漢國的都城平陽做人質。由此，司馬睿不可稱「晉帝」，而稱「晉王」。換言之，「愍帝，建興四年降於劉曜。次年，元帝稱晉王於建康，亦未即尊位，又明年，愍帝崩問至，始稱帝。」〔註 57〕據此，我們認為，慕容垂和司馬睿一樣，由於原君主還活著，要遵守作為一個「臣子」的道義，而無法自稱尊號。〔註 58〕如前所述，慕容暐不僅要任慕容垂為相國，勸他和慕容泓、慕容沖一同積極參與「復燕」活動，而且要聚集居於長安的多數鮮卑人，弒殺苻堅歸附於慕容沖。那麼，當時只有一個人能任慕容垂為相國，並鼓勵參與「復燕」活動的，他就是慕容暐。這種事實對慕容垂來說不容易使他擺脫「臣子之道」，並受到與此相關的限制。因此，丁零酋長翟斌等人勸慕容垂稱尊號時，他由於「新興侯，國之正統，孤之君也。若以諸君之力，得平關東，當以大義喻秦，奉迎反正。無上自尊，非孤心也」〔註 59〕，而婉轉拒絕了他的進言。如前所述，因有謀反事件，慕容暐被殺，慕容沖立刻以皇太弟的身份繼承慕容暐的地位，而稱燕

〔註 53〕《晉書》卷 123《慕容垂載記》，第 3079 頁，「〔慕容〕垂世子〔慕容〕寶言於垂曰：『家國傾喪，皇綱廢弛，至尊明命著之圖錄，當隆中興之業，建少康之功。但時來之運未至，故韜光俟奮耳。今天厭亂德，凶眾土崩，可謂乾啟神機，授之于我。千載一時，今其會也，宜恭承皇天之意，因而取之。』」
〔註 54〕谷川道雄：《慕容國家における君權と部族制》，《隋唐帝國形成史論》，東京，筑摩書房，1971 年，第 74 頁。
〔註 55〕李椿浩：《「統府」體制與後燕、南燕的建國》，《東方學》第 15 輯，2008 年，第 178～179 頁。
〔註 56〕《資治通鑑》卷 105 晉紀 27 孝武帝太元九年（384）條，第 3320～3321 頁。
〔註 57〕趙翼、王樹民校證：《廿二史箚記》上，愍元二帝即位條，第 163～164 頁。
〔註 58〕李椿浩：《「統府」體制與後燕、南燕的建國》，《東方學》第 15 輯，2008 年，第 178 頁。
〔註 59〕《晉書》卷 123《慕容垂載記》，第 3081 頁。根據如此的告白，可知慕容垂不僅認定慕容暐為「國之正統」和「孤之君也」，而且宣示將推舉他為未來慕容氏王朝的君主。

帝。這時，有一部分屬官向慕容垂進言，因爲慕容暐已死，慕容垂沒有理由不稱尊號，立即使他即帝位。但是，慕容垂認爲由於慕容沖已在關中即燕帝位，而拒絕了他們的請求。〔註60〕這就是筆者如前已述及他明確承認慕容暐→慕容沖的帝系關係，根本沒有理由不接受這種事實的。

綜上所述，慕容垂因爲在道義上無法擺脫對原前燕主慕容暐的「人臣之道」的限制，所以不稱燕帝，而稱燕王。後來有慕容暐之死，他即使脫離了這種束縛，〔註61〕但從當時的情況來看，稱燕帝之事，完全不如先攻佔鄴都，之後攻取整個關東之地，以之成爲統一天下的根本來的實惠。〔註62〕於是，慕容垂在進行「復燕」過程中，對慕容暐、慕容沖有如上的認識的話，不管是慕容暐的生死，或慕容沖即燕帝位，他始終掌握不住慕容鮮卑的名分，所以確實承認繼承前燕正統的就是西燕王朝的了。不過，後來慕容沖被殺後，經過西燕統治階層內部的權力鬥爭，在慕容宗室內部排行較後，威望較低的慕容永即燕帝位，這種事實應使慕容垂對如上的認識改變了不少。換言之，慕容垂將殺死慕容永，並消滅已繼承前燕正統的西燕，而由後燕取代「西燕」的位置。筆者將與此相關的事情在下一節進行詳細地探討。

〔註60〕 有學者認爲，之所以慕容沖的「燕」可說成西燕，是因爲當時在「復燕」活動中佔有核心地位的慕容垂絕不承認慕容沖即帝位的事實後，而所得到的國號。他提示以其根據爲如下的記載：如，《晉書》卷123《慕容垂載記》，第3085～3086頁，「〔慕容〕垂將有北都中山之意，〔慕容〕農率眾數萬迎之。羣僚聞慕容暐爲符堅所殺，勸垂僭位。垂以慕容沖稱號關中，不許。」與此同時，他把著重號部分翻譯成「慕容垂不允許慕容沖在關中稱號」或「不承認慕容沖在關中即位的事實」。這又是慕容垂與從前不同，單獨展開「復燕」活動的根據。後來，慕容暐被殺後，「復燕」沒有由慕容沖來統一指揮，慕容垂也有即帝位的念頭，開始分成兩個部分。（池培善：《對西燕的研究》，《白山學報》第32輯，1985年，第167～168頁，以及池培善：《燕的復興運動與西燕的國制變化過程》，《中世中國史研究——慕容燕與北燕史》，首爾，延世大學校出版部，1998年，第43頁。）不過，筆者卻認爲，從慕容暐被殺之前開始，「復燕」已由慕容泓、慕容沖和由慕容垂所分開進行。因此，由於慕容暐死後才能分成兩個部分，對於這種說法筆者仍保留自己的意見。甚至著重號部分的翻譯也有問題，應翻譯成「慕容垂因慕容沖已在關中稱帝，所以沒有採納勸他僭位的進言。」於是，如上記載說明的不是慕容垂要即帝位的證據，而是慕容沖已稱帝，慕容垂無法即帝位的意思。

〔註61〕 李椿浩：《「統府」體制與後燕、南燕的建國》，《東方學》第15輯，2008年，第179頁。

〔註62〕 《晉書》卷123《慕容垂載記》，第3081頁。

第二節　慕容永長子政權的出現及其特點——慕容鮮卑的「東歸」及與後燕間的對峙

　　筆者已在前一節論述西燕是以前燕的「嫡子」而建國，其君主慕容沖是在和前秦主力勢力間的軍事征戰獲勝後，定都於長安，將圖謀長期發展時，而被殺的。與此同時，我們發現慕容沖被殺後，把西燕作為前燕的後身王朝的觀念也發生了相應的變化。那麼在本一節中，筆者將分析這種變化是如何發生的，且後燕慕容垂怎麼能夠奪走慕容鮮卑的名分，而取代繼承前燕名分的「西燕」呢？分析其問題之前，首先，將瞭解關中鮮卑人有什麼理由參與「反苻」軍事征戰，以及其最重要的目的等問題。

一、慕容鮮卑的「東歸」與長子政權的出現

　　關於關中鮮卑人直接參與「反苻」軍事征戰的理由，我們就從曾作為衛大將軍苻睿的部將而參與和慕容泓間的征戰時姚萇所提到的話語中可瞭解到。〔註63〕鮮卑人原來具有「思歸之志」或「思歸之心」，就救援了在長安做人質的慕容暐之後，要離開關中而返回關東的。不過，後來慕容暐沒有被解救，並且他本人也無法生還，這時對他們來說，唯一的目標就是要實現「思歸之志」，即立刻返回關東去。據瞭解，慕容沖定都於長安，將謀求西燕的發展，而傷害具有「思歸之志」的鮮卑人時，他們對慕容沖持有極大的不滿，就弒殺了他。當時，關中鮮卑人為實現「東歸」，兩條路線可利用：其中一條路線是經過關中以東的關卡潼關，沿著黃河的南邊繼續東進。不過在淝水戰之後，東晉卻已佔領這地區，由此鮮卑人無法利用這條路線；另一條路線是在關中以北，先渡過黃河後先後經過河東、平陽、上黨等三個郡，之後翻越太行山脈，可到達河北之地。這條路線是可被他們所利用的。〔註64〕在這裏，

〔註63〕《資治通鑑》卷105晉紀27孝武帝太元九年（384）條，第3327頁，「姚萇諫曰，『鮮卑皆有思歸之志，故起而為亂，宜驅令出關，不可遏也。夫執虺鼠之尾，猶能反噬於人。彼自知困窮，致死於我，萬一失利，悔將何及。但可鳴鼓隨之，彼將奔敗不暇矣。』」同上書，第3336頁，「後秦王〔姚〕萇聞慕容沖攻長安，會羣僚議進止，皆曰：『大王宜先取長安，建立根本，然後經營四方。』萇曰：『不然。燕人因其眾有思歸之心以起兵，若得其志，必不久留關中，吾當移屯嶺北，廣收資實，以待秦亡燕去，然後拱手取之耳。』」

〔註64〕康玉慶：《西燕建都長子原因探究》，《太原大學學報》期刊，2009年第4期，第10頁。

「東歸」過程中所發生的事件讓我們引起一些注意：比如，第一、慕容永在和慕容恆間的權力鬥爭中獲勝後，才出頭露面；第二、慕容永在打敗前秦殘餘勢力符丕之後，可定都於長子，是西燕作爲割據王朝打下重新發展的基礎。由此，我們據如上的事實，先看一看在《魏書》、《資治通鑒》中所記載的關中鮮卑人「東歸」過程以及定都於長子的情況，其分別如下：

〔慕容〕沖敗，其左僕射慕容恆與〔慕容〕永潛謀，襲殺段隨，立宜都王子〔慕容〕覬爲燕王，號年建明，率鮮卑男女三十餘萬口，乘輿服御、禮樂器物，去長安而東，以永爲武衛將軍。恆弟護軍將軍〔慕容〕韜，陰有貳志，誘覬殺之于臨晉，恆怒，去之。永與武衛將軍習雲率眾攻韜，韜遣司馬宿勤黎逆戰，永執而戮之。韜懼，出奔恆營。恆立慕容沖子〔慕容〕望爲帝，號年建平。眾悉去望奔永，永執望殺之，立慕容泓之子〔慕容〕忠爲帝，改年建武。忠以永爲太尉，守尚書令，封河東公。至聞喜，知慕容垂稱尊號，託以農要弗集，築燕熙城以自固。習雲等又殺忠，推永爲大都督、大將軍、大單于、雍秦梁涼四州牧、河東王，稱藩於垂。永以符丕至平陽，恐不能自固，乃遣使求丕假道還東。丕不許，率眾討永，永擊走之，進據長子。永僭稱帝，號年中興。〔註65〕

西燕僕射慕容恆、尚書慕容永襲段隨，殺之，立宜都王子〔慕容〕顗爲燕王〔胡注：顗蓋燕宜都王〔慕容〕桓之子。〕改元建明，帥鮮卑男女四十餘萬口去長安而東〔胡注：海西公太和五年，秦遷鮮卑於長安，至是財十七年耳，而種類蕃育乃如此。〕恆弟護軍將軍〔慕容〕韜誘顗，殺之於臨晉，恆怒，捨韜去。永與武衛將軍習雲帥眾攻韜，韜敗，奔恆營。恆立西燕主〔慕容〕沖之子〔慕容〕瑤爲帝，改元建平，諡沖曰威皇帝。眾皆去瑤奔永，永執瑤，殺之，立慕容泓子〔慕容〕忠爲帝，改元建武。忠以永爲太尉，守尚書令，封河東公。永持法寬平，鮮卑安之。至聞喜，聞燕主〔慕容〕垂已稱尊號，不敢進，築燕熙城而居之……西燕習雲等殺西燕主忠，推慕容永爲使持節、大都督中外諸軍事、大將軍、大單于、雍・秦・梁・涼四州牧、錄尚書事、河東王，稱藩於燕……西燕慕容永遣使詣秦主〔符〕丕求假道東歸，丕弗許，與永戰于襄陵，秦兵大敗，

左丞相王永、衛大將軍俱石子皆死……永遂進據長子，即皇帝位，
改元中興。〔註66〕

首先在分析相關事實之前，我們據上述記載，圍繞著西燕主發動權力鬥
爭中，主導篡位和即位的人來按時間順序整理的話，得出如下的內容：

表四　在「東歸」過程中對西燕主所採取的推戴者以及弒殺者一覽表

序號	推戴年月	推 戴 者	西 燕 主	弒 害 者	弒害年月
1	384 年 6 月	高蓋、宿勤崇	慕容沖	韓延	386 年 2 月
2	386 年 2 月	韓延	段隨	慕容恒、慕容永	386 年 3 月
3	386 年 3 月	慕容恒、慕容永	慕容覬（慕容顗）	慕容韜	386 年 3 月
4	386 年 3 月	慕容恒	慕容望（慕容瑤）	慕容永	386 年 3 月
5	386 年 3 月	慕容永	慕容忠	刁雲	386 年 6 月

眾所周知，慕容沖是通過和前秦間的軍事征戰中獲勝後，攻佔長安，將
以之為西燕的政治、軍事根據地來，圖謀長期的發展的。就是說，他放棄「東
歸」後，不僅鼓勵鮮卑人參與農業生產，而且謀求營建樓閣長期停留於長安，
因此在鮮卑人中造成極大的不滿。於是，左將軍韓延等人憑藉鮮卑人的不滿
情緒來殺死了慕容沖。〔註67〕所以，慕容沖不是在「東歸」過程中被殺的，
那麼，在上表中除了他之外，其他四人都在從 386 年 2 月至 6 月間，只在 5
個月內發生對西燕主的推戴和弒殺。此外，除了慕容忠外，其他三人都在同
年 3 月的這個月內發生了推戴和弒殺。這種事實很可能說明當時西燕主不僅
沒有足夠的權力掌握整個鮮卑人，而且受到西燕內部眾多勢力集團的牽制。
由此，我們可通過在這種背景下所實行的「東歸」，及其過程中所發生的內容
來，認識到一些事實。其如下：

第一、就段隨的弒殺事件來講，段隨為在關中鮮卑人中尚未被處於權力
核心的慕容恒、慕容永等多數慕容氏所接受，或許沒有具備統治者的條件可
以滿足他們的需求，甚至很可能給鮮卑人留下不適合由他承擔「東歸」任務
的印象。我們之所以有如此想法，是因為他以鮮卑段部的出身，〔註68〕除了

〔註66〕《資治通鑒》卷 106 晉紀 28 孝武帝太元十一年（386）條，第 3362～3369 頁。
〔註67〕《資治通鑒》卷 106 晉紀 28 孝武帝太元十一年（386）條，第 3359 頁。
〔註68〕鮮卑段部曾被前燕慕容皝所滅後，處於其統治之下。（李椿浩：《五胡時期慕
　　　容前燕的建國及其特點──「勤王」的出現及其運用為中心》，《東洋史學研
　　　究》第 113 輯，2010 年，第 95 頁。）後來，前秦苻堅滅亡前燕後，把慕容鮮
　　　卑在內的關東胡、漢人十多萬戶遷徙於關中之地。（《晉書》卷 113《苻堅載記》

在慕容沖時只擔任將軍職外，未有發現擔任任何官職以及和他有關的一切記載。第二、據段隨的弒殺事件可知，剛踏上「東歸」之路時，對於關中鮮卑人的管理和統領似乎是由慕容恒和慕容永來進行。雖然對其具體的內容如何我們不得而知，但後來他們兩者之間確實發生了權力鬥爭，且初期比慕容永具有更大權力的慕容恒被打敗後，西燕的國權才落在慕容永手裏。如上的事實我們可通過慕容恒推戴的慕容望由慕容永所殺；慕容永推戴的慕容忠由他的親臣刁雲所殺；慕容永被刁雲推舉為西燕主的事實來證實的。第三、鮮卑人是慕容永因「持法寬平」，而對他表示信任的。據瞭解，政權不夠穩定鞏固時，君主所具備的品德中「資質」和「公平」格外的重要。如前所述，慕容泓因缺乏德望，並軍法嚴酷，而被殺。在這裏，筆者則認為，如果「資質」意味著任何「罪」能否依軍法實行，甚至為搖搖欲墜的政權能否打下穩定的基礎等關係到君主的能力與否的話，那麼，「公平」則意味著公正實行軍法和論功行賞等君主能否安撫其屬官和部眾。〔註69〕慕容永既然具備這種「資質」和「公平」，就應被推戴為大都督、大將軍、大單于、雍‧秦‧梁‧涼四州牧、河東王。〔註70〕第四、關中鮮卑人到達聞喜後，慕容永向他們宣示，此地雖不是「東歸」的最終目的地，但稱藩於後燕慕容垂後，可作為修整根據地，待他日另做打算。雖無確實的史料說明可當時關中鮮卑人的意願，但經過多

上，第 2893 頁，「〔苻堅〕徙關東豪傑及諸雜夷十萬戶於關中。」《資治通鑑》卷 103 晉紀 25 簡文帝咸安元年（371）條，第 3243 頁，「秦王〔苻〕堅徙關東豪傑及雜夷十五萬戶于關中。」）這時，不少鮮卑段氏也包括在其裏面。以後慕容氏圖謀「復燕」時，段氏也參與其中，為「復燕」的完成做了一定的貢獻。那麼，段隨應是這種鮮卑段部的成員之一了。

〔註69〕 向來在游牧社會裏有人能成為大人（或稱渠帥、酋帥、酋長、首領等）應當具備「勇健」和「智略（公平）」等前提條件。這些是大人為了確保部族的生存與發展，應對外部敵人，調節內部紛爭所必須具備的資格條件。（金浩東：《北亞洲游牧國家的君主權》，《東亞史上的王權》，首爾，韓兒出版社，1993 年，第 128 頁。）那麼，筆者認為，對已內遷中原之地生活時間較長的慕容鮮卑來說，不知在十六國時期大人仍需要游牧社會時與此類似的資格條件，但起碼一個君主率領 40 多萬人，遷往新的地區移動時，君主具有智慧、謀略，且軍法公平，甚至能安撫每個部眾的話，鮮卑人給予他不少支持是可以想像到的。

〔註70〕 有學者認為，慕容永稱河東王，意味著向本源於河東、平陽的西燕鮮卑舊族，及當地胡漢塢堡勢力作出之政治象徵。與此同時，慕容永設置單于臺亦有現實環境之需要，河東地區本民族複雜，雜胡甚眾，他若欲東歸，可以胡制單于臺作政治、軍事方面統治的必要。（張正田：《西燕政權結構、戰略目標與其興衰關係——以立國初期（公元三八四～三八六）為研究中心》，《政大史粹》第 6 輯，2004 年，第 41～42 頁。）

年的長途跋涉，顛沛流離後，一個穩定的安生之所，修養生息，發展生產，應該是當時他們的最迫切的需求。對此，有學者認為，慕容永之所以稱藩於慕容垂，是因為西燕不可在華北之地謀求獨立的發展，所以有意識地表現出和後燕形成「藩屏關係」。〔註 71〕不過，「東歸」的最終目的地肯定不是聞喜之地，而是包括前燕舊都的鄴城在內的其周圍地區。〔註 72〕那麼，慕容永既然稱藩於已平定關東的慕容垂，沒有理由繼續返回關東去了。這時，突然給慕容永造成很大變數的就是苻丕的出現及其威脅。苻丕身為苻堅的長庶子，一直鎮守於鄴城，並治理關東之地，〔註 73〕但多次遭受慕容垂的攻擊後，只好退回到平陽地區了。在苻丕的威脅之下，原來慕容永作為後燕的歸屬勢力停留於聞喜的計劃只好修改，將返回關東，請求苻丕打開其回歸之路。不過，苻丕斷然拒絕這要求，不僅阻止鮮卑人的「東歸」，而且為其父苻堅之死而報仇雪恥打過來。他如此勇敢地迎接挑戰，但最終戰死沙場。原來慕容永作為一種後燕慕容垂的稱藩勢力，將圖謀割據局面，但成功地從和對他自己的自立造成最危險的苻丕間的打仗中獲勝後，其局勢大大好轉。由此，慕容永卻不是歸屬於後燕的稱藩勢力，而是作為和後燕同等的割據勢力進入上黨郡治所的長子後，自稱燕帝了。對於如此出現的長子政權，當時反映最敏感和激烈的莫過於後燕慕容垂了。慕容永身為慕容庾弟慕容運之孫〔註 74〕，登上繼承前燕正統的西燕王朝的君主，這件事情對慕容垂來說絕對無法接受的了。尤其是，在從前他認可慕容泓、慕容沖為慕容暐的儲君的情況下，更無法接受這種事實。慕容泓、慕容沖先後已死，在慕容宗室中權威較低，且排行相當靠後的慕容永當上了西燕主，這對慕容垂來說時機成熟一定要奪回「前燕正統」的了。那麼，我們認為後燕和西燕是在有宿命上不可避免地相互保持對峙和衝突，甚至不可容忍對方的存在，各自一直在這種環境下謀求生存。因此，以後慕容垂不顧諸將的反對，決定征伐西燕，終於誅殺慕容永，滅亡西燕後，才能成功地奪回「前燕正統」的名分。關於與此相關的更詳細的內容後將述及。這種事實反過來分析的話，慕容永定都於長子後，在對外關係

〔註 71〕 池培善：《對西燕的研究》，《白山學報》第 32 輯，1985 年，第 174 頁。
〔註 72〕 劉玉山、劉偉航：《十六國時期慕容西燕、後燕幾個問題的再檢討》，《東南文化》期刊，2007 年第 1 期，第 69 頁。
〔註 73〕 《晉書》卷 115《苻丕載記》，第 2941 頁，「苻丕字永叔，堅之長庶子也。……出鎮于鄴，東夏安之。〔苻〕堅敗歸長安，丕為慕容垂所逼，自鄴奔枋頭。堅之死也，丕復入鄴城。」
〔註 74〕 《資治通鑑》卷 106 晉紀 28 孝武帝太元十年（385）條，第 3342 頁。

上繼續保持和後燕間的敵對關係，且爲了生存只好按照「反後燕」的理念推行相關的對外政策。〔註 75〕據有學者的主張，可瞭解慕容永定都於上黨盆地的戰略要地長子後，就利用此地盤踞於太行山脈的天然要地繼續和後燕間保持敵對關係。這對正踏上「東歸」之路的慕容永來說當時他應有最好的選擇。〔註 76〕

二、長子政權的性質及其特點

慕容永在慕容宗室內部其出身地位都不是很高，至少在慕容垂和慕容德的眼裏不是個人才。〔註 77〕但他登上西燕主後，在對外關係上是否自願或無意，始終和後燕慕容垂間保持競爭、對峙的關係。由此西燕的對外政策是按照「反後燕」的基礎之上進行的。這對後燕主慕容垂來說，絕對無法接受資歷尙淺的慕容永登上西燕主的事實，所以在這種信念下慕容垂不顧一切代價對西燕進行軍事征伐。慕容永既然持有「反後燕」的基調，那麼先在他自己控制範圍內找出慕容儁和慕容垂的子孫，之後把他們全都賜殺。其內容如下：

> 慕容柔、慕容盛及盛弟〔慕容〕會皆在長子，盛謂柔、會曰：「主上已中興幽、冀，東西未壹〔胡注：主上，謂燕主〔慕容〕垂。東，謂燕主垂，西，謂燕主〔慕容〕永。〕吾屬居嫌疑之地，爲智爲愚，皆將不免，不若以時東歸，無爲坐待魚肉也！」遂相與亡歸燕。後歲餘，西燕主永悉誅燕主〔慕容〕儁及燕主垂之子孫，男女無遺。

〔註 78〕

〔註 75〕 有學者認爲，西燕定都於長子後，雖然一時得以保持安定的局面，但始終與後燕間維持敵對關係。（劉玉山、劉偉航：《十六國時期慕容西燕、後燕幾個問題的再檢討》，《東南文化》期刊，2007 年第 1 期，第 66 頁。）

〔註 76〕 關於長子之地的戰略重要性，有學者認爲，上黨盆地山環水繞的地理區域優勢是西燕建都長子的重要因素。上黨盆地位於山西高原東南部，其東部、東南部是太行山脈，與華北平原分界；西南隔黃河與中原大地相望；西面隔太岳山脈與河東之運城盆地、臨汾盆地相連；北面有五雲山、八賦嶺等山地和太原盆地爲鄰，山環水繞，地勢高險，便於用兵。（康玉慶：《西燕建都長子原因探究》，《太原大學學報》期刊，2009 年第 4 期，第 12 頁。）

〔註 77〕 《魏書》卷 95《徒何慕容永傳》，第 2063 頁，「〔慕容〕永，字叔明。〔慕容〕暐既爲符堅所幷，永徙於長安，家貧，夫妻常賣靴於市。及暐爲堅所殺也，〔慕容〕沖乃自稱尊號，以永爲小將。沖與左將軍苟池大戰於驪山，永力戰有功，斬池等數千級。」從慕容永的出身成分與起家行迹來看，既在前燕，又在前秦被受重用的慕容垂、慕容德對慕容永始終輕視是不言而喻的。

〔註 78〕 《資治通鑒》卷 106 晉紀 28 孝武帝太元十一年（386）條，第 3371 頁。

據上述記載，可知慕容永把在其統治範圍內的慕容垂和慕容儁的子孫全部殺死了。我們雖然沒有資料可證實當時慕容垂對此事表現出如何反應，不過他肯定是不可容忍並採取更激烈的方式來報復慕容永的。這種「憤怒」始終影響著慕容垂的治國理念，在商討征伐西燕之時，他不僅反駁反對其事的諸將的意見，而且積極地贊成和他自己意見相同的其弟慕容德的看法，一定要完成誅殺慕容永，滅亡西燕的使命。慕容永既然殺死慕容儁和慕容垂的子孫，並公開和後燕形成敵對關係，那麼其長子政權在對外關係上不得不把和後燕間的競爭和對峙作爲基本的原則，始終推行「反後燕」的措施。由此，筆者認爲可圍繞著這個問題來瞭解長子政權的性質及其特點：

第一、慕容永之所以攻打關中之地，是因爲以後很可能遭受後燕的攻擊而處於困境，以尋找脫離長子後的避身之地。〔註79〕由此，他在中興二年（387）攻打蘭檀於黃河以西。後來蘭檀派人向後秦姚萇求援，其戰爭可導致西燕與後秦兩個王朝間的直接軍事衝突了。慕容永敗北之後，原來要攻佔關中的一部分地方，把它作爲他自己後方的計劃告失敗。〔註80〕

第二、慕容永先攻佔中原之地後，與持有「反後燕」理念的翟魏聯合起來，將從南、西方向給後燕施加壓力。〔註81〕比如，在中興五年（390），慕容永開始攻打中原的重鎮洛陽，但遭到東晉將帥朱序的反擊後，就退回到上黨。〔註82〕據瞭解，當時朱序反擊到離長子160多里的白水，〔註83〕但不料聽到翟魏主翟遼要攻擊洛陽的消息後，只好引兵返回。〔註84〕這次西燕得以翟遼要攻擊洛陽而脫離危險。就是說，這次西燕因有和翟魏間的友好關係可擺脫危機的話，慕容永攻打洛陽的目的更加清楚了。那麼，慕容永將攻佔洛

〔註79〕後來長子城爲慕容垂所包圍時，慕容永試圖亡命於後秦。在此，筆者認爲從慕容永的這種舉措來看，他從前要攻打關中之地，很大可能是爲了確保後方有避身之地。

〔註80〕《資治通鑒》卷107晉紀29孝武帝太元十二年（387）條，第3379～3380頁。

〔註81〕《資治通鑒》卷107晉紀29孝武帝太元十四年（389）條，第3390頁，「翟遼遣丁零故堤詐降於〔慕容〕溫帳，乙酉，刺溫，殺之，幷其長史司馬驅，帥守兵二百户奔西燕。燕遼西王〔慕容〕農邀擊刺溫者於襄國，盡獲之，惟堤走免。」據此可知，故堤的行爲正體現著西燕和翟魏間的友好關係。與此同時，這是在兩個王朝都追求「反後燕」的路線之下才能夠出現的。

〔註82〕《晉書》卷81《朱序傳》，第2134頁。

〔註83〕酈道元、楊守敬・熊會貞疏：《水經注》卷9沁水條，第839頁，「太元十五年，晉征虜將軍朱序，破慕容永于太行，遣軍至白水，去長子一百六十里。」

〔註84〕《資治通鑒》卷107晉紀29孝武帝太元十五年（390）條，第3394頁。

陽後，和翟魏聯合起來從南、西方向對後燕採取軍事措施。在這種信念之下，慕容永又在第二年（391）攻打中原的河南郡，但這次也被東晉將帥楊佺期所敗，其計劃完全變成泡影。〔註85〕

　　第三、慕容永多次接受曾按「反後燕」而行動的劉顯、許謙以及翟釗〔註86〕等人的歸降。由此使西燕更加明確「反後燕」的原則的同時，在對外方面再次公開表態不可和後燕一同並存的事實。眾所周知，匈奴劉顯曾在北方草原地區擁有很大的勢力，但中興二年（387）以來，因兄弟間的權力鬥爭，其勢力大大地衰弱下去。當時劉衛辰向後燕獻馬，劉顯卻在途中把它掠奪走了。於是，慕容垂大怒，就派慕容楷、慕容麟等人攻打劉顯。劉顯敗北之後，逃亡於馬邑。後來他又遭受慕容麟和北魏拓跋珪的聯合攻擊所敗，就決定歸附於西燕。〔註87〕此外，許謙身為後燕的代郡豪強，在中興二年（387）殺害代郡太守賈閏後，決定投靠於劉顯。但後來他遭受慕容麟的攻擊而敗北後，歸降於西燕。〔註88〕除此之外，翟魏為後燕所滅亡後，其君主翟釗決定亡命於西燕。在這裏，我們據胡三省的注釋可知，翟魏的滅亡可直接影響到西燕的國運。〔註89〕在中興七年（392）初，翟釗遭受慕容垂的攻擊後，立刻派使者求援於慕容永。對此，慕容永不知所措，令諸臣商榷如何應對。尚書郎鮑遵提出雙方俱敗而圖謀，應有取得巨大的利益的方案。但與此相反，中書侍郎張騰諫諍說道：「強弱勢殊，何弊之有！不如救之，成鼎峙之勢。可引兵趣中山，晝多疑兵，夜倍其火，彼必懼而還師。我衝其前，釗躡其後，此天授之機，不可失也。」〔註90〕不過，慕容永不採納張騰的意見，而按照鮑遵的方案圖謀漁人得利。如果慕容永不是聽信鮑遵，而是接納張騰的諫諍而行事的話，有可能西燕的國運更長一些，或者應脫離後燕的

〔註85〕《晉書》卷9《孝武帝紀》，第238頁。

〔註86〕翟魏主翟遼死後，其子翟釗繼位。與此有關的內容，請參考《資治通鑑》卷107晉紀29孝武帝太元十六年（391）條，第3402頁。

〔註87〕《資治通鑑》卷107晉紀29孝武帝太元十二年（387）條，第3378～3379頁。

〔註88〕《資治通鑑》卷107晉紀29孝武帝太元十二年（387）條，第3376頁；同上書，孝武帝太元十三年（388）條，第3382頁。

〔註89〕《資治通鑑》卷108晉紀30孝武帝太元十七年（392）條，第3405頁，「胡注：翟釗敗，則西燕之亡形成矣。」

〔註90〕《魏書》卷95《徒何慕容永傳》，第2065頁。眾所周知，慕容永曾在攻打洛陽中遭到危機時，因翟遼通過襲擊朱序的後方而得以擺脫困境。這次張騰諫諍慕容永救援翟魏，一同抵抗後燕慕容垂。不過，慕容永未有採納他的諫諍，以導致失去忠實的合作者，那麼西燕的滅亡只是時間上的長短問題了。

束縛，而繼續存在下去。翟魏沒有得到西燕的支持，不可繼續抵擋後燕的攻擊而告滅亡。之後，其君主翟釗就決定歸降於西燕。後來翟釗被慕容永封拜為車騎大將軍、兗州牧、東郡王。〔註91〕

　　另外，我們難以找出西燕定都於長子後，和其對內之事有關的內容。這事實應從一個側面說明當時對西燕來說對外關係的重要性，尤其是和後燕間的關係更為重要。筆者如上的見解雖很粗率，但要注意的是，慕容永可通過上述措施來解決和後燕間所存在的對峙關係。即使有如上的措施，西燕由於未能救援遭受後燕攻擊而處於困境的翟魏，而此事後來成為西燕滅亡的直接原因。慕容垂排斥諸將軍反對征伐西燕的意見後，就實行了。其內容如下：

> 燕主〔慕容〕垂議伐西燕，諸將皆曰：「〔慕容〕永未有釁，我連年征討，士卒疲弊，未可也。」范陽王〔慕容〕德曰：「永既國之枝葉，又僭舉位號，惑民視聽，宜先除之，以壹民心。士卒雖疲，庸得已乎！」垂曰：「司徒意正與吾同。吾比老，叩囊底智，足以取之，終不復留此賊以累子孫也。」〔胡注：垂不欲留慕容永以累子孫，而不知拓跋珪已窺關於代北矣。是以有國有家者，不恃無敵國外患，恃吾所以傳國承家者足以待之耳。〕〔註92〕

　　據上述記載可知，諸將軍主張後燕因未持有征伐西燕的名分而不宜立刻出征，且大多數士卒因連年征戰，而需要很長時間的休整。與此不同，即便如此，慕容德卻要強調，慕容永只作為「國之枝葉」而篡位，打扮著西燕主。這對慕容鮮卑的糾合沒有任何好處，甚至對後燕王朝的存在意義應會受到懷疑，因此必須要早日征伐西燕，解決此問題。由此，慕容垂對慕容德的意見表示極大讚賞和支持。對慕容垂來說，征伐西燕之事等於奪回西燕曾擁有的「前燕正統」的一種「舉事」。在慕容垂的話語中，我們會發現只不過是由一個「賊」來建立的長子政權，也就是說，慕容垂不會把慕容永這個隱患留給自己的後裔。那麼，我們據此可知，慕容垂具有對這種「舉事」的確信以及對征伐西燕的就是萬不得已的了。〔註93〕

〔註91〕《資治通鑑》卷108晉紀30孝武帝太元十七年（392）條，第3406頁。

〔註92〕《資治通鑑》卷108晉紀30孝武帝太元十八年（393）條，第3411頁。

〔註93〕有學者認為，就對西燕征伐確有定心的慕容垂而言，他不僅對內西燕慕容永試圖和北魏間打好關係表示不滿，而且對慕容永的「僭稱」和西燕王朝本身都具有不少負擔了。（金聖熙：《從「白虜」到「索虜」的世界──4世紀末河北霸權的向背》，《東洋史學研究》第99輯，2007年，第284頁。）

中興八年（393）11 月，後燕慕容垂在都城中山徵發七萬步、騎兵，令鎮西將軍慕容續和龍驤將軍張崇攻擊晉陽的同時，令征東將軍平規進攻沙亭。對此，西燕慕容永令尚書令刁雲、車騎將軍慕容鍾率五萬兵防備於潞川。在翌年 2 月，慕容垂採取更積極的措施，就征伐西燕。就是說，慕容垂不僅令慕容會鎮守鄴城，而且徵發司、冀、青、兗等諸州的兵士後，令慕容楷、慕容農分別從滏口、壺關出兵，與此同時，他本人從沙庭出發以征伐西燕。慕容永對此派諸將去防禦各個要地，尤其對於存放軍糧的臺壁〔註 94〕，特意令征東將軍小逸豆歸、鎮東將軍王次多、右將軍勒馬駒等率兵士去防備。不過，慕容垂屯軍於鄴城西南，不採取實際進攻。慕容永可能為慕容垂所騙，認為慕容垂直接通往太行山的關卡。所以慕容永聚集諸軍防備軹關，相反用很少兵力去鎮守臺壁。〔註 95〕當年 5 月，後燕兵士大舉出兵攻打臺壁。這時，慕容永感到上了慕容垂的當，立刻召集其他兵士去防禦，但打敗了。〔註 96〕慕容永本人遭到慕容國的襲擊所敗，並其八千多兵都戰死。後來慕容永只好退回長子城。此外，西燕晉陽守將聽到慕容永之戰敗的消息後，放棄晉陽城就逃跑了。由此，長子城被後燕軍所包圍，慕容永將亡命於後秦。這時，侍中蘭英阻止說道：「昔石虎伐龍都，太祖堅守不去，卒成大燕之基。今垂七十老翁，厭若兵革，終不能頓兵連歲以攻我也，但當城守以疲之。」〔註 97〕慕容永接納此進言後，就放棄亡命於後秦的計劃。不過，由於後燕進行數多月的攻擊，慕容永不僅派其子慕容弘到東晉雍州刺史郗恢貢獻玉璽一紐，請求救援，〔註 98〕而且派人到北魏表示求援。〔註 99〕據瞭解，東晉和北魏的救援兵

〔註 94〕酈道元、楊守敬・熊會貞疏：《水經注》卷 10 濁漳水條，第 924～925 頁，「〔潞〕縣北對故臺壁，漳水逕其南，本潞子所立也，世名之為臺壁。慕容垂伐慕容永於長子，軍次潞川，永率精兵拒戰，阻河自固，垂陣臺壁，一戰破之，即是處也。」

〔註 95〕《資治通鑑》卷 108 晉紀 30 孝武帝太元十九年（394）條，第 3414 頁。

〔註 96〕據瞭解，當時從河北南部翻越滏口陘進入長子的路線已開通。慕容垂正是利用這條路線征伐西燕的：就是說，慕容垂經過離鄴城西北 60 里的滏口陘後，再翻越太行山脈，先後度過壺口關、上黨郡和襄垣可到達長子城。（金聖熙：《北魏的河北經營與山西、河北間交通路的構建》，《歷史學報》第 198 輯，2008 年，第 160 頁。）

〔註 97〕《資治通鑑》卷 108 晉紀 30 孝武帝太元十九年（394）條，第 3415 頁，「胡注：兵交之變，其應無窮，惟知彼知己者，乃能百戰不殆耳。慕容永欲以棘城之事自況，當時與之共守長子者，果能效死不去，若慕容皝之諸臣乎！」

〔註 98〕《晉書》卷 67《郗恢傳》，第 1806 頁，「尋而慕容垂圍慕容永於潞川，〔慕容〕

都沒有及時地趕過來，在長子城內開始充斥著一種無法抵抗後燕進攻的氣氛，而陷入困境。賈韜等人開始暗中做慕容垂的內應，並承諾向他打開城門。不久，慕容垂兵不血刃地攻佔長子城後，生擒慕容永及西燕公卿大將刁雲等三十多人，並把他們都斬首了。西燕滅亡後，後燕不僅攻佔八郡七萬多戶，而且捕獲其乘輿、服御、伎樂、珍寶等物品。〔註100〕

綜上所述，後燕慕容垂不顧諸將軍的反對，堅決實行征伐西燕慕容永。他之所以如此堅決，最大的原因在於慕容宗室當中只是個「枝葉」，尚未有威望的慕容永敢於「僭舉位號，惑民視聽」，這對慕容垂來說，無法統合胡、漢人的民心，直接影響後燕的正統性。由此，進入長子城的慕容垂活捉往北門逃跑的慕容永後，列舉他迷惑胡、漢人的罪名，而把他殺死了。之後，慕容垂再把他的屍體展示於眾，以之為鑒戒。據此，筆者認為慕容垂征伐西燕慕容永的真正理由更得到證實了。那麼，後燕滅亡西燕後，煥然一新就可成為繼承前燕正統的新的王朝了。

永窮蹙，遣其子〔慕容〕弘求救於〔郗〕恢，并獻玉璽一紐。恢獻璽於臺，又陳『垂若并永，其勢難測。今於國計，謂宜救永。永垂並存，自為仇讎，連雞不棲，無能為患。然後乘機雙斃，則河北可平。』孝武帝以為然，詔王恭、庾楷救之，未及發而永沒。」

〔註99〕 據瞭解，北魏與後燕的關係在慕容垂扣留拓跋珪弟拓跋觚，而要求良馬之前還是較為友好的。但是，當時北魏拓跋珪要脫離後燕的影響範圍，慕容垂卻不允許，雙方間的關係越來越惡化。（《資治通鑒》卷107晉紀29孝武帝太元十六年（391）條，第3400頁。）拓跋珪原來以統治中原為最終目標，但在和後燕間的關係更為惡化時，試圖尋找和持有「反後燕」基調的西燕間的合作。那麼，對慕容永來說，也沒有理由不和北魏打好關係。在這種環境下，西燕都城長子被包圍，慕容永派人拓跋珪求援時，他坦然接受其請求而出兵了。（《魏書》卷28《庾業延傳》，第684頁。）

〔註100〕《晉書》卷123《慕容垂載記》，第3089頁。

第五章　核心集團與名分有無：羌族後秦的建國與「大營」

第一節　姚萇的「反苻」起兵與「大營」的設置

　　前秦苻堅決定對在關中發動「反苻」起兵的慕容泓進行討伐，任命其子苻叡為都督中外諸軍事、衛大將軍的同時，令龍驤將軍姚萇和左將軍竇衝分別作為他的司馬和長史去參戰。不過，據瞭解，卻與苻堅的預想不同的是，苻叡由於過於驕傲，輕視敵人，甚至不積極安撫自己兵士，加之不採納能正確分析慕容氏發起「反苻」起兵，而適當採取戰事的姚萇的勸告。〔註1〕在如此情況下，苻叡在和慕容泓間的戰鬥即「華陰之戰」中敗北後，被殺了。〔註2〕於是姚萇遣長史趙都、參軍姜協到苻堅，述說他們敗戰的經過，並請求寬恕原諒，但苻堅卻大怒，一氣之下把他們都殺了。由此，姚萇立刻逃奔於渭水以北的馬牧，便進入建立羌族王朝的軍事鬥爭中去了。〔註3〕在這裏，喚起我們的注意的是，姚萇的「反苻」起兵很富有戲劇性。之所以有如此的想法，是因為從如下幾個事例來可以做推測姚萇確實從很早起要尋找機會發起「反苻」起兵。據瞭解，從前宰相王猛和苻堅之弟苻融各自向要準備征伐

〔註1〕　《資治通鑑》卷105晉紀27孝武帝太元九年（384）條，第3327頁，「姚萇諫曰：『鮮卑皆有思歸之志，故起而為亂，宜驅令出關，不可過也。夫執鼪鼠之尾，猶能反噬於人。彼自知困窮，致死於我，萬一失利，悔將何及。但可鳴鼓隨之，彼將奔敗不暇矣。』」
〔註2〕　《晉書》卷114《苻堅載記》下，第2920頁。
〔註3〕　崔一楠：《華陰之戰與姚萇叛秦》，《河南理工大學學報》期刊，2011年第3期，第361～365頁。

東晉的苻堅警惕羌族姚氏總有一天背叛前秦，直接威脅著苻氏的社稷與王朝的興亡。〔註4〕與此同時，在後趙末姚萇兄姚襄〔註5〕將進攻洛陽時，有一天夢裏見到姚萇穿著袞衣，並「升御坐，諸酋長皆侍立」。第二天，一大早姚襄對諸將軍說道：「吾夢如此，此兒志度不恒，或能大起吾族。」〔註6〕據上述的事例，可知我們不容易相信姚萇由於爲慕容泓所敗後，派往苻堅而謝罪的屬官被殺，而後直接參與「反苻」軍事鬥爭的史書記載。要不然，我們可理解爲至少在當時姚萇已被眾多胡、漢人所接受，或者他已做出爲建立起羌族王朝的某種準備，這種推測是否更爲合理呢？有學者則認爲，羌族姚氏生活於關東灄頭地區有 18 年之久，以此來改變他們落後的生產生活方式。後來他們雖然在後趙末被先於進入關中而建立前秦的苻氏打敗，而受到直接統治，但在前秦時繼續爲其社會改造，提升其民族素質，準備更充分的條件，迎接將來的建立羌族王朝。〔註7〕那麼，我們在此暫時迴避姚萇爲何在苻睿

〔註4〕 《晉書》卷 114《苻堅載記》下附王猛傳，第 2933 頁，「〔王〕猛曰：『晉雖僻陋吳越，乃正朔相承。親仁善鄰，國之寶也。臣沒之後，願不以晉爲圖。鮮卑、羌虜，我之仇也，終爲人患，宜漸除之，以便社稷。』」《晉書》卷 114《苻堅載記》下附苻融傳，第 2936 頁，「〔苻〕融又切諫曰：『陛下聽信鮮卑、羌虜諂諛之言，採納良家少年利口之說，臣恐非但無成，亦大事去矣。垂、萇皆我之仇敵，思聞風塵之變，冀因之以逞其凶德。』」

〔註5〕 姚襄是姚弋仲之第五子，死於東晉升平元年（357），此時已 27 歲。那麼，他應生於 331 年。（《晉書》卷 116《姚襄載記》，第 2962、2964 頁，「〔姚〕襄字景國，〔姚〕弋仲之第五子也。……〔姚襄〕爲〔苻〕堅所殺，時年二十七，是歲晉升平元年也。」）此外，姚萇是姚弋仲之第二十四子，死於太元 18 年（393），此時已 64 歲。那麼，他應生於 330 年。（《晉書》卷 116《姚萇載記》，第 2964、2973 頁，「〔姚〕萇字景茂，〔姚〕弋仲第二十四子也。……〔姚萇〕以太元十八年死，時年六十四。」）我們通過史書記載的先後關係可知，姚襄的確是個姚萇的兄長。但據上述，姚襄兄弟相比，卻出現兄生年晚於弟生年的明顯錯誤。爲什麼會出現這一錯誤？對此，有學者提出姚襄死亡時的年齡很可能有誤。（町田隆吉：《後秦政權の成立──羌族の國家形成（その一）》，《東京學芸大學附屬高校大泉校舍研究紀要》第 7 輯，1983 年，第 98 頁，註 1。）還有學者則認爲，《晉書》所記姚氏兄弟生卒之疑誤確實源出崔鴻的《十六國春秋》。他使《十六國春秋》記載產生牴牾，最大的可能性有，崔鴻對姚襄、姚萇二人享年數的記載如有錯誤亦可導致二人生年發生牴牾。所以，尤其是姚襄的享年有很大疑問，在沒有找出更確鑿的史料根據以前，關於姚襄的生年定於 331 年仍存有疑問。（邱敏：《後秦姚氏兄弟生年獻疑》，《安徽師大學報》期刊，1983 年第 4 期，第 86～87 頁。）

〔註6〕 《晉書》卷 116《姚萇載記》，第 2964 頁。

〔註7〕 羅新：《枋頭、灄頭兩集團的凝成與前秦、後秦的建立》，《原學》第 6 輯，1998 年，第 2～7 頁。

的其他屬官中，只有他一人派長史等屬官爲代表向苻堅請罪。不過這種史實，即姚萇怕於被苻堅所殺，就立刻逃奔於馬牧，這時關隴胡漢豪強似乎等待他很久，在積極歸附後，推舉他爲盟主等是不能夠表達眞實情況的。〔註8〕筆者認爲，這應當是史官與對於姚萇正確判斷當時局勢以及給他的「反苻」起兵提供一個合理的名義，甚至爲以後的後秦的建國賦予一定的正當性有著相當大的關係了。

一、軍政統帥部──「大營」

姚萇被西州豪族所推戴爲盟主，就在展開「反苻」軍事征戰前有必要地宣佈從前秦控制中脫離出來。這意味著不僅加強集團內部的凝聚力，代替因淝水之戰的慘敗而處於困境的前秦，而且追求更高的政治上的目的。從此，在東晉太元九年（384），姚萇自稱大將軍、大單于、萬年秦王，並改元白雀。緊接著，他在軍政統帥部內設置了長史、司馬、從事中郎、掾屬、參軍、帥等屬官。其相關的記載如下：

> 以天水尹詳、南安龐演爲左右長史，南安姚晃、尹緯爲左右司馬，天水狄伯支、焦虔、梁希、龐魏、任謙爲從事中郎，姜訓（案，或稱羌訓）〔註9〕、閻遵爲掾屬，王據、焦世、蔣秀、尹延年、牛雙、張乾爲參軍，王欽盧、姚方成、王破虜、楊難、尹嵩、裴騎、趙曜、

〔註8〕 有學者認爲，姚萇之所以重用天水、南安出身的尹詳、尹緯、尹延年、尹嵩等人，除了後秦當時的客觀形勢亟需一批熟通漢文化的統治人才之外，其主觀原因在於姚萇本人具有較高的漢文化修養。（戴曉剛：《後秦姚氏的漢文化修養》，《社會科學輯刊》期刊，2008 年第 2 期，第 157 頁。）另外，據瞭解，在西州豪族中，以天水尹氏出身的尹赤就在後趙末歸附於姚襄後，擔任司馬等官職和羌族姚氏保持較爲密切的關係。因爲如此，後來苻堅滅亡姚襄後，發佈禁令不使天水尹氏進入官界。但直到前秦末，由於「妖星見于東井」，尹緯預見出前秦即將滅亡，所以「向天再拜，既而流涕長歎」，並表達了無比的喜悅。（《晉書》卷 118《姚興載記》下附尹緯傳，第 3004 頁。）除此之外，後來苻堅向著把帝位禪讓給姚萇的尹緯説道：「卿，王景略（指王猛）之儔，宰相才也，而朕不知卿，宜其亡也。」（《資治通鑑》卷 106 晉紀 28 孝武帝太元十年（385）條，第 3348 頁。）可知他對尹緯做過如此高的評價。那麼，在此值得我們去注意的是，尹緯以具備「治國之才」而自任，但因有禁令而不可出仕於前秦官界，據此，他應有希望由姚萇來解決這種「怨恨」，就煽動胡漢豪族後，推舉姚萇爲盟主。後來他確實打下建立後秦的「佐命元功」了。

〔註9〕 《資治通鑑》卷 105 晉紀 27 孝武帝太元九年（384）條，第 3328 頁。

狄廣、党刪等爲帥。〔註10〕

我們從上述記載可以獲得一些信息。〔註11〕首先，姚氏政權雖是羌族所建，但它並不是一個建立在羌族共同體之上的具有羌族特色的政權，而是一個繼承了漢人封建統治傳統的多民族相結合的政權。〔註12〕其實，姚萇是在作爲關隴胡漢豪族的尹緯、尹詳、龐演、趙曜、王欽盧、牛雙、狄廣、張乾等人率自己部眾五萬餘家而歸附過來的情況下，在此基礎上宣佈自立的。〔註13〕在此，我們發現五萬餘家就是組成軍政統帥部，即作爲君主的姚萇直接統領的大營的主要成員，〔註14〕且尹緯等胡漢豪族都被任命其軍政統帥部的屬官。〔註15〕由此可知，姚萇應是通過那些屬官來對五萬餘家進行

〔註10〕《晉書》卷116《姚萇載記》，第2965～2966頁。

〔註11〕黃烈認爲，後趙末姚弋仲死後，其子姚襄率部眾在屯碻磝津時，就組成了一個粗具規模的軍政統帥部。（《晉書》卷116《姚襄載記》，第2962頁，「以太原王亮爲長史，天水尹赤爲司馬，略陽伏子成爲左部帥，南安斂岐爲右部帥，略陽王黑那爲前部帥，強白爲後部帥，太原薛讚、略陽權翼爲參軍。」）從這一份組成人員表中可以看出，擔當政治職責的是漢人士族，擔當軍事職責的爲秦隴豪強。後來，姚萇所建立的後秦，沿著姚襄所創的模式，繼承漢族封建統治傳統，實行多民族相結合的道路向前發展。（黃烈：《古羌、西羌、東羌和後秦》，《中國古代民族史研究》，北京，人民出版社，1987年，第106～108頁。）在這裏，筆者則認爲，在史書上，長史、司馬、從事中郎等屬官所設置的「統帥部」與其說指一個特定的「大將軍府」、「單于臺」、「秦王府」，不如說指姚萇在其政權內身爲大將軍、大單于、萬年秦王的共同身份，爲了有效地實行「反符」軍事征戰，之後能夠建立起後秦的「最高指揮部」。那麼，這「統帥部」是比黃烈所說的「一個粗具規模的軍政統帥部」更加彌補缺陷而得以發展的統治機構。

〔註12〕黃烈：《古羌、西羌、東羌和後秦》，《中國古代民族史研究》，北京，人民出版社，1987年，第106頁。

〔註13〕《資治通鑒》卷105晉紀27孝武帝太元九年（384）條，第3327～3328頁，「於是天水尹緯、尹詳，南安龐演等，糾扇羌豪，帥其戶口歸萇者五萬餘家。」《晉書》卷116《姚萇載記》，第2965頁，「西州豪族尹詳、趙曜、王欽盧、牛雙、狄廣、張乾等率五萬餘家。」根據如上兩條記載，尹緯、尹詳等漢人豪強既是統領「戶口」，又是糾合其他羌族豪強後歸附姚萇的，且其數量已達到五萬餘家。

〔註14〕陳琳國：《十六國時期的「軍封」、營戶與依附關係》，《華僑大學學報》期刊，2008年第1期，第97頁。他則認爲，後秦營戶的出現有其特殊的歷史背景。姚襄繼承其父姚弋仲給他留下的「戶六萬」後，在中原之地輾轉。其部眾以戶計，軍營始終攜帶著家屬，一邊作戰，一邊種地。這可以說是姚氏最初的營戶。直到淝水之戰後，姚萇重組自己的軍隊，仍然沿襲原來的傳統。（揭上文，第96～97頁。）

〔註15〕筆者認爲，姚萇逃奔馬牧時，很可能仍作爲前秦龍驤將軍擁有一定數量的屬

直接管理或統治的。關於尹緯等西州豪族與五萬餘家間的關係如何我們卻不得而知，因為尚未有與此相關的歷史記載。據瞭解，當時前秦的統治力量已下降，胡人貴族趁機展開「反苻」軍事征戰，因此兩者間的關係很大可能不是根據官方屬性的，而是根據私人關係而建立的。從而，五萬餘家在西州豪族的庇護之下用彼此間私人的「紐帶」或「惠施」等方式來達成私屬關係，由此對於由他們來構成的大營人的統治應由西州豪族來實行。據史載表明，他們五萬餘家已確保「戶口」，並參與軍事和經濟活動的人，那麼他們進入大營之後，如何對他們進行編制，且在大營內部有怎樣的組織機構呢？目前未有相關記載能解答這方面的疑問。不過，我們無法想像在大營內部尚未有任何編制，或任何組織對五萬餘家進行統治，由此我們可推斷把他們分開為兵吏與家屬，給兵吏與家屬各承擔軍事征伐與對此的支持任務。這是因為我們通過在建初七年（392），姚萇所頒發的「兵吏從征伐，戶在大營者，世世復其家，無所豫」〔註16〕的詔書來初步瞭解到的。就是說，如此對於戶籍放在大營的家屬做出免稅、免役等優惠措施，從不同角度來看，這種史實在詔書頒佈之前，戶籍放在大營的家屬並未享有免稅、免役的優惠，且還承擔著為兵吏做出生產軍糧，或運送軍糧的任務。如果這種推測能夠站住腳，兵吏及其家屬的人數到底有多少呢？一家，即一戶按 4～5 人來計算的話，〔註17〕在大營內部有 20 至 25 萬人，其中 1.5 萬～2.5 萬是兵吏，剩下的 18.5 萬～22.5 萬卻是其家屬。〔註18〕

官和部眾。那麼其「軍政統帥部」的屬官或部民在很大程度上由其龍驤將軍府的屬官或部眾來填補。

〔註16〕《晉書》卷 116《姚萇載記》，第 2972 頁。

〔註17〕有學者就參考諸多資料後，得出了東漢、曹魏、西晉和前燕時的平均一戶人口。即，東漢永和五年（140）有 5.13 人；曹魏景元四年（263）有 6.68 人；西晉時有 6.57 人；前燕時有 4.06 人。（袁祖亮：《再論十六國北朝時期人口的有關問題——與王育民同志商榷》，《鄭州大學學報》期刊，1996 年第 3 期，第 59～60 頁，註 18、20、21。）參考以上的數字，算一算後秦初（案，前秦末）的平均一戶人口，至少比前燕時稍微多一些，因此推算一戶有 4～5 人。

〔註18〕迄今為止，尚未記載得以證實大營的兵吏及其家屬的規模，因此對於其規模我們只好參考與此相關的史實進行合理地推斷。在此，筆者將提出幾個事例：
（1）泰始元年（265），晉武帝司馬炎分封諸王時，「邑二萬戶為大國」，並設置上中下三軍和 5 千兵士。（《晉書》卷 14《地理志》上，第 414～415 頁。）
（2）後趙石虎準備征伐前燕，以及前燕慕容儁準備和東晉、前秦間的戰爭時，各自在丁男 3～5 人中徵調 2～3 人為兵。（《資治通鑑》卷 97 晉紀 19 成帝咸康八年（342）條，第 3052 頁。對此，胡三省做注釋曰：「東征，欲伐燕也。

其次，大營內部的組織結構又怎樣呢？對此，我們要注意如下的史書記載，是在建初三年（388），符登包圍進攻大營時的史實。當時符登率一萬多騎包圍駐紮於安定（案，地名）的大營，並進行「四面大哭」等心理戰。這時，因為聽見哀痛的哭聲，大營人軍心就開始動搖。於是，姚萇命「營中」（或稱「三軍」），用「哭」來應付它。結果符登沒有獲得任何戰果，只好撤退了。〔註19〕據上述可知，姚萇是為了應對符登的「大哭」，而給「營中」或「三軍」傳達命令的，但在此，我們對「營中」和「三軍」怎麼理解才好呢？「營中」和「三軍」是屬於同一組織，還是在「營中」有「三軍」呢？但無論怎樣理解都是在大營內部中發生組織結構的變化。不過，目前並未有與此相關的資料，所以我們不容易繼續推測下去。在這種情況下，我們有幸於找出一條很值得注意的史料：即直至建初八年（394）七月，姚興擊敗符登集團後，把大營戶分為四，就通過「四軍」來對他們進行統治。〔註20〕那麼，筆者大膽地主張，這「四軍」非常可能與剛提出的「三軍」有某種的聯繫。雖然有學者指這「四軍」為主管首都警備的四中郎將，〔註21〕但筆者不同意這種看法，「四軍」不是指特定的某個將軍職，而是像「三軍」，在大營內部所編制的組織機構，即四個□□軍。〔註22〕其實，有一些學者已提出過和筆者相似的看法。

三丁發二，五丁發三也。」《晉書》卷110《慕容儁載記》，第2840頁，「〔慕容儁〕率戶留一丁……乃改為三五占兵。」）（3）姚萇以5萬餘家設置大營，並率部眾到達北地時，羌胡10多萬戶歸附過來。之後，他率7萬兵攻擊符堅。（《晉書》卷114《符堅載記》下，第2922頁。）我們根據上述記載，可對大營的兵吏及其家屬的人數進行推測的話，在5萬餘家中丁男可能有4～5萬，此按照「三五發卒」或「三五占兵」，兵吏很可能達到2～3萬。另外，據（1）的事例，2萬戶有5千兵士，那麼5萬餘家的兵吏足夠達到1～1.5萬。後來大營人增加2倍，兵吏人數也相應的提高，那麼據（3）的事例，為了攻擊符堅而動員的「七萬」兵吏很可能包括征虜將軍姚緒的部眾，並把大營兵吏合在一起計算可達到其人數。因此，大營設置時，很大可能兵吏及其家屬人數分別有1.5～2.5萬以及18.5～22.5萬。

〔註19〕《晉書》卷115《符登載記》，第2950頁，「〔符〕登就食新平，留其大軍于胡空堡，率騎萬餘圍萇營，四面大哭，哀聲動人。萇惡之，及命三軍哭以應登，登乃引退。」《資治通鑑》卷107晉紀29孝武帝太元十三年（388）條，第3385～3386頁，「後秦主〔姚〕萇還安定，秦主〔符〕登就食新平，帥眾萬餘圍萇營，四面大哭，萇命營中哭以應之，登乃退。」

〔註20〕《晉書》卷117《姚興載記》上，第2976頁，「〔姚興〕分大營戶為四，置四軍以領之。」

〔註21〕關尾史郎：《「大營」小論——後秦政權の軍事力と徙民措置》，《中國古代の法と社會》，東京，汲古書院，1988年，第195頁。

〔註22〕筆者認為，「四軍」不是指特定的將軍職，而是指四個□□軍。這是因為大營

比如，張維訓在說明后秦雜戶的性質及其變化時，對姚泓時的「尙書姚白瓜徙四軍雜戶入長安」〔註23〕表示格外的重視。他認為，「四軍雜戶」是指姚興時把大營戶分爲「四軍」的那些人。換言之，姚興、姚泓父子的「四軍」從名稱看沒有兩樣，但安置在「四軍」的姚興時被稱營戶，姚泓時被稱雜戶，這就是彼此的不同之處。〔註24〕除他之外，高敏雖然沒有詳細地分析相關問題，但似乎有同樣的意思。他認爲，因在大營內兵戶的增加，只好把大營分爲四，並設置「四軍」而統領兵戶。〔註25〕那麼，我們認爲「三軍」可理解爲三個□□軍，並對安置在三個□□軍的大營戶進行有效編制。由此可知，即使目前沒有資料直接證明「四軍」爲大營內部的組織機構，但如上所述，姚興很可能利用在大營內部已存在的□□軍的組織結構，把大營戶分爲四個部分，並編制於□□軍而進行統治。如此看來，姚萇用「哭」來所對付的「三軍」並不是大營內部的所有□□軍，而是其中的一部分，所以三個□□軍是用「哭」來應對符登，而剩下的□□軍是防禦符登的襲擊的。如果這種推斷能夠成立的話，當時大營不僅擁有這種□□軍的組織結構，而且在其內部有比三個□□軍更多的□□軍的組織，從而姚萇是根據這種組織對敵對勢力進行軍事征戰的。

姚萇率大營到達北地時，散居於華陰、北地、新平、安定等地的羌胡十萬餘戶投降過來，〔註26〕從此大營的人數比從前擴大了兩倍以上。這時歸降的「羌胡十餘萬戶」都以「戶」的方式居住，因此我們認爲，他們應和從前的大營人一樣，一部分可成爲兵吏，而剩下的可轉成其家屬，各自分別承擔軍事征伐以及後勤工作。不過，這種基於「戶口」的大營人與敵對勢力間進行多次軍事征戰，由此兵吏和家屬各自的任務開始模糊起來。之所以出現這種現象，是因爲在將吏（案，或稱兵吏）人數日益減少以及歸附者或俘虜都沒有繼續增加的情況下，爲了解決這個問題，姚萇下書說道：將吏在征戰中

　　　　戶安置在四個□□軍後，由四個特定的將軍來對他們進行管理統領更爲合理。

〔註23〕《晉書》卷119《姚泓載記》，第3017頁。

〔註24〕張維訓：《略論雜戶的形成和演變》，《中國史研究》期刊，1983年第1期，第100頁。

〔註25〕高敏：《試論十六國時期的兵戶制及其特徵》，《魏晉南北朝兵制研究》，鄭州，大象出版社，1998年，第201頁。

〔註26〕《資治通鑒》卷105晉紀27孝武帝太元九年（384）條，第3329頁。我們根據「北地、新平、安定羌胡降者十餘萬戶」（《晉書》卷116《姚萇載記》，第2966頁）的記載可知，這時已歸附的人都以「戶口」的形式存在。

死亡，那可從其家屬中選擇合適人選通過軍事訓練以繼續補充兵源或承擔將吏的任務。〔註27〕在其詔書中，「各隨所親」很可能是指從事在軍糧的生產以及運輸方面的將吏的家屬。如果在家屬中選出新的將吏，並給他們賦予軍事征戰等任務，使之受到「賑給」和「長育」的優待的話，就是說和有學者的看法一樣，如果兵士戰死，大營應有對他們的後裔進行撫養的義務。如此，他對大營的作用和工作做了積極的評價，〔註28〕這不僅意味著兵吏和家屬間的任務開始模糊起來，而且內含著將吏的家屬就成爲供給新的將吏來源，這種情況應該引起我們的重視。

二、「大營」與「諸營」

後秦初，多次在史書上見到的「營」不同於爲「自固」而營建在關中之險要地的三千多所〔註29〕的「堡壁」〔註30〕，卻沒有固定的地點，因戰爭的需要而輾轉於某地區的軍事組織。〔註31〕在史書上，姚萇營或賊營〔註32〕、

〔註27〕《十六國春秋輯補》卷50《後秦錄》2，第384頁，「〔姚〕萇下書曰，……將吏亡滅者，各隨所親以立後，賑給長育之。」

〔註28〕高敏：《試論十六國時期的兵戶制及其特徵》，《魏晉南北朝兵制研究》，鄭州，大象出版社，1998年，第201頁。

〔註29〕《晉書》卷114《苻堅載記》下，第2926頁。

〔註30〕《晉書》卷115《苻登載記》，第2949頁，「〔徐嵩、胡空〕各聚眾五千，據險築堡以自固。」

〔註31〕筆者之所以有如此的想法，是因爲和如下註32的史書記載一樣，大營不同於建立在險要的堡壁，由於戰爭中所急需的飲水、軍糧的不足，就容易暴露出致命的弱點。前秦的徐成等人抓住大營飲水不足的弱點後，更加對它進行壓制，就斷絕通往大營的「運水之路」，甚至奪取從馮翊人游欽所送來的飲水和軍糧時，大營人更處於困境。由此，姚萇置危險於不顧，爲了確保飲水，遣其弟姚尹買「率勁卒二萬決堰」，但結果他戰敗而死，自身陷入更大的危機，於是大營人「危懼，人有渴死者」。這種事情顯示著「營」與其說長期駐紮於某個險要的地點，不如說臨時隨即因戰鬥的需要，而輾轉在任何特定地點。要不然，姚萇肯定提前充分確保急需的飲水、軍糧，至少未能加強對飲水的管理，不會造成大營人中出現「人有渴死者」的情況。不過，以後的戰事對姚萇有利地轉變，不需要隨時移動到別的地方，與此同時，長期駐紮於某個地點，有必要築城牆，於是從名稱上，發生「營」轉變「城」的過程。關於以「營」轉變爲「城」，我們可參考註50。另外，雖然如下的記載沒有直接和姚氏政權有關，但給我們提供瞭解「營」的性質一個參考價值：即在392年，後燕慕容垂決定對翟魏主翟釗進行親征。當時，他令諸將軍將駐紮於黎陽的軍營移動於離此地以西的西津。翟釗得知此消息後，率軍往西津去。這時，慕容垂「潛遣中壘將軍桂林王〔慕容〕鎮等自黎陽津夜濟，營于河南，比明

苻暉營〔註33〕、慕容沖營〔註34〕、彌姐婆觸營〔註35〕、苻登營〔註36〕、金槌營〔註37〕等「人名＋營」，或許大界營〔註38〕、楊渠川營〔註39〕等「地名＋營」的形式記載著，我們從中可以知道「營」的實際統領者，與其「營」所駐紮的地點，與此同時，大營、後秦營〔註40〕、行營〔註41〕、秦營〔註42〕等「營」正體現著軍營的性質及其特點。如此看來，當時「營」是較爲普遍存在的軍事組織，且擁有多數的營戶。〔註43〕在本節中，筆者將對大營及其在統屬下

而營成」。翟釗知道此事後急速返回，並開始攻擊慕容鎮營，但翟釗兵士因爲「往來疲暍」，不足征戰，後來遭受後燕的大大反擊，遭敗。(《資治通鑑》卷108晉紀30孝武帝太元十七年（392）條，第3405～3406頁。) 據上述，在很短的時間內把「營」建成，並具備戰鬥布置，如此使敵人感到「往來疲暍」，這能夠顯示出「營」原有的特點，即因戰爭的必要，而隨時迅速移動的特點。姚萇正利用這種「營」的特點，多次輾轉於嶺北之地。對此後將述及。

〔註32〕《晉書》卷114《苻堅載記》下，第2921～2922頁，「〔苻〕堅率步騎二萬討姚萇於北地，次於趙氏塢，使護軍楊璧游騎三千，斷其奔路，右軍徐成、左軍竇衝、鎮軍毛盛等屢戰敗之，仍斷其運水之路。馮翊游欽因淮南之敗，聚眾數千，保據頻陽，遣軍運水及粟，以餽姚萇，楊璧盡獲之。萇軍渴甚，遣其弟鎮北〔姚〕尹買率勁卒二萬決堰。竇衝率眾敗其軍於鸛雀渠，斬尹買及首級萬三千。萇眾危懼，人有渴死者。俄而降雨於萇營，營中水三尺，周營百步之外，寸餘而已，於是萇軍大振。堅方食，去案怒曰：『天其無心，何故降澤賊營！』……姚萇留其弟征虜〔姚〕緒守楊渠川大營，率眾七萬來攻堅。堅遣楊璧等擊之，爲萇所敗，獲楊璧、毛盛、徐成及前軍齊午等數十人，皆禮而遣之。」其史書記載正敘述姚萇自立後不久，和苻堅間的戰鬥經過。在此，「萇營」、「營」、「賊營」等的記載方式相互有所不同，但都指大營，即姚萇以君主的身份直接統領的軍營。

〔註33〕《晉書》卷114《苻堅載記》下，第2922頁。

〔註34〕《晉書》卷114《苻堅載記》下，第2927頁。

〔註35〕《晉書》卷115《苻登載記》，第2951頁。

〔註36〕《晉書》卷115《苻登載記》，第2953頁。

〔註37〕《晉書》卷116《姚萇載記》，第2971頁。

〔註38〕《晉書》卷115《苻登載記》，第2951頁。

〔註39〕《十六國疆域志》卷4《前秦疆域志》司隸校尉、北地郡條，第172頁。

〔註40〕《資治通鑑》卷105晉紀27孝武帝太元九年（384）條，第3330頁。這「後秦營」在不同史書中寫著「〔姚〕萇營」。(《晉書》卷114《苻堅載記》下，第2921頁。)

〔註41〕《資治通鑑》卷108晉紀30孝武帝太元十七年（392）條，第3404頁，「後秦主〔姚〕萇寢疾，命姚碩德鎮李潤，尹緯守長安，召太子興詣行營。〔胡注：萇時屯安定。〕」在此，「行營」是指大營。據瞭解，大營不停留於某地，而因戰爭的需要多次輾轉於多個地區，於是得到這種名稱。

〔註42〕《資治通鑑》卷108晉紀30孝武帝太元十七年（392）條，第3407頁。

〔註43〕唐長孺：《晉代北境各族「變亂」的性質及五胡政權在中國的統治》，《魏晉南

的諸營間的關係，與這種關係有何意味，還有對於有主張認爲諸營是指姚氏一族統領下的軍營〔註 44〕提出適當的疑問，並進行合理的反駁。首先，關於大營與諸營間的關係，且諸營的實際統領者及其組成人員，我們應注意如下的歷史記載：

史料 A

初，關西雄傑以苻氏既終，〔姚〕萇雄略命世，天下之事可一旦而定。萇既與苻登相持積年，數爲登所敗，遠近咸懷去就之計，唯征虜齊難、冠軍徐洛生、輔國劉郭單、冠威彌姐婆觸、龍驤趙惡地、鎮北梁國兒等守忠不貳，並留子弟守①營，供繼軍糧，身將精卒，隨萇征伐。時②諸營既多，故號萇軍爲③大營，④大營之號自此始也。〔註 45〕

根據上述記載，有學者提出了大營的成立時間及其過程，以及大營的結構與組成人員等的問題。他認爲，隨著姚萇宣佈自立，後秦就建立起來，〔註 46〕不過雖然已歸附的諸勢力（案，指「關西雄傑」）卻站不住腳跟，較爲流動，但這時的大營（388 年 7 月）需要由始終願意歸附於後秦的集團，以及以後秦的協助力量爲組成人員才能成立，其名稱在實際意義上才能出現。接著，

北朝史論叢》，北京，生活・讀書・新知三聯書店，1955 年，第 166 頁。他認爲，大營以外的諸營在後秦時既然很多，必然佔有大量的營戶。營戶的來源大概出於戰爭中的俘虜。除此之外，有學者則認爲，營戶制度既在後秦時，又在北魏初也存在。其來源來自於叛民。這從性質來看很可能和慕容燕的營戶非常相似。（辛聖坤：《雜戶身份的變遷及其性格》，《歷史學報》第 115 輯，1987 年，第 143 頁。）不過，如前所述，姚萇基於胡漢歸附民，而設置大營，並他們成爲大營人。由此，營戶似乎不完全都出於俘虜或叛民。

〔註 44〕關尾史郎：《「大營」小論——後秦政權の軍事力と徙民措置》，《中國古代の法と社會》，東京，汲古書院，1988 年，第 183～184 頁。他認爲，諸營之所以處於姚氏宗室指揮下的軍營，是因爲當時包括以長安爲中心的關中之地，都由姚氏宗室來掌握：比如，皇太子姚興和司隸校尉、征虜將軍姚緒駐紮在長安；姚碩德官爲都督隴右諸軍事、征西將軍、秦州刺史、領護東羌校尉鎮守於上邽。（案，389 年使姚碩德鎮守安定，使征南將軍姚靖鎮守陰密。）此外，即帝位的姚萇本人在從安定到天水一帶始終與苻登的前秦軍隊對峙。不過，如上的說明絕不是諸營由姚氏宗室來統領的理由。對此，筆者認爲，諸營不僅僅是由姚氏一族，而且是由胡、漢豪強等諸將軍來統領的軍營。

〔註 45〕《晉書》卷 116《姚萇載記》，第 2968 頁。

〔註 46〕筆者已述，姚萇宣佈自立不等於後秦的建國。姚萇設置大營的同時，圖謀自立，後來逐漸確保統治區域，並令人民在某個地區固定下來進行統治。那麼，這些努力應直接關係到後秦的建國及其發展的事情。

他認爲，（1）②諸營是指在姚氏宗室指揮下的軍營；（2）大營除了姚氏宗室外，還是由關西雄傑的異性將軍對後秦以人質送出去的「子弟」爲其部分成員而成立的；（3）這些「子弟」在大營內部擔任既生產軍糧，又運輸軍糧的任務；（4）異性將軍率自己的軍隊（案，指「精卒」）跟隨姚萇參與軍事征戰。〔註47〕筆者在此卻對於大營的結構及其組成人員表示質疑，在於不使「子弟」離去而留守的①營是否指大營。其史書記載爲「唯征虜齊難……等守忠不貳，並留子弟守①營，供繼軍糧，身將精卒，隨萇征伐，時②諸營既多」，而以此翻譯爲「只有征虜將軍齊難等人向姚萇忠心耿耿，〔註48〕使子弟留在自己的①營裏鎮守的同時，運輸軍糧給大營。且諸將軍主動率精卒跟隨姚萇參加軍事征戰。當時這種②諸營已多了」的話，①營與②諸營都屬於諸將軍所統領的軍營。在此，我們認爲，關於那個使「子弟」留守的①營是否指諸將軍的營，也許指姚萇的大營，史官卻看成諸將軍的營，於是以「使子弟留在自己的營裏鎮守」的意思，用「留」字來表達。但是如果它是指大營的話，

〔註47〕關尾史郎：《「大營」小論——後秦政權の軍事力と徙民措置》，《中國古代の法と社會》，東京，汲古書院，1988 年，第 183〜184 頁。

〔註48〕根據關尾史郎的分析，齊難等諸將軍爲了對姚萇無限忠誠，很可能以人質的意味，遣「子弟」到大營，令之防守此處。在史書上，我們能輕易找出中央集權體制或郡縣體制不完備的十六國時期，地方割據勢力向中央勢力派遣人質表示忠誠和服從的事例。這種事例的確對對方表示忠誠應有較大的效果，但除此之外，是否存在其他方法呢？例如，「子弟」不是人質，而被送到大營去防守的話，①營和②諸營都是由諸將軍統領的軍營了。由此，我們要注意一下如下的事例：（1）慕容鮮卑在遼西地區謀求勢力擴張時，對比自己強大的宇文部、段部用「卑辭」和「厚幣」來進行「奉事」。（《資治通鑒》卷 82 晉紀 4 武帝太康十年（289）條，第 2593〜2594 頁，「時鮮卑宇文氏、段氏方強，數侵掠庵，庵卑辭厚幣以事之。」）（2）前涼張駿向統一華北的後趙石勒遣使稱藩，並貢獻方物表示忠誠。（《晉書》卷 105《石勒載記》下，第 2745 頁，「涼州牧張駿大懼，遣使稱藩，貢方物于勒。」）另外，（3）西域及海東諸國向統一北方的苻堅遣使，並貢獻方物表示歸附服從。（《晉書》卷 113《苻堅載記》上，第 2904 頁，「鄯善王、車師前部王來朝，大宛獻汗血馬，肅愼貢楛矢，天竺獻火浣布，康居、於闐及海東諸國，凡六十有二王，皆遣使貢其方物。」）據上述可知，雖然不是人質，但通過遣使等的方式表示歸降之意的同時，貢獻方物更加強化他們的歸附之心。這種事例在史書上隨時找到。那麼，我們只限於齊難等諸將軍與姚萇間的關係，他們主動既供給軍糧給大營，又積極地參與征戰，就通過這種方式向姚萇表示「守忠不貳」。由此他們通過承認以姚萇爲中央勢力來獲得對軍營的統領權。因此，齊難等諸將軍不是以人質的意味，把「子弟」送給姚萇，甚至他們來防守的軍營不是大營，而是他們自己的軍營了。

應當以「遣子弟到大營去鎮守」的意思，用「遣」或「派」字來確認實際關係。與此同時，如果①營是指大營的話，供給軍糧以及率領「精卒」而參與軍事征戰應都發生在大營內部。那麼，對於「供繼軍糧」以及「身將精卒」的主體和客體都不很明確。這是因爲諸將軍主要在大營內部擔任以上任務的。由此，史書上的「時諸營既多」是根本不必要，而簡直是多餘，等於歪曲實際關係的字句。這種史實簡直是因以齊難等人看成大營內部的諸將軍而發生的問題，那麼相反把①營理解爲他們自己統領的軍營的話，前後關係就比較符合常理了。除此之外，符登所攻佔的「彌姐營」〔註49〕是指在史料 A 中，由冠威將軍彌姐婆觸來統領的軍營的話，且在新平所營建的「齊難城」就是齊難所統領的軍營長期駐紮於新平，而建造城牆，具有「城」的規模的話，〔註50〕轉變爲齊難城之前的「齊難營」以及「彌姐營」都是和大營單獨存在的軍營。據此，筆者卻認爲，齊難等諸將軍確實擁有他們自己統領的軍營，並和姚萇保持上命下服的關係，不應該屬於大營的將軍。當時齊難等諸

〔註49〕 《十六國春秋輯補》卷 40《前秦錄》10，第 318 頁，「〔太初四年（389）〕登進討彭池，不尅，攻彌姐營及繁川諸堡，皆尅之。」據瞭解，史料 A 的內容從時間的先後來看比《前秦錄》的稍微靠前，且從史書的先後事情來看，「彌姐營」無疑是由彌姐婆觸統領的軍營。彌姐婆觸對姚萇表示無比的忠誠，這等於符登要攻擊他的軍營，以圖謀衰弱姚萇的勢力。

〔註50〕 《十六國疆域志》卷 5《後秦疆域志》雍州、新平郡條，第 256 頁，「新平，有齊難城，太平寰宇記，齊難即姚興名將也，屯軍築壘，在今永壽縣西。」在上述記載中，值得我們去注意的是，「屯軍築壘」。這是因爲齊難就駐紮於新平，之後過了一定的時間，開始「築壘」，並完成「城」，以之命名爲「齊難城」。那麼，筆者如前所述，軍營是在「屯軍」的階段，因戰鬥的需要，就不駐紮於某個固定的地點，而是能輾轉的軍事組織，當然不需要「築壘」而「城」的。不過，駐紮的時間過長，與此同時，開始意識到需要防備從外部勢力的入侵，因此有必要築城牆。由此，轉變「齊難城」之前的其軍營應是「齊難營」。那麼，大營也是在安定長期駐紮下來，開始具備「城」的規模應有很自然的事情了。關於此問題，可參考註84。另外，眾所周知，姚萇之所以能夠建立起後秦，是因爲這應關係到姚弋仲和姚襄給他所打下的基礎。需要注意的是，町田隆吉卻對於後趙石虎時期，姚弋仲部眾在關東灄頭地區的居住形態表達了如此的看法：他對於在《水經注》與《資治通鑑》等史書中羌族居住於「壘」或「營」的史實表示重視後，認爲，當時姚氏集團的軍營很可能呈現出築土壘而包周圍的形狀，這是因爲戰鬥、防守的必要，才有的。（町田隆吉：《後秦政權の成立——羌族の國家形成（その一）》，《東京學芸大學附屬高校大泉校舍研究紀要》第 7 輯，1983 年，第 107 頁。）雖然姚弋仲和姚萇間有 40 多年的時間差距，但「營」轉變「壘」或「城」的過程是因受周圍環境的變化而隨時出現的。

將軍所統領的軍營的確較多，所以史官不僅用「時諸營既多」的字句來表達實際情況，而且為與諸營做區別，由姚萇統領的軍營就號稱大營。如此看來，留守在①營的以及供給軍糧的主體，與此同時，率領①營的精卒，而跟隨姚萇參加軍事征戰的主體，即各自「子弟」和諸將軍都很明確。這種看法得以成立，那麼①營與②諸營不是指大營，而是指諸將軍的軍營。另外，從「營」內部所擔任的任務來看，大營中的「家屬」與「兵吏」分別類似於「子弟」與「精卒」。這是因為「子弟」和「精卒」間有血緣關係，所以用「子弟」來記載著，那麼他們不僅要生產軍糧，而且要供給軍糧給大營，扮演著比在大營中的「家屬」更有積極的角色。據此，假如筆者的上述論述能夠成立的話，有學者的見解可做如下的修改：（1）②諸營除了由姚氏一族外，還有由齊難等異姓將軍所統領；（2）大營在和諸營的「子弟」間沒有任何歸屬關係，「子弟」就是各個諸營的核心成員；（3）「子弟」不僅要留守①營，而且要供給軍糧給大營；（4）諸將軍要率①營的「精卒」，而受姚萇的指揮，並參加與姚氏政權保持敵對關係的勢力集團的軍事征戰。這樣，在「親姚」、「反姚」中被迫選擇其中之一的齊難等人最終選擇了前者，並始終對姚萇無限忠誠，由此願意停留在姚氏政權之管轄的同時，可由「子弟」和「精卒」所構成的軍營，其統治權最終為姚萇所承認。諸將軍確保其在軍營的統治權後，有義務供給軍糧給大營，且跟隨姚萇率精卒參加軍事征戰。經上述如此確認了的話，諸營的實際統領者為諸將軍，諸營主要由精卒和子弟來構成。另外，關於姚氏一族所統領的軍營之事，我們應注意如下的史書記載：

史料 B

> 或謂〔姚〕碩德曰：「公威名素重，部曲最強，今易世之際，必為朝廷所疑，不如且奔秦州，觀望事勢。」〔註51〕

> 〔姚〕碩德將佐言於〔姚〕碩德曰：「公威名宿重，部曲最強，今喪代之際，朝廷必相猜忌，非永安之道也。宜奔秦州，觀望事勢。」〔註52〕

據瞭解，作為姚萇之弟，為了實現後秦的建國與發展，戰功顯赫的姚碩德在其侄子姚興即後秦皇帝位後，其角色卻轉換為舊勢力。當時他的「將佐」勸姚碩德說他聲威遠揚，實力雄厚，功高震主，恐被猜疑，難當重用，不如

〔註51〕《資治通鑑》卷 108 晉紀 30 孝武帝太元十八年（393）條，第 3411～3412 頁。
〔註52〕《晉書》卷 117《姚興載記》上，第 2975 頁。

率領「部曲」，返回原來起兵的秦州，觀望事勢後謀求自立。那麼，在這裏「將佐」和「部曲」對姚碩德而言意味著什麼呢？筆者認爲，將佐很可能成爲軍營內部的屬官，姚碩德卻通過他們來統領其部曲。尤其是在魏晉南北朝時，部曲和「部曲主」間不是有強制的隸屬關係，而是有因個人的紐帶而成立的私人隸屬關係，加上部曲與其說正規性的部隊，不如說重視私人關係而成立的武裝力量，〔註53〕那麼部曲應是受姚碩德的統領而參加軍事征伐的軍隊了。由此推想，姚碩德按照姚萇的命令，率領部曲參加軍事征伐的話，他們很類似於在史料 A 中，齊難等諸將軍在其軍營中的「精卒」。雖然在這裏並沒有「子弟」的記錄，但應有留守軍營，並供給軍糧給大營的人。姚碩德認爲新君主姚興具備智略和度量，不該嫉妒自己的勢力，甚至符登尙未滅亡之下，羌族姚氏內部爆發窩裏鬥的話，這等於把後秦的命運拱手給符登，使剛建國的後秦自取滅亡，所以他「吾死而已，終不若斯」，不可接受在秦州謀求自立的方案。之後，姚碩德去朝見姚興時表示忠心耿耿。由此，姚興用周到的禮節接待姚碩德後再送他回駐紮地。〔註54〕雖然我們對姚碩德返回後的事情不得而知，但和姚萇時期一樣，他的軍營及駐紮地的統治權可能繼續被姚興所承認。由此可知，姚氏一族的軍營在從結構及其作用來看似乎和異姓將軍的軍營沒有什麼兩樣。再次，關於大營和諸營的特點，我們應該注意如下的歷史記載：

史料 C

〔姚〕萇命其將〔姚〕當城於營處一柵孔中蒔樹一根，以旌戰功。歲餘，問之，〔姚當〕城曰：「營所至小，已廣之矣。」萇曰：「少來鬥戰無如此快，以千六百人破三萬眾，國之事業，由此克舉。小乃爲奇，大何足貴！」〔註55〕

〔姚〕萇命姚當成於所營之地，每柵孔中輒樹一木以旌戰功。歲餘，問之，〔姚〕當成曰：「營地太小，已廣之矣。」萇曰：「吾自結髮以來，與人戰，未嘗如此之快，以千餘兵破三萬之眾，營地惟小爲奇，豈以大爲貴哉！」〔註56〕

〔註53〕辛聖坤：《魏晉南北朝時期對部曲的再考察》，《東洋史學研究》第 40 輯，1992年，第 17～34 頁。
〔註54〕《晉書》卷 117《姚興載記》上，第 2975 頁。
〔註55〕《晉書》卷 116《姚萇載記》，第 2970 頁。
〔註56〕《資治通鑒》卷 107 晉紀 29 孝武帝太元十五年（390）條，第 3396 頁。

如上記載是指即秦帝位的姚萇過了五年的建初五年（390）四月打敗魏揭飛、雷惡地等敵對勢力後，和姚當城間交談的內容。雖然有學者認爲在史書上的「營處」、「營地」、「營所」都指大營，〔註57〕但筆者不同意這種看法，「營處」應是姚當城向來「所營之地」的軍營。就是說，姚萇就從前對駐紮於杏城〔註58〕的安北將軍姚當城作吩咐的事情要確認，兩人間有了如上的交談，與此同時，在魏揭飛被滅亡的一個月前，他在安定涇陽縣的隴東解救了天水太守張業生。〔註59〕如果「營處」是指大營的話，姚當城應在安定和姚萇一同駐紮，或者姚萇應駐紮在杏城。另外，根據放在本章節之尾的弘始二年後秦疆域圖，安定離杏城有較大的距離，由此，「營處」應是指姚當城所統領的軍營。除此之外，我們通過史料 C，可瞭解如下事實：（1）姚萇和姚當城間存在著上命下服的關係，且在通過這種關係對敵對勢力進行軍事征伐，因而，姚萇令姚當城在「營處」之柵孔中植樹，以此紀念戰功；（2）姚萇之所以能說出「國之事業，由此克舉」，是因爲直接表達這用 1600 人打敗「三萬之眾」之事，但從本質上看，應該體現軍營應有的特點，就是說這關係到按照迅速移動襲擊敵人的戰術，動員小規模而少數人員逐漸贏得勝利，最終完成國家的大業。由此，姚萇能說出軍營應「小乃爲奇，大何足貴！」的心裏話。這應該表達這種策略的重要性以及發揮軍營原來的特點，最終完成「國之事業」。另外，有學者認爲，當時大營在其規模上擁有 1600 人左右的兵士，〔註60〕但筆者卻不太贊成這種看法。這個數字是指姚萇爲了和魏揭飛征戰而選拔的「精兵」〔註61〕，和大營的兵力規模並沒有任何關係。筆者已在前面推測大營成立期間其兵力規模很可能達到 1.5 萬至 2.5 萬之間。如此，大營的兵力規模有 1600 人左右，這應是低估了大營整個規模及其作用。據瞭解，其

〔註57〕關尾史郎：《「大營」小論——後秦政權の軍事力と徙民措置》，《中國古代の法と社會》，東京，汲古書院，1988 年，第 185 頁。

〔註58〕有學者認爲，杏城位置在嶺北的東西、南北兩大交通要道交口附近。（廖幼華：《前後秦時期關中爭霸戰中的杏城——歷史地理角度的觀察》，《華岡文科學報》第 23 期，1999 年，第 145 頁。）

〔註59〕《資治通鑑》卷 107 晉紀 29 孝武帝太元十五年（390）條，第 3395 頁，「三月……秦主〔符〕登攻後秦天水太守張業生于隴東，〔姚〕萇救之，登引去。」關於隴東的地理位置，胡三省做注釋曰：「隴東，安定涇陽縣之地。」

〔註60〕關尾史郎：《「大營」小論——後秦政權の軍事力と徙民措置》，《中國古代の法と社會》，東京，汲古書院，1988 年，第 185 頁。

〔註61〕《資治通鑑》卷 107 晉紀 29 孝武帝太元十五年（390）條，第 3395 頁，「〔姚萇〕乃潛引精兵一千六百赴之。」

實受姚萇指揮的中軍將軍姚崇為符登打敗後，二萬五千人被俘斬，這種史實確實不容易使我們接受上述的見解。〔註62〕

第二節　後秦的建國及其發展

我們在前一節已敘述大營的設置及其基本編制，且與諸營間的關係，這都是為了後秦的建國而準備的。那麼，在本一節將述及大營為了擴張勢力，在駐紮地周圍所採取的軍事征伐及其結果，與此同時，諸多政治措施如何計劃，而實行下去的呢？這些問題的追問與後秦的發展過程息息相關。據瞭解，姚萇在嶺北之地統領大營人，並確保其臨時根據地安定，接著在那裏秣馬厲兵、休養士卒，收集軍糧的同時，在詳細分析關隴之地的事態變化後，才與敵對勢力進行軍事征戰。〔註63〕

一、「以安定為根本」與「大營」

據有學者的分析，羌族姚氏曾在姚襄時進據杏城，展開拓地嶺北的工作。不過，其勢力尚未穩固，遭受前秦符氏的攻擊，一戰而敗，姚氏嶺北割據勢力僅曇花一現，旋即消失。後來據嶺北進而稱雄關中的構想，直到姚萇時，才在其他條件配合下得以完成。〔註64〕那麼，我們先有必要瞭解姚萇為何以嶺北之地作為他勢力發展的根本。姚萇設置大營後不久和群僚商議「進趨之計」。對此，史書上有如下的記載：

〔姚〕萇聞慕容沖攻長安，議進趨之計，羣下咸曰：「宜先據咸陽以制天下。」萇曰：「燕因懷舊之士而起兵，若功成事捷，咸有東歸之

〔註62〕關於關尾史郎所提出的大營軍隊規模，如下的幾個史實是值得我們去注意的：比如，（1）姚萇在與前秦新平太守苟輔間的戰鬥中有2萬多的戰死者。（《資治通鑒》卷105晉紀27孝武帝太元九年（384）條，第3337頁。）（2）符纂為慕容永所敗後，逃亡於符丕時，跟著他的有3千多人。（《晉書》卷115《符登載記》，第2947頁。）（3）中軍將軍姚崇為符登所敗於大界時，被俘斬的有2萬5千多人。（《晉書》卷115《符登載記》，第2951頁。）據上述記載，即使我們不考慮符纂只率敗戰兵而逃亡的3千多人，但不知如何去說明有2萬多人戰死以及姚崇打敗後已俘斬的2萬5千人的事情呢？因此，筆者認為，關尾史郎所提出的大營只擁有不過1600名的兵士，這種推斷是不容易接受的。

〔註63〕《十六國春秋輯補》卷50《後秦錄》2，第380頁，「厲兵積粟，以觀時變。」

〔註64〕廖幼華：《前後秦時期關中爭霸戰中的杏城——歷史地理角度的觀察》，《華岡文科學報》第23期，1999年，第144頁。

思，安能久固秦川！吾欲移兵嶺北，廣收資實，須秦弊燕迴，然後
垂拱取之。兵不血刃，坐定天下，此卞莊得二之義也。」〔註65〕

後秦王〔姚〕萇聞慕容沖攻長安，會羣僚議進止，皆曰：「大王宜先
取長安，建立根本，然後經營四方。」萇曰：「不然。燕人因其眾有
思歸之心以起兵，若得其志，必不久留關中，吾當移屯嶺北，廣收
資實，以待秦亡燕去，然後拱手取之耳。」〔註66〕

　　筆者認為，如上的記載可分幾個方面進行分析：（1）不管在關中之地有
幾個勢力集團間展開混戰，但姚萇的群僚為了一統天下還是有必要「以長安
（或稱咸陽）為根本」；（2）就當時的局勢而言，姚萇正確分析了慕容氏「反
苻」起兵的原因與他們以後的趨向，並推測前秦苻氏不久要衰亡；（3）最值
得注意的是，姚萇不需要直接參與苻氏和慕容氏間的軍事混戰，不如暫時放
棄長安，移動到嶺北之地，從中獲取人員、物質上的支持，之後等待「秦弊
燕迴」或「秦亡燕去」以得漁翁之利，以實現「坐定天下」。換言之，姚萇
明言要「廣收資實」於嶺北，居於此地區的雜胡，雖非羌族，但也與苻氏族
群不同，可趁苻氏大敗於淝水的機會，加以引誘招徠，也可避免捲入鮮卑與
氐族正在進行的長安爭奪戰。事後證明姚萇此舉頗有遠見，在苻氏敗亡，慕
容鮮卑東歸，長安權力中空後，他在嶺北的羽翼已豐，順利進入長安稱帝。
〔註67〕在這裏，姚萇要「移兵」，而駐紮的嶺北之地是指較為廣闊、彈性的
空間，因此使我們想起大營要獲取「資實」不固定停留於某地，而輾轉各地
的情況。〔註68〕這個具有如此意味的嶺北之地具體是指哪個區域呢？胡三
省做注釋曰：「嶺北，謂九嵕之北，凡新平、北地、安定之地，皆是也。」
〔註69〕馬長壽繼承胡三省的見解，更具體的指定為今陝西省禮泉縣以北地

〔註65〕　《晉書》卷 116《姚萇載記》，第 2966 頁。
〔註66〕　《資治通鑑》卷 105 晉紀 27 孝武帝太元九年（384）條，第 3336～3337 頁。
〔註67〕　廖幼華：《前後秦時期關中爭霸戰中的杏城——歷史地理角度的觀察》，《華岡
　　　　　文科學報》第 23 期，1999 年，第 145 頁。
〔註68〕　姚萇即使因有轉移戰而設置大營，但每次率數萬將吏及其家屬參與征戰，所帶
　　　　　來的危險無疑是極大的。與此同時，在打仗時所急需的飲水和軍糧未能及時供
　　　　　給的話，應面臨著多個預想不到的事情。據表五的序號 1，特別是姚萇在由於
　　　　　飲水的不足，而遭受苻堅的攻擊時，1 萬 3 千人被殺，這正說明其問題的嚴重
　　　　　性。由此，姚萇有必要儘快找出安置家屬，並指揮其軍事行動的勢力根據地。
　　　　　在此，我們可看到安定在其戰略意義上的重要性。據史書記載可知，姚萇每次
　　　　　完成軍事任務後，便歸還於安定，這很可能給將吏提供休整與就食等問題。
〔註69〕　《資治通鑑》卷 105 晉紀 27 孝武帝太元九年（384）條，第 3336 頁。

區。〔註70〕自從西周以來，一直到唐朝定都於關中（案，指長安）的王朝以陝北之地作爲屏障，不僅抵擋北方胡人的入侵，而且能確保根據地的安全。〔註71〕那麼夾在陝北和關中之間，即位於關中平原最北段鋪蓋在其從東向西的嶺北之地就是最具備如上功能的地區空間了。與此同時，從地理戰略意義上看，嶺北高於關中，從高處往下看，主動去應變關中的事態變化。那麼，我們在此可發現，姚萇根據周圍形勢的發展就要充分利用嶺北的地理優勢。如果在關中或陝北之地出現從政治、軍事上較爲強大的勢力集團的話，也會受到此集團的直接的影響，但在後秦初關中出現苻氏和慕容氏間的混戰，而陝北卻沒有任何強大勢力的胡人軍事集團。這種周圍環境確實對姚萇來說十分有利了。

姚萇移兵於嶺北，獲取此地的人員、物質上的資源，如此，胡三省做注釋曰：「姚萇之興也，以安定爲根本，後得關中，以安定爲重鎮。」〔註72〕那麼，在姚萇的眼裏，安定莫過於嶺北的中心之地，在推行「進趨之計」後，是鞏固政權、發展生產的理想之地了。據瞭解，從長安距離有 400 餘里的安定〔註73〕後來按時間的先後成爲雍州治所、安定軍鎮、安定郡所以及安定護軍的鎮守。〔註74〕在白雀二年（385）五月，前秦苻珍被俘於安定後，「嶺北諸城悉降」於姚萇。〔註75〕從此以後，安定始終作爲大營的駐紮地，不僅指

〔註70〕 馬長壽：《碑銘中所見前秦至隋初的關中部落》，北京，中華書局，1985 年，第 14 頁。不同於胡三省和馬長壽的見解，有學者提出，嶺北之地爲今甘肅省馬嶺以北之地。（侯甬堅：《十六國北朝「嶺北」地名溯源》，《中國歷史地理論叢》期刊，2001 年第 1 期，第 124 頁。）此外，還有學者認爲，後秦時的嶺北非僅限於九峻山以北，而是泛指關中北緣山系（案，今當地人亦稱「北山」）以北甚至以西廣大的範圍。換言之，此地應該大致是指關中以北、河東以西的廣大區域，其南界止於關中北山，東界止於黃河。（吳宏岐：《後秦「嶺北」考》，《中國歷史地理論叢》期刊，1995 年第 2 期，第 185 頁。）不過，筆者卻根據和後秦初的嶺北相關的記載以及《弘始二年後秦疆域圖》，當時（後秦初）的嶺北應與胡三省和馬長壽的見解一樣，是指包括九峻山以北的安定、新平、北地，而從東向西橫行於關中平原最北段的區域。就是說，大致與從今甘肅省東部至陝西省中部連接在一起的黃土高原之地。

〔註71〕 呂卓民：《陝北地區城鎮歷史發展研究》，《中國歷史地理論叢》期刊，1996 年第 2 期，第 169～170 頁。

〔註72〕 《資治通鑒》卷 117 晉紀 39 安帝義熙十二年（416）條，第 3692 頁。

〔註73〕 《十六國疆域志》卷 5《後秦疆域志》雍州條，第 253 頁。

〔註74〕 李椿浩：《試論羌族後秦之安定地區的地位及其變遷》，《中國歷史地理論叢》期刊，2003 年第 3 期，第 14～17 頁。

〔註75〕 《資治通鑒》卷 106 晉紀 28 孝武帝太元十年（385）條，第 3339 頁。

揮大多軍事征戰，而且有計劃有組織地實施相關政治措施，以成為後秦的重鎮。〔註76〕

那麼，首先我們一起瞭解姚萇在安定所推行的多項政治措施：第一、在建初元年（386），姚萇要「修德政，布惠化，省非急之費，以救時弊，閭閻之士，有毫介之善者，皆顯異之」〔註77〕；第二、在建初四年（389），姚萇設置安定鎮，任命姚碩德為鎮將〔註78〕；第三、建初六年（391），擊敗苻登於安定城以東後，姚萇就舉行「酒高會」，以安慰眾多大將〔註79〕；第四、建初七年（392），姚萇使姚碩德鎮守李潤的同時，令尹緯鎮守長安，並招回太子姚興於行營。除此之外，姚萇是在生前共五次頒佈詔令，但其中所能確認的四次都在安定頒發的。其內容如下：

(1)〔建初三年（388）〕，時天大雪，〔姚〕萇下書深自責罰，散後宮文綺珍寶，以供戎事，身食一味，妻不重綵。將帥死王事者，加秩二等，士卒戰沒，皆有褒贈。〔註80〕

(2)〔建初七年（392）〕，〔姚〕萇下書令留臺諸鎮，各置學官，勿有所廢，考試優劣，隨才擢敘。〔註81〕

(3)〔建初七年（392）〕，〔姚〕萇下書兵吏從征伐戶在大營者，世世復其家，無所豫。〔註82〕

〔註76〕李椿浩：《試論羌族後秦之安定地區的地位及其變遷》，《中國歷史地理論叢》期刊，2003 年第 3 期，第 13～14 頁。

〔註77〕《十六國春秋輯補》卷 50《後秦錄》2，第 382 頁。

〔註78〕《十六國春秋輯補》卷 50《後秦錄》2，第 383 頁，「〔姚〕萇以安定地狹，且逼苻登，使姚碩德鎮安定。」筆者在以前的研究中提出，安定鎮所轄的面積較小，相當於縣，但據其鎮將所兼的將軍職相當於州牧所兼的將軍職，因此，安定鎮似乎不是以郡縣的獨立的合軍事、行政於一體的統治機構，即由中央直接管轄的統治機構。（李椿浩：《試論羌族後秦之安定地區的地位及其變遷》，《中國歷史地理論叢》期刊，2003 年第 3 期，第 18 頁。）

〔註79〕《資治通鑑》卷 107 晉紀 29 孝武帝太元十六年（391）條，第 3403 頁，「〔姚〕萇敗〔苻〕登於安定城東，登退據路承堡。萇置酒高會，諸將皆曰：『若值魏武王，不令此賊至今，陛下將牢太過耳。』萇笑曰：『吾不如亡兄有四，身長八尺五寸，臂垂過膝，人望而畏之，一也；將十萬之眾，與天下爭衡，望麾而進，前無橫陳，二也；溫古知今，講論道藝，收羅英雋，三也；董帥大眾，上下咸悅，人盡死力，四也。所以得建立功業，驅策羣賢者，正望算略中有片長耳。』羣臣咸稱萬歲。」

〔註80〕《十六國春秋輯補》卷 50《後秦錄》2，第 382 頁。

〔註81〕《十六國春秋輯補》卷 50《後秦錄》2，第 385 頁。

〔註82〕《十六國春秋輯補》卷 50《後秦錄》2，第 385 頁。

(4)〔建初八年（393）〕，〔姚〕萇下書除妖謗之言，及姦穢有相勑舉者，皆以其罪罪之。〔註83〕

通過如上的政治措施與多次頒佈詔書，我們可知道安定在姚萇在位時已代替長安作為政治中心而扮演著重要的角色。〔註84〕與此同時，這種事實除了如前所述的政治措施外，還通過從姚萇死後姚興並沒有立刻即位稱帝，而是等待打敗符登，料理完姚萇的後事登基稱帝才回到安定。〔註85〕這些事實都充分反映安定的政治中心角色。在皇初元年（394）七月，姚興從安定出兵到達隴東涇陽，之後在平涼馬毛山之下和符登決一死戰，獲得徹底地勝利。〔註86〕據瞭解，姚萇是為了順利進行和敵對勢力間的軍事征戰，才充分地利用嶺北之地即安定的戰略重要性，不難看出符登敗滅後，這種事實會發生相應的變化。即便如此，安定直到後秦末仍然是西北地區最重要的軍事重鎮。這應從遭遇赫連勃勃的入侵時，尚書左僕射梁喜向姚泓的進言中看到的。即他說道：「……勃勃終不能棄安定遠寇京畿。若無安定，虜馬必及於郿、雍。」〔註87〕姚萇為了和在敵對勢力中最具有代表性的符登間有效地準備和進行軍事征戰，並多次重視嶺北之地（案，亦稱安定）。上述我們主要從政治措施等一面來分析的話，關於軍事征戰的內容應在下一節進行分析了。

二、軍事征戰及其影響

姚萇能否和敵對勢力間的軍事征戰中獲勝，可直接關係到後秦的命運，

〔註83〕《十六國春秋輯補》卷50《後秦錄》2，第386頁。

〔註84〕據瞭解，從前符登為了襲擊駐紮於安定的姚萇，就出兵到達離「城」有90多里的地方。(《資治通鑒》卷108晉紀30孝武帝太元十七年（392）條，第3407頁，「〔符登〕進逼安定，去城九十餘里。」) 在史書中的「城」是指姚萇為了實現「以安定為根本」的策略，使大營駐紮下來，而作為軍事要地的安定城。其實，「安定城」一詞也存在於史書的記載中。(《資治通鑒》卷107晉紀29孝武帝太元十六年（391）條，第3403頁。) 後秦初，安定已成為姚萇所進行的所有軍事征戰的本部，比長安受重視，是個戰略要地。關於更具體的內容，請參考李椿浩：《試論羌族後秦之安定地區的地位及其變遷》，《中國歷史地理論叢》期刊，2003年第3期，第12～18頁。

〔註85〕《資治通鑒》卷108晉紀30孝武帝太元十九年（394）條，第3414頁，「後秦太子興始發喪，即皇帝位于槐里，大赦，改元皇初，遂如安定。諡後秦主萇曰武昭皇帝，廟號太祖。」

〔註86〕《十六國疆域志》卷5《後秦疆域志》雍州、平涼郡條，第256頁。

〔註87〕《晉書》卷119《姚泓載記》，第3011頁。據梁喜的進言可知，安定作為後秦之重鎮，一直到後期在西北之地的軍事戰略方面受到重要性。

那麼我們將在本節對此進行專門探討，以找出其中的影響。首先，在大營存在時期內按時間順序整理出相關的軍事征戰其如下：

表五　大營時期（384年4月至394年7月）後秦的軍事征戰一覽表

序號	年月	戰爭形式	參戰人物	交戰對象	戰地	交戰內容及其結果	備註
1	384.6	應戰	姚萇、姚尹買	苻堅、楊璧、徐成、毛盛、竇衝	北地（案，指趙氏塢）、鸛雀渠	姚萇敗北後，姚尹買及一萬三千人戰死。但後來，他調整軍事布置後，就擊敗楊璧等人，並活捉包括他，還有徐成、毛盛等前秦將吏數十人，但不久都放回去了。	
2	384	應戰	姚萇	宋方	貳縣	前秦寧朔將軍宋方率三千騎從雲中前往長安，但為姚萇敗於貳縣。於是，司馬田晃率剩下的部眾歸降於姚萇。	
3	384.10～385.4	挑戰	姚萇	苟輔	新平	起初姚萇敗北後，戰死者以達二萬多人。不過，後來他再次進攻新平，不僅攻破此地，而且屠殺包括新平太守苟輔在內的五千餘人。	
4	385.1	挑戰	姚萇	苻珍	安定	苻珍打敗後，「嶺北諸城悉降之。」	攻佔安定
5	385.10	應戰	姚萇	高蓋	新平以南	慕容沖令車騎大將軍高蓋率五萬多人去征伐姚萇，但反而打敗於新平以南。	
6	386.4	挑戰	姚萇	王騾、郝奴、郝多	長安	姚萇征伐居於馬嵬的王騾，之後不僅活捉盧水胡郝多，而且得到郝奴的歸降。於是姚萇攻佔了長安。	攻佔長安
7	386.7	不明	姚萇、姚方成	金熙、沒弈干	孫丘谷	由於姚方成為前秦平涼太守金熙、安定都尉沒弈干所敗，姚萇任命姚緒為司隸校尉，以鎮守長安後，親率兵士到達安定打敗金熙。	
8	386.8～9	挑戰	姚萇、姚碩德	王統	秦州	天水屠各、略陽羌胡二萬多戶以及前秦略陽太守王皮、秦州刺史王統等人投降於姚萇。姚萇任命姚碩德為使持節、都督隴右諸軍事、征西將軍、秦州刺史、領護羌校尉，鎮守於上邽。	地方官吏的任命

9	386.10	應戰	姚萇、姚碩德	苻登	秦州（案，指胡奴阜）	姚萇等人敗北，二萬多人戰死。姚萇受重傷後，大營暫時由姚碩德來統領。	
10	387.4	應戰	姚碩德	楊定、苻纂	涇陽	因爲姚碩德敗北，姚萇從陰密出兵去救援。	
11	387	應戰	姚元平、張略	竇衝	汧、雍	鎮守汧、雍的姚元平、張略等人遭遇竇衝的攻擊後戰死。後來，姚萇在汧以東打敗竇衝。	
12	387.7	挑戰	姚萇	彭沛穀	彭沛穀堡	盧水胡彭沛穀敗北後逃跑於杏城，而姚萇再返回到陰密。	
13	387.9	應戰	姚萇	苻師奴	泥源（或稱渥源）	前秦馮翊太守蘭犢（或稱蘭犢）與苻師奴間有嚴重的矛盾，便求援於姚萇。姚萇打敗苻師奴後，以掠奪其部眾。另外，屠各董成等人卻歸降於姚萇。	
14	387.10〜12	挑戰	姚萇	蘭犢		姚萇活捉蘭犢後，便掠奪其所有士馬。後來他就返回杏城。	
15	387.12	挑戰	姚方成	徐嵩	徐嵩壘	姚方成攻佔徐嵩壘後，活捉前秦雍州刺史徐嵩，並將其殺死。	
16	388.2〜7	對峙	姚萇	苻登	武都、朝那、安定	姚萇和苻登多次苦戰，而仍勝負難分。關西豪強只持觀望態度，一部分脫離姚萇的勢力圈開始投靠於苻登。	
17	389.5	挑戰	姚萇、姚崇	苻登	安丘	姚崇爲苻登所敗。	
18	389.7	應戰	吳忠、唐匡	苻登	平涼	吳忠等人敗北，以失去平涼。	
19	389.8	挑戰	姚崇、姚萇	苻登	大界	姚萇攻佔大界後，不僅殺害前秦毛后、南安王苻弁、北海王苻尚等人，而且掠奪前秦將軍數十人與五萬餘口後，凱旋而歸。之後，姚萇開始鎮守胡空堡。另外，姚萇令姚碩德、姚靖各自鎮守安定、陰密。	給苻登以殲滅性的打擊
20	389	挑戰	王破虜	楊定	清水的格奴坡	姚萇令王破虜攻略秦州之地，但爲楊定所敗。	

21	389.9	應戰	姚常、邢奴、姚詳	楊定	隴城、冀城、略陽	楊定攻佔隴城、冀城等地，既殺死姚常，又活捉邢奴。於是姚詳放棄略陽後，逃奔於陰密。	
22	390.3	挑戰	姚萇	齊益男	新羅堡	姚萇攻佔新羅堡，前秦扶風太守齊益男出逃。	
23	390.3	應戰	姚萇、張業生	苻登	隴東（指安定涇陽）	苻登進攻張業生時，姚萇出兵救援。苻登放棄進攻，以撤退。	
24	390.4	應戰	姚當成、姚漢得等人	魏揭飛、雷惡地	杏城、李潤	姚萇等人殺死魏揭飛及其將士萬餘人。雷惡地再次表示投靠於姚萇。	苻登更加孤立無援
25	391.3	應戰	金榮、韋范	苻登	范氏堡、段氏堡	苻登攻佔段氏堡後，駐紮於曲牢。	
26	391.4	應戰	姚萇、吳忠	苻登、苟曜	馬頭原	起初姚萇敗北於馬頭原時失去其將軍吳忠，但後來重新和苻登打仗後，獲勝。苻登只好駐紮於郿。	
27	391.12	應戰	姚萇	苻登	安定	苻登敗北後，駐紮於路承堡。	
28	392.7～8	應戰	姚萇、姚崇、姚熙隆	苻登	安定	苻登敗北後，退回於雍。姚萇返回於安定。	
29	393.7	應戰	竇衝、姚興	苻登	野人堡、胡空堡	竇衝求助於姚萇。姚萇令太子姚興進攻胡空堡，以分散苻登的攻擊，而救援竇衝。苻登放棄對竇衝的包圍。姚萇襲擊平涼後獲勝。	
30	394.4	應戰	姚詳、尹緯、狄伯支	苻登	馬嵬堡、廢橋	苻登敗北，逃奔於雍。前秦太子苻崇、安成王苻廣等人得知苻登戰敗的消息後，就一同逃跑了。	苻登徹底敗北
31	394.7	挑戰	姚興	苻登	涇陽	苻登被殺。姚興分散其部眾後，使之從事農業生產。	

說明一：上表據《晉書》、《魏書》、《資治通鑑》、《十六國春秋輯補》而成。

說明二：年月中，尤其月份據《資治通鑑》而成。

　　據上表，後秦在與敵對勢力間的軍事征戰中挑戰和應戰各有 12 次和 17 次，且對峙和不明都 1 次。應戰比挑戰較多，對其理由胡三省做注釋曰：「〔苻登〕重戰輕防（案，苻登的挑戰反而是個姚萇的應戰），此苻登所以敗也。」

〔註88〕另外，在上表中，姚萇是和序號 1 至 5 一樣，作為大將軍、大單于、萬年秦王而參戰；和序號 6 至 29 一樣，以帝王的身份參戰；而剩下的序號 30、31 是太子姚興暫時避開即帝位的念頭，自稱大將軍後〔註89〕展開征戰的。據瞭解，後秦是在幾次軍事征戰中獲得在王朝發展中的轉機。比如：（1）據序號 4 的內容，姚萇攻佔安定後，才能確保輾轉於嶺北之地的根據地；（2）據序號 6 的內容，姚萇攻佔長安後立刻以之為都城，即秦帝位，如此後秦正式建國；（3）據序號 8 的內容，姚萇攻佔秦州重鎮上邽後，正式任命姚碩德為地方官，即秦州刺史。這表現出姚萇對統治地方能力的自信；（4）據序號 19 的內容，姚萇攻佔符登的根據地大界後，捕獲了數萬部眾。之後他在長安設立姚氏社稷，使其統治理念更加明朗化；（5）據序號 24 的內容，姚萇擊敗一個作為符登集團成員的魏揭飛和雷惡地後，不僅更好地掌握嶺北之地，而且更加孤立符登；（6）據序號 30、31 的內容，姚萇死後，姚興才能開始統領大營。姚興在和符登間的決戰中徹底獲勝後，不僅殺死了他，而且分散其部眾後，使之從事農業生產。那麼，上表中已詳細地整理，大營存在時後秦的軍事征戰中包含著什麼意味呢？在這裏，值得注意的是，姚萇、姚興都本人親自率大營的兵吏參戰，且其軍事征戰全部發生在嶺北之地。那麼，我們有必要對這些問題進行更詳細的分析了。

首先，眾所周知，在魏晉南北朝時期開國君主為了創建王朝而親自參與軍事征戰是確鑿無疑的。尤其是，君主本人設置自己的軍營，而後統領它參加或大或小的軍事戰爭，由此建立起王朝並打下其發展基礎的只有姚萇一人。〔註90〕直到死亡前，姚萇對起兵「反符」尚未找到合適的出師之名，且禪代被符堅拒絕後，〔註91〕始終無法從弒殺他的心理陰影中脫離出來。然

〔註88〕《資治通鑑》卷 107 晉紀 29 孝武帝太元十四年（389）條，第 3389 頁。

〔註89〕《晉書》卷 116《姚萇載記》，第 2975 頁，「〔姚〕興自稱大將軍，以尹緯為長史，狄伯支為司馬，率眾伐符登。」

〔註90〕其實，我們在史書中可找到大營是由以君主的身份來統領的事例。不過，除了為安置流民，而設置的李特的大營（《晉書》卷 120《李特載記》，第 3025 頁，「……〔李〕特乃結大營於綿竹，以處流人」）之外，慕容寶從前已為北魏所敗後，重新準備軍事征伐，而在這種情況下出現了慕容寶的軍營（指大營）以及慕容農營、慕輿騰營等。（參考《資治通鑑》卷 110 晉紀 32 安帝隆安二年（398）條，第 3464 頁。）由此看來，雖然李特、慕容寶都設置過大營，但這完全不同於姚萇為了後秦的建國及其發展而設置大營的情況。

〔註91〕《太平御覽》卷 123 偏霸部 7，引崔鴻《十六國春秋·後秦錄》，第 594 頁，「司隸崔翼、尚書趙遷等數百人來奔。〔姚〕萇聞符堅在五將山，遣驍騎吳忠率騎

而，對他來說基於軍事力量擴張勢力比任何名分或名利更為重要，特別是以符登為首的敵對勢力直接威脅著後秦的命運，使其更加注重軍事力量的準備了。〔註92〕據瞭解，前秦末很多人參與過「反符」起兵的軍事活動，但也有部分人依然對符堅赤膽忠心，並與之患難與共。〔註93〕尤其是，他們便把姚萇的「反符」起兵看成「人面獸心」的行為，並公開對它進行責罵。比如：王永兩次向州郡發出檄文告示姚萇的悖逆無道，而招兵和他決戰；〔註94〕馮翊人郭質投靠符登前也向三輔之地發出檄文，告示姚萇的兇惡毒害；〔註95〕徐嵩被俘後，對因未投降而進行指責的姚方成，責罵姚萇不如禽獸，其罪應當萬死。〔註96〕甚至符登的毛后被姚萇所俘，也不顧生死責罵了姚萇一頓。〔註97〕如上的事實可能給姚萇造成很大的心理壓力，並制約著他的一些行為，特別是他認為自己的寢疾是因弒符堅而發病，這正說明當時姚萇在心中

圍之，萇自故縣如新平。吳忠執堅，送之。萇將求禪代，堅不許。」

〔註92〕李啓命：《姚秦政權與漢化政策》，《東洋史學研究》第76輯，2001年，第51頁。

〔註93〕《晉書》卷114《符堅載記》下，第2925頁，「〔符〕堅與〔慕容〕沖戰，各有勝負。嘗為沖軍所圍，殿中上將軍鄧邁、左中郎將鄧綏、尚書郎鄧瓊相謂曰：『吾門世荷榮寵，先君建殊功於國家，不可不立忠效節，以成先君之志。且不死君難者，非丈夫也。』於是與毛長樂等蒙獸皮，奮矛而擊沖軍。沖軍潰，堅獲免，嘉其忠勇，並拜五校，加三品將軍，賜爵關內侯。」《晉書》卷114《符堅載記》下，第2927頁，「三輔人為〔慕容〕沖所略者，咸遣使告〔符〕堅，請放火以為內應。……眾固請曰：『臣等不愛性命，投身為國，若上天有靈，單誠或冀一濟，沒無遺恨矣。』堅遣騎七百應之。而沖營放火者為風焰所燒，其能免者十有一二。」

〔註94〕《晉書》卷114《符堅載記》下，第2944～2945頁，「於是王永宣檄州郡曰：『……羌賊姚萇，我之牧士，乘釁滔天，親行大逆，有生之巨賊也。』」《晉書》卷114《符堅載記》下，第2945頁，「〔王〕永檄州郡曰：『……天降喪亂，羌胡猾夏，先帝晏駕賊庭，京師鞠為戎穴，神州蕭條，生靈塗炭。……姚萇殘虐，慕容垂兇暴，所過滅戶夷煙，毀發丘墓，毒徧存亡，痛纏幽顯，雖黃巾之害于九州，赤眉之暴于四海，方之未為甚也。』」

〔註95〕《晉書》卷115《符登載記》，第2952頁，「馮翊郭質起兵廣鄉以應〔符〕登，宣檄三輔曰：『……姚萇窮凶肆害，毒被人神，於圖讖曆數萬無一分，而敢妄竊重名，厚顏瞬息，日月固所不照，二儀實亦不育……。』」

〔註96〕《晉書》卷115《符登載記》附徐嵩傳，第2955頁，「姚方成執而數之，〔徐〕嵩屬色謂方成曰：『汝姚萇罪應萬死，主上止黃眉之斬而宥之，叨據內外，位為列將，無犬馬識養之誠，首為大逆。汝曹羌輩豈可以人理期也！何不速殺我，早見先帝，取姚萇于地下。』」

〔註97〕《資治通鑑》卷107晉紀29孝武帝太元十四年（389）條，第3389頁，「毛氏罵且哭曰：『姚萇，汝先已殺天子，今又欲辱皇后，皇天后土，寧汝容乎！』」

負擔的輕重程度。〔註98〕與此同時，這種心理壓力最終使姚萇在夢中看見苻堅派「天官使者」和「鬼兵數百」，並暗殺自己本人的場面了。〔註99〕那麼，姚萇攻佔新平城後，不分男女老少坑殺了一萬五千人；〔註100〕他為已被弒殺的苻堅建立神主，以求福；〔註101〕甚至挖掘出苻堅的屍體，而對它進行責罵〔註102〕等的行為都是在並沒有找出合理的「反苻」起兵的理由之下，就不擇手段地建立和發展後秦王朝所顯示出不安的的心理狀態了。這種姚萇的表現完全和在同一時期慕容垂具有建立前燕後身王朝的名分，但不得已在和苻堅間的關係上，確保「君臣之義」的不一樣。〔註103〕除此之外，姚萇和諸將軍間的上命下服的關係不是很牢固，很可能隨時發生背叛或歸降，〔註104〕在這種情況下，作為姚萇的直屬軍營的大營在其角色和作用上無疑是非常重要的。由此可知，在兵吏中，「戶」放在大營的家屬受到免稅和免役的優待，這是很自然的事情，與此同時，同樣的理由兵吏因在軍事征戰中戰死，而在其家屬中選出另外人由他們來補充其兵吏。不僅大營和諸營間的關係，而且在大營內部兵吏及其家屬間的不同角色，如上大營內部的組織結構等都在姚萇死後，由姚興來統領大營時繼承下來。姚興就在這種基礎上戰勝了苻登，並最終攻佔關隴之地，才獲得了北中國的一半之地。〔註105〕

其次，我們可在史書中多次發現魏晉十六國時眾多羌胡雜居現象出現在馮翊、北地、新平、安定等地：〔註106〕比如，後趙末姚襄為了和已佔據於關

〔註98〕《晉書》卷115《苻登載記》，第2953頁，「是時萇疾病，見苻堅為祟。」

〔註99〕《十六國春秋輯補》卷50《後秦錄》2，第386頁，「〔姚萇〕夢苻堅將天官使者、鬼兵數百，突入營中，萇懼，走入宮，宮人迎萇刺鬼，誤中萇陰，鬼相謂曰：『正中死處。』拔矛，出血石餘。寤而驚悸，遂患陰腫，醫刺之出血如夢。萇遂狂言，或稱『臣萇，殺陛下者兄襄，非臣之罪，願不枉臣。』」

〔註100〕《晉書》卷114《苻堅載記》下，第2926頁。

〔註101〕《晉書》卷115《苻登載記》，第2950頁。

〔註102〕《晉書》卷116《姚萇載記》，第2968頁。

〔註103〕李椿浩：《「統府」體制與後燕、南燕的建國》，《東方學》第15輯，2008年，第179～181頁。

〔註104〕據史料A可知，在關西雄傑中有一部分人對姚萇和苻登間的軍事征戰持有觀望態度，按他們的勝負來可選擇自己的去留。那麼，此事應從不同角度看，可給我們提供一種信息：就是說，即使諸將軍和姚萇間達成上命下服的關係，但周圍環境的變化可隨時發生背叛或歸降。

〔註105〕顧祖禹：《讀史方輿紀要》卷3《歷代州域形勢》3，第144頁，「南至漢川，東逾汝潁，西控西河，北守上郡。」

〔註106〕馬長壽：《氐與羌》，上海，上海人民出版社，1984年，第146頁。

中的前秦苻氏爭奪「霸主之位」，就派姚益等人到北地招募胡、漢人，這時五萬多戶表示歸附；〔註 107〕如前所述，前秦末姚萇設置大營後移動於嶺北之地，這時胡羌十多萬戶願意歸附。據此可知，後趙、前秦時包括北地在內的嶺北之地有不少胡羌人的雜居。那麼，當時後秦的所有軍事征戰都發生在嶺北之地，這是因爲姚萇想把此地作爲攻佔關隴之地解決人力、物力供應問題的大後方，此外，苻登等原先在嶺北之地就具有了一定的勢力基礎。據瞭解，苻登先後鎮守於大界〔註 108〕、平涼〔註 109〕、胡空堡〔註 110〕等地都是爲了謀求能從與姚萇的角力中獲勝。除他之外，羌族酋長雷惡地也盤踞於嶺北之地對不少胡人酋帥產生相當大的影響。〔註 111〕由此可知，嶺北之地不僅對姚萇的後秦來說，而且對其敵對勢力來說都同樣具有重要的戰略意義，是自強禦敵的兵家必爭之地。後來苻登在和姚萇間的軍事征戰中慘敗，氣勢大損，不由得喟歎道：「朕與此羌同世，何其厄哉！」〔註 112〕另外雷惡地決定歸降於姚萇時，說道：「吾自言智勇所施，足爲一時之傑。校數諸雄，如吾之徒，皆應跨據一方，獸嘯千里。遇姚公智力摧屈，是吾分也。」〔註 113〕這些言論不僅直接表明接受姚萇勝利這個事實是他們的命運，而且間接地承認姚萇在嶺北之地實現後秦的建國及其發展的事實。這樣，姚萇就在嶺北之地徹底地打敗敵對勢力，不僅建立起後秦，而且打下其日後的鼎盛繁榮發展的穩固根據，使之傳之後代。〔註 114〕

〔註 107〕《晉書》卷 116《姚襄載記》，第 2964 頁。

〔註 108〕《十六國疆域志》卷 4《前秦疆域志》司隸校尉、安定郡條，第 171 頁。

〔註 109〕關於苻登在其勢力根據地的變化，胡三省做注釋曰：「苻登自大界之敗，以平涼爲根本。」（《資治通鑑》卷 108 晉紀 30 孝武帝太元十八年（393）條，第 3410 頁。）

〔註 110〕《十六國疆域志》卷 4《前秦疆域志》司隸校尉、新平郡條，第 171 頁。

〔註 111〕《晉書》卷 116《姚萇載記》，第 2970 頁，「〔雷〕惡地猛毅清肅，不可干以非義，嶺北諸豪皆敬憚之。」

〔註 112〕《資治通鑑》卷 108 晉紀 30 孝武帝太元十七年（392）條，第 3407 頁。

〔註 113〕《晉書》卷 116《姚萇載記》，第 2970 頁。

〔註 114〕張國杰：《論羌族政治家姚興》，《青海民族學院學報》期刊，1990 年第 1 期，第 12～16 頁。

弘始二年（400）後秦疆域圖〔註115〕

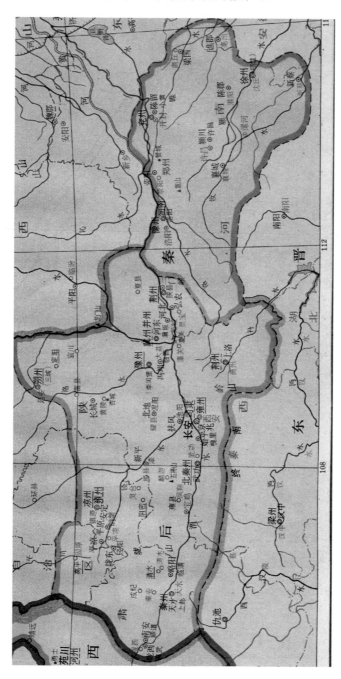

第六章　無絕對君權與「結謀者」：
北燕王朝的建國與「結謀者」

第一節　高雲稱天王與「結謀者」

　　慕容垂打起「復燕」旗幟後，創立的後燕王朝〔註1〕經過其子慕容寶在位時期，由於他爲無能之輩，出現「懦弱失國，務峻威刑」〔註2〕，以及統治階層內部的矛盾和糾紛，甚至在與北魏間的軍事征戰中大敗，逐步走上衰落之路。尤其是，直到 398 年身爲慕容氏外戚的蘭汗弒殺慕容寶，後燕似乎已宣告滅亡。〔註3〕後來，慕容寶庶長子慕容盛殺死蘭汗後，再次繼承後燕的國統，但失敗於再次興國，這樣後燕失掉過去攻佔華北之地後稱霸於中國北方的輝煌，其疆域縮小於遼西之地。〔註4〕與此同時，慕容盛死後即位的慕容熙無法挽救正衰落的後燕國運，反而使它加快走向滅亡的步伐。〔註5〕

〔註1〕 關於後燕的建國過程，可參考池培善：《後燕的帝國繼起》，《中世東北亞史研究——慕容王國史》，首爾，一潮閣，1986 年，第 231〜252 頁以及李椿浩：《「統府」體制與後燕、南燕的建國》，《東方學》第 15 輯，2008 年。

〔註2〕 《資治通鑒》卷 112 晉紀 34 安帝隆安五年（401）條，第 3527 頁。

〔註3〕 李椿浩：《試論五胡十六國時期後燕的中樞之官》，《中國古中世史研究》第 19 輯，2008 年，第 281〜282 頁。

〔註4〕 有學者對於後燕退據遼西之地（案，龍城地區）後的政局變化進行分析，以得出如下的認識：後燕退據龍城後融入大量的胡人勢力，漢人官員所佔比例甚微。這一政治特點不僅表現於政治結構的組成，而且深入地影響到現實的政治生活，表現爲鮮卑化的武人操縱政權，致使皇權頻繁變更、統治極其不穩定。（李海葉：《後燕退據龍城後政治之「反動」》，《內蒙古大學學報》期刊，2011 年第 4 期，第 14 頁。）

〔註5〕 如果對後燕的滅亡用一句話來概括的話，就等於慕容熙爲了滿足皇后符氏的

一、「結謀者」的「反慕容熙」起兵與北燕的建國

慕容熙以瘋狂般的執著於皇后苻氏，由此推行多次暴政和虐政。這時早已在慕容熙被斷定爲最痛恨，以及因違背法令而終有一天被處罰的中衛將軍馮跋、侍御郎馮素弗等人只能發動「反慕容熙」的武裝舉事很可能對他們來說屬於不可迴避的行動了。由此，馮跋和馮素弗、馮萬泥〔註6〕等人與其說等待遭遇不幸，不如說利用大多百姓對慕容熙的怨恨，決定發動軍事政變。〔註7〕爲了其政變順利地推行，他們結合「二十三人結謀者」後，團結在當時後燕統治階層內威望較高的慕容寶養子高雲周圍〔註8〕，請高雲做他們的盟主。當時馮跋等人已看到如果高雲能成爲他們的盟主，可獲得慕容氏在內的統治階層的暗中支持，甚至因軍事政變的爆發和新王朝的建國而引起的種種混亂，以提前對此做一些預防。〔註9〕不過，這種和馮跋等人的初步預算

奢侈生活，進行了大量的土木工程，由此造成了腐敗政治。（池培善：《後燕慕容熙的王國時代》，《中世東北亞史研究——慕容王國史》，首爾，一潮閣，1986年，第353頁。）

〔註6〕 據瞭解，馮氏一族在311年前後從長樂信都移住到上黨長子。之後又在394年左右從上黨遷移到昌黎。他們來到昌黎時，遼西之地屬於慕容鮮卑的統治之下，已經出現鮮卑文化和漢文化間的初步融合。在這種情況下，馮氏一族應該積極地接受鮮卑文化，且他們不這麼做就不行。因此，在史書上的「同夷俗」（《魏書》卷97《海夷馮跋傳》，第2126頁）正體現著他們不是被動地接受鮮卑文化，而是較爲積極地接受其文化後，就相同於「夷俗」。那麼，漢人馮跋是在遼西之地漢、鮮卑間的文化融合中，有意識地接受鮮卑文化的。（三崎良章：《北燕の「鮮卑化」》，《五胡十六國の基礎的研究》，東京，汲古書院，2006年，第122～130頁。）

〔註7〕 《晉書》卷125《馮跋載記》，第3127頁，「時賦役繁數，人不堪命，〔馮〕跋兄弟謀曰：『〔慕容〕熙今昏虐，兼忌吾兄弟，既還首無路，不可坐受誅滅，當及時而起，立公侯之業，事若不成，死其晚乎！』」

〔註8〕 據瞭解，高句麗人高雲是慕容寶養子。他曾受「慕容氏」，而被稱慕容雲。但他後來自稱北燕天王後，改元正始，立刻拋棄慕容氏，恢復了高氏。（《晉書》卷124《慕容雲載記》，第3108頁。）筆者在本章節中，要談到高雲的姓氏，不管他恢復姓氏以前的，都統一地稱他爲高雲。

〔註9〕 金洪培：《馮跋擁立高雲爲北燕王之原因探析》，《延邊大學學報》期刊，2010年第4期，第38頁。金洪培還認爲，在苻氏出殯當天，慕容熙命文武百官全部參加送葬，僅留下高雲守城。對當時馮跋來說，最重要的就是維持國家的穩定，高雲作爲慕容養子，在國中具有一定的威信和地位，如果擁立高雲爲皇帝，不僅可以爭取包括鮮卑人在內的更多慕容鮮卑人的支持，而且可以避免兵變和改元帶來的國內動亂，穩定社會，此舉也會提高自己在眾人心中的地位。（揭上文，第37～38頁。）在此，我們卻認爲，在史書上從未記載當時高雲所擔任的官職，甚至不知慕容熙離開都城時，是否命高雲負責防衛

不同，高雲以疾病纏身爲由堅決拒絕。對此，史家有這樣的記載：高雲因受
馮跋的威脅而感到畏懼。由此，馮跋更加「逼」著他，以高句麗「名家」出
身，怎麼滿足於作爲慕容寶養子，而強迫他參與「反慕容熙」的武裝舉事。
但不管馮跋多麼強硬，高雲要安撫百姓之心，以非具備「德」不行爲由，繼
續拒絕。到這時，馮跋其他兄弟摻和進來，更壓倒高雲，已達到他不可拒絕
的地步。〔註10〕事情如此有變化，高雲和原來他本人所持有的意願完全不
同，只好接受他們的要求，當上「二十三人結謀者」的盟主，以決定參與其
武裝舉事。關於馮跋兄弟爲什麼推舉高雲爲盟主，有學者提出了一種主張，
即高雲被推舉爲盟主，直接關係到當時後燕都城和龍城周圍居住著不少高句
麗人。〔註11〕還有學者認爲，一方面在於馮跋自身的家世威望較低，如果馮
跋直接擔任北燕天王的話，缺乏對後燕部眾兵民的政治號召力；另一方面，
馮跋推高雲爲主，還有著更深層次的政治考慮：如高雲在後燕統治集團的政
治地位顯然要比馮跋高，有利於將後燕中的慕容氏等其他政治勢力團聚北燕
之中。更爲重要的是，高雲出身於高句麗王族，推他即位有利於改善與強鄰
高句麗的關係。〔註12〕另外，有學者認爲，對慕容熙的統治極爲不滿的馮

都城的任務。關於此問題的正確分析，我們一定要找出與此相關的資料，並
在這個基礎上才能夠做分析。

〔註10〕《晉書》卷124《慕容雲載記》，第3108頁，「馮跋詣〔高〕雲，告之以謀。
雲懼曰：『吾嬰疾歷年，卿等所知，願更圖之。』跋逼曰：『慕容氏世衰，
河間虐暴，惑妖淫之女而逆亂天常，百姓不堪其害，思亂者十室九焉，此
天亡之時也。公自高氏名家，何能爲他養子！機運難邀，千歲一時，公焉
得辭也！』扶之而出。雲曰：『吾疾苦日久，廢絕世務。卿今興建大事，謬
見推逼。所以徘徊，非爲身也，實惟否德不足以濟元元故耳。』跋等強之。」
據瞭解，馮跋在發動武裝舉事中，並沒有獨自行動，而是多次和其他兄弟
一起籌劃商議而行事。那麼，上述「跋等強之」中的「跋等」應是指馮跋
兄弟。

〔註11〕池培善：《關於北燕（一）——以高句麗王族後裔高雲及其在位時爲中心》，《東
方學志》第54、55、56合輯，1987年，第852頁。另外，高句麗在對後燕境
內外造成強大的影響之下，高雲得到馮跋一家的幫助，可登上北燕天王。（池
培善：《高句麗王族後裔高雲的北燕建國過程》，《中世中國史研究——慕容燕
與北燕史》，首爾，延世大學校出版部，1998年，第307頁。）對此，筆者卻
認爲，不知高句麗的「強大的影響力」具體意味著什麼，與此同時，高句麗
通過什麼方式影響到後燕境內外？即便如此，馮跋一家以高句麗王族的後裔
爲由，把高雲推舉爲北燕天王，這是否成爲那位學者所說的高句麗的「強大
的影響力」的依據呢？我們卻對這種見解不很贊成。

〔註12〕薛海波：《試論北燕與高句麗的政治關係》，《東北史地》期刊，2010年第6

跋兄弟肯定是要篡奪政權的。在這種情況下，馮跋立刻即皇帝位在時間上仍不成熟，因此推舉當時在慕容宗室內部權威較高的高雲為盟主，使得作為他們操縱的傀儡。那麼，高雲的命運是從由馮跋兄弟帶領軍事政變，而推舉他為天王時已經決定的。〔註13〕

據瞭解，高雲出身於高句麗王族的後裔，高句麗曾在 342 年和前燕間的戰爭中敗北後，他父高拔作為戰俘被遷徙於前燕，〔註14〕而後他出生於此地。〔註15〕雖從現有的史料中不能全面而詳細的得知高雲的生長背景或出仕等情況，但他從小志向遠大，正是因為如此，修身養性、心懷天下。〔註16〕後來，他練過武功後，被選拔為隨身保護帝王的侍御郎。〔註17〕尤其是，在 397 年爆發的「慕容會之亂」〔註18〕時，高雲帶領「敢死士百餘人」〔註19〕，打敗慕容會的士兵後，救出了處於困境的慕容寶。而後以此功勞，他不僅被賜慕容氏，而且被任為建威將軍、夕陽公。雖然史書未有記錄在慕容寶死後，慕容盛在位時有關高雲的種種事情，所以我們不可把握關於他的很多信息，但他作為慕容寶養子，在後燕王朝內仍可以說是位高權重。

慕容盛死後，慕容熙就利用與丁太后間的特殊關係，〔註20〕先後排擠當時很有名望的慕容寶第四子慕容元和太子慕容定後，即皇帝位。慕容熙在位

期，第 34～35 頁。

〔註13〕劉玉山：《北燕王高雲被弒真相探微》，《求索》期刊，2005 年第 11 期，第 194 頁。劉玉山還認為，高雲的命運在他被推登位之時已經注定了，馮氏篡位只是個時間問題，而這又或多或少取決於高雲能夠與馮氏對抗的力度。另外，我們則認為，馮跋兄弟之所以推舉高雲為那些結謀者的盟主，不是因為在篡奪王朝和禪位之前，高雲並沒有任何權威，像個傀儡，而是因為他從小時起就懷有很大的志向，練過武功，可以成為隨身保護君主的侍御郎。與此同時，他平定慕容會之亂後，成為後燕主慕容寶養子。這種高雲的出身背景最終影響到馮跋兄弟推舉他為盟主。

〔註14〕苗威：《從高雲家世看高句麗移民》，《博物館研究》期刊，2009 年第 1 期，第 39 頁。

〔註15〕池培善：《關於北燕（一）——以高句麗王族後裔高雲及其在位時為中心》，《東方學志》第 54、55、56 合輯，1987 年，第 849 頁。

〔註16〕《晉書》卷 124《慕容雲載記》，第 3108 頁，「〔高〕雲沈深有局量，厚重希言，時人咸以為愚，唯馮跋奇其志度而友之。」

〔註17〕李椿浩：《試論五胡十六國時期後燕的中樞之官》，《中國古中世史研究》第 19 輯，2008 年，第 290 頁。

〔註18〕《晉書》卷 124《慕容寶載記》，第 3096 頁。

〔註19〕《十六國春秋輯補》卷 45《後燕錄》4，第 354 頁。

〔註20〕《晉書》卷 124《慕容熙載記》，第 3105 頁，「初，熙烝于丁氏，故為所立。」

時，有關高雲的記載和慕容盛時的一樣不是很全面，不過尤其是在 406 年和高句麗間的戰爭中〔註 21〕，他因受重傷，藉此對慕容熙的虐政表現得憂心沖沖，不願進入官場。〔註 22〕不管什麼理由，高雲在慕容熙在位時，仍確保相當大的權威，就和曾對馮跋拒絕當上結謀者的盟主時說過的「廢絕世務」一樣，似乎以明哲保身的姿態過著隱蔽性的生活。不過，高雲不管對政治的厭倦有多麼堅決，但在當時政局動蕩的情況下，完全身不由己，也只好踏上參政之路。就是到 407 年，慕容熙爲了贏得皇后符氏的歡心，不僅進行大規模土木工程，而且做過多次荒唐的事情，由此朝野上下議論紛紛。〔註 23〕不久，皇后符氏死了。慕容熙沉痛地哀悼，不僅使所有官員穿著喪服，而且慕容隆妻即兄嫂張氏因有美貌，而命令她殉葬。除此之外，他不顧國庫空虛，大肆修建符氏的陵墓。正是這時，馮跋兄弟結合「二十三人結謀者」，謀劃武裝舉事，如上所述，驅使高雲而推舉他爲盟主。如此這場武裝舉事正式打響了。

那些結謀者發動武裝舉事的第一天是在慕容熙爲了給符氏送葬而離開和龍城（案，亦即龍城）時，〔註 24〕他們和馮乳陳等人一同偷偷地進入都城，送給尚方徒五千餘人〔註 25〕盔甲和武器，並關閉所有城門，以防備慕容熙的返攻。在第二天，高雲即天王位後，大赦境內，改元正始，這樣正式宣佈「大燕」的建國。而後在第三天，高雲找出正躲避的慕容熙後，列舉他的罪行並

〔註 21〕《十六國春秋輯補》卷 47《後燕錄》6，第 367 頁，「〔慕容〕熙與符氏襲契丹，憚其眾盛，將還。符氏弗聽，遂棄其輜重，輕襲高句驪，周行三千餘里，士馬俱疲，凍死者屬路，攻木底城，不剋而還。」

〔註 22〕大澤陽典：《慕容燕から馮燕へ》，《立命館文學》第 418～421 輯，1980 年，第 301 頁。

〔註 23〕《晉書》卷 124《慕容熙載記》，第 3106 頁，「〔慕容熙〕爲符氏起承華殿，高承光一倍。負土於北門，土與穀同價。典軍杜靜載棺詣闕，上書極諫。熙大怒，斬之。符氏嘗季夏思凍魚膾，仲冬須生地黃，皆下有司切責，不得，加以大辟，其虐也如此。」

〔註 24〕關於當時慕容熙在龍城外做了什麼事情，有學者認爲，在《晉書‧慕容熙載記》和其他史書上沒有找出相關記載，由此，慕容熙維持著游牧民的習俗，很可能出去打獵或者和原來其他游牧民一樣，居住在龍城外。（崔珍烈：《五胡十六國、北朝時期的皇太子或後繼者參與國政及其背景》，《中國古中世史研究》第 21 輯，2009 年，第 304～305 頁。）不過，我們卻認爲這種主張只是個推測罷了。這是因爲我們根據《資治通鑑》的記載，可知慕容熙要離開龍城，是爲了在徽平陵給皇后符氏舉行葬禮的。（《資治通鑑》卷 114 晉紀 36安帝義熙三年（407）條，第 3598 頁，「癸亥，燕王熙葬其后符氏于徽平陵，喪車高大，毀北門而出，熙被髮徒跣，步從二十餘里。」）

〔註 25〕《晉書》卷 124《慕容熙載記》，第 3107 頁。

將其處死，而且殺死他的諸子，一同埋葬在和龍城以北。〔註26〕不久，高雲拋棄慕容姓氏後，立刻恢復高姓氏。由此可知，結謀者發動政變才過三天，非常圓滿地獲得成功，就進入了高雲的統治時期。〔註27〕有學者命名它爲「高雲政權」。〔註28〕

二、高雲的大定百官與加強君權

高雲在政變成功後的當年 8 月份，對於包括馮跋兄弟在內的「二十三人結謀者」進行官職任命，之後到翌年的 5 月份再次做官職變更的措施。其內容如下：

> 〔407 年 8 月〕北燕王〔高〕雲以馮跋爲都督中外諸軍事、開府儀同三司、錄尚書事，〔註29〕馮萬泥爲尚書令，馮素弗爲昌黎尹，馮弘爲征東大將〔軍〕，孫護爲尚書左僕射，張興爲輔國大將軍。……
> 〔408 年〕五月，北燕以尚書令馮萬泥爲幽、冀二州牧，鎮肥如，中軍將軍馮乳陳爲并州牧，鎮白狼，撫軍大將軍馮素弗爲司隸校尉，司隸校尉務銀提爲尚書令。〔註30〕

據上述可知，407 年 8 月的官職任命與 408 年 5 月的官職變更間有明顯的不同之處，即前者是按照馮跋兄弟的意見，所採取的措施的話，〔註31〕後者

〔註26〕 從前在後燕境內流唱著「一束藁，兩頭然，禿頭小兒來滅燕」的童謠。「藁」字去掉上面的草字頭和下面的「木」字，就剩下了「高」字。高雲父叫高拔，小名叫禿頭，所以把高雲又叫做「禿頭小兒」。慕容熙被高雲所殺，因此事情按童謠的內容而實現。(《晉書》卷 124《慕容熙載記》，第 3107～3108 頁。)有學者對此表示過這種看法：即這首民謠有可能是馮跋杜撰出來的，但是能夠流傳開來，就反映了人民渴望後燕滅亡、高雲出來執政的願望。(王德恒：《北燕的宮廷政變和東北亞絲路的開發》，《知識就是力量》期刊，2010 年第 1 期，第 27 頁。)

〔註27〕 大澤陽典：《慕容燕から馮燕へ》，《立命館文學》第 418～421 輯，1980 年，第 303 頁。

〔註28〕 張金龍：《北燕政治史四題》，《南都學壇》期刊，1997 年第 4 期，第 20 頁。

〔註29〕 關於馮跋的任職之事，不同史書記載著相互不同的內容。即根據《晉書‧馮跋載記》發現，這時馮跋被任爲使持節、侍中、都督中外諸軍事、征北大將軍、開府儀同三司、錄尚書事、武邑公。(《晉書》卷 125《馮跋載記》，第 3127 頁。)

〔註30〕 《資治通鑑》卷 114 晉紀 36 安帝義熙三年（407）條，第 3601 頁；同上書，安帝義熙四年（408）條，第 3606 頁。

〔註31〕 《魏書》卷 97《海夷馮跋傳》，第 2126 頁，「乃立夕陽公高雲爲主，以〔馮〕

則是高雲要脫離他們的牽制，而預先安排或籌劃後作出的措施。那麼，這種設想可以成立的話，高雲通過如上官職變更的措施來確立自己的權威已不再是馮氏勢力的傀儡了。

高雲要在官職變更的措施上反映出自己的意志的話，前者和後者間的 9 個月內怎樣事情的發生使有所主張的呢？筆者認為，能夠看清如下高雲所採取的諸多措施，給我們提供一些啓發：（1）高雲冊封每個 50 多人爲伯、子、男、鄉、亭侯的同時，對於那些參與武裝舉事而有功的士卒按照其功勞的高低賞賜穀物和布帛。〔註32〕在這裏，我們認爲，那些被封諸侯的 50 多人似乎作爲「二十三人結謀者」的手足，爲舉事的成功積極地承擔或大或小任務的人。除此之外，那些贏得穀物和布帛的士卒很可能是指在慕容熙率部衆反攻和龍城時抵抗其攻擊的尙方徒五千餘人〔註33〕，或者在中領軍慕容拔率壯士二千餘人來返攻時很多人投降了，但拒絕投降後殺害慕容拔的「城中人」，或許後來最終活捉慕容熙的人。〔註34〕由此可見，高雲通過「冊封」和「賞賜」的方法來逐漸提高自己的權威。（2）由於慕容熙的死亡與高雲的篡位，後燕雖宣告滅亡後北燕可作爲新的王朝建國了，但在這種情況下，高雲採取了使後燕舊臣繼續保持原有的爵位，維護其既得利益的措施。〔註35〕這是否讓我

跋爲侍中、征北大將軍、開府儀同三司，封武邑公，事皆決跋兄弟。」據上述可知，這次官職任命主要是按照馮跋兄弟的意志來實行的。不過，雖然如上記載並沒有顯露一些信息，但在其他史書上顯示當時馮跋弟馮弘確切擔任禁衛軍的長官，即中領軍，以負責和龍城、宮城的治安和宿衛。（《十六國春秋輯補》卷100《北燕錄》3，第687頁，「高雲篡位，拜〔馮弘〕中領軍。」）由此可見，馮弘被任中領軍，這直接影響到高雲的人身安全，更有深淵的意義。據瞭解，高雲更爲敏感地反映，並執著培養壯士們，使他們負責自己的生命安全。這是否和禁衛軍由馮氏勢力所掌握有關呢？耐人尋味，需待深考。

〔註32〕《十六國春秋輯補》卷47《後燕錄》6，第369頁。

〔註33〕《十六國春秋輯補》卷47《後燕錄》6，第368頁。

〔註34〕《資治通鑑》卷114晉紀36安帝義熙三年（407）條，第3599頁，「熙退入龍騰苑，尚方兵褚頭踰城從熙，稱營兵同心效順，唯俟軍至。熙聞之，驚走而出，左右莫敢迫。熙從溝下潛遁，良久，左右怪其不還，相與尋之，唯得衣冠，不知所適。中領軍慕容拔謂中常侍郭仲曰：『大事垂捷，而帝無故自驚，深可怪也。然城內企遲，至必成功，不可稽留。吾當先往趣城，卿留待帝，得帝，速來，若帝未還，吾得如意安撫城中，徐迎未晚。』乃分將壯士二千餘人登北城。將士謂熙至，皆投仗請降。既而熙久不至，拔兵無後繼，衆心疑懼，復下城赴苑，遂皆潰去。拔爲城中人所殺。丙寅，熙微服匿於林中，爲人所執，送於雲，雲數而殺之，幷其諸子。」

〔註35〕《十六國春秋輯補》卷47《後燕錄》6，第369頁。

們感到高雲通過此措施把他們順利轉變爲對自己忠實的「臣下」的呢？（3）高雲採取了既立妻李氏爲皇后，又立子高彭城爲太子的措施。〔註36〕這措施是在高雲作爲北燕天王時，要確立世襲體制而實行的。〔註37〕（4）高雲要把慕容熙和苻后一同埋葬在徽平陵，尤其是給予慕容熙爲昭文皇帝的諡號。〔註38〕據瞭解，雖然慕容熙多次施行暴政，使後燕王朝最終覆亡，但他是個合法的君主，那麼高雲很可能通過此措施來安撫全體慕容宗室呢？甚至在同一年 8 月份高雲封「慕容歸爲遼東公，主燕之宗祀。」〔註39〕這也是完全以如上同樣的目的而實行的措施。〔註40〕據瞭解，高雲在內政外交上也逐步樹立起自己賢君的形象，他多次大赦天下，很漂亮地處理了慕容宗室的問題，冊封慕容歸爲遼東公，使他主管燕祀。這一招就穩住了慕容貴族因喪失社稷而對高雲產生怨恨的情緒，使他們不至於倒向馮氏一派，反而有可能成爲自己的拉攏對象。〔註41〕最後，（5）高雲接見高句麗使臣後，遣侍御史李拔給以答禮，〔註42〕不久大赦境內。雖然對於當時北燕與高句麗間的具體交往情況不得而

〔註36〕《資治通鑑》卷114晉紀36安帝義熙四年（408）條，第3605頁。

〔註37〕池培善：《高句麗王族後裔高雲的北燕建國過程》，《中世中國史研究——慕容燕與北燕史》，首爾，延世大學校出版部，1998年，第309頁。

〔註38〕《資治通鑑》卷114晉紀36安帝義熙四年（408）條，第3605頁。

〔註39〕《太平御覽》卷125偏霸部9，引崔鴻《十六國春秋·後燕錄》，第608頁。

〔註40〕我們根據史書記載發現當時居住於北魏境內的慕容氏百餘家逃亡於遼西之地，但其舉措露餡後，都遭受誅殺。（《資治通鑑》卷115晉紀37安帝義熙五年（409）條，第3619頁。）這種史實爲何出現在當時高雲採取包容慕容氏的措施之後呢？我們應對此持有很大的疑問。因爲沒有相關史料，對更詳細的情況不得而知，但筆者認爲，高雲在北燕境內採取優待慕容氏的政策在一定程度上發揮著積極作用，所以已被北魏所控制的慕容鮮卑人才不顧一切試圖回歸於「故鄉」呢？

〔註41〕劉玉山：《北燕王高雲被弒眞相探微》，《求索》期刊，2005年第11期，第195頁。另外，有學者認爲，這措施就是北燕對內的秩序逐步得到安定，而表現出的證據。（池培善：《關於北燕（一）——以高句麗王族後裔高雲及其在位時爲中心》，《東方學志》第54、55、56合輯，1987年，第869頁。）

〔註42〕當時高句麗廣開土王向北燕派遣不知人名和官名的使臣，但與此不同，北燕卻將已知道人名和官職的人派遣給高句麗了。有學者認爲這種事實的出現，很可能是因爲在慕容熙以來，和後燕遭受高句麗的制約有一定的關係。因此北燕有可能用宗主之禮對待高句麗的。（池培善：《關於北燕（一）——以高句麗王族後裔高雲及其在位時爲中心》，《東方學志》第54、55、56合輯，1987年，第868頁。）不過，筆者卻認爲北燕使臣的人名和官名可看到，此事怎能和高句麗制約後燕有直接關聯呢？對於此問題的詳細分析，應該找出更確切的史料後才能進行。

知，但政治上的來往逐步推動文化方面的交流是可以推斷的。〔註43〕我們認爲，高雲採取如上諸多措施後，就做了官職變更的措施。〔註44〕

筆者如前已把後者的官職變更作爲高雲充分體現自己意志的措施，具體表現分別如下：（1）高雲對於馮跋兄弟的核心近親，即馮萬泥和馮乳陳採取任命爲地方官的措施。〔註45〕這從表面上看把他們鎮守於「兵家要衝」之地，似乎對他們表示重用，但就當時實際政治環境而言，高雲要準備將來在和馮氏一族間的權力鬥爭中提前排斥他們，並使他們的勢力在那些軍事要地消失殆盡。〔註46〕尤其是，肥如、白狼各自作爲在遼西之地北燕的軍事戰略要地，後來在和北魏間的數次軍事征戰中所顯示的作用可證實了上述看法。〔註47〕以後，北魏滅亡北燕，各個肥如、白狼歸屬於遼西郡〔註48〕和建德郡〔註49〕

〔註43〕 李明仁：《高句麗廣土王時期與慕容鮮卑間的關係及文化交流》，《韓國古代史研究》第 67 輯，2012 年，261 頁。

〔註44〕 高雲被馮跋兄弟所推舉爲北燕主後，按照君權原有的不受限制、至高無上的原則，想盡辦法要克服他們的牽制，就採取加強君權相關的措施。這是因爲高雲在後燕王朝內維持有一定的權威和地位，由此被推舉爲那些結謀者的盟主，甚至馮跋兄弟用推舉高雲之事來預防剛建立的新王朝內可能會發生的混亂。那麼，我們會設想高雲要通過如上諸多措施不僅要克服君權所面臨的一些限制，而且能夠確立和加強自己的君權。

〔註45〕 地方官的任命本身意味著高雲即位時北燕的統治基礎已確立。（池培善：《高句麗王族後裔高雲的北燕建國過程》，《中世中國史研究——慕容燕與北燕史》，首爾，延世大學校出版部，1998 年，第 310 頁。）

〔註46〕 劉玉山：《北燕王高雲被弒眞相探微》，《求索》期刊，2005 年第 11 期，第 195 頁。

〔註47〕 前燕末，慕容垂打敗東晉桓溫的入侵後，就拯救處於危機的前燕王朝，但由此他的威望升高反而遭遇慕容評和可足渾太后等人的嫉妒，其處境非常危險。這時他世子慕容令勸告慕容垂說先返回龍城而確保根據地，等待消除對他的嫉妒，這是最好的方法。如果這個方法不可行，可以安撫燕、代之地的人民的同時，收容周圍眾多胡人，鎮守肥如，以得自保。我們從慕容令的話語中可看到肥如向來已成爲戰略要地，而受到格外的重視。（《資治通鑑》卷102 晉紀 24 海西公太和四年（369）條，第 3221～3222 頁，「〔慕容〕令曰：『……如其不然，則內撫燕、代，外懷羣夷，守肥如之險以自保，亦其次也。』〔慕容〕垂曰：『善！』」）另外，胡三省對白狼做注釋曰：「〔北〕燕以白狼城爲重鎭，置幷州。魏後入併建德郡廣都縣。有白狼山，白狼水。」（同上書，卷 123宋紀 5 文帝元嘉十三年（436）條，第 3861～3862 頁。）由此可見，肥如、白狼從前燕一直到北燕時作爲軍事重鎭，以受到重視。

〔註48〕 《魏書》卷 106《地形志》上，第 2496 頁，「遼西郡，領縣三，肥如，陽樂，海陽。」

〔註49〕 《魏書》卷 106《地形志》上，第 2494 頁，「建德郡，眞君八年置。治白狼城。」

而受直接管轄。除此之外，馮萬泥和馮乳陳是後來在馮跋即位時，各自都以為建立北燕有大功，只讓他們繼續擔任地方官，對此表示極大的不滿而謀求叛變的。這種事實引起我們一種聯想，即在高雲統治時他們對地方官的任命似乎未有不滿，或者起碼被高雲的權威所壓倒，沒有謀劃叛變的可能。如果這種推斷能夠成立的話，在後者的官職變更正式落實時，高雲已脫離馮跋兄弟的牽制，不是他們的傀儡，而是較為全面地掌握整個北燕王朝的。（2）高雲分別對昌黎尹馮素弗和司隸校尉務銀提採取了官職變更為司隸校尉和尚書令的措施。據瞭解，從前被任昌黎尹的馮素弗開始鎮守營丘時，當地的百姓是很積極地迎接他的。〔註 50〕如前所述，馮素弗被任昌黎尹是完全反映出馮跋兄弟的意見，但高雲對於百姓熱情迎接的馮素弗，到這時便將其從昌黎尹轉職為司隸校尉。在此，我們雖不知高雲為何把馮素弗的官職如此地變更，不過這無疑是他完全不採納馮跋兄弟的意見，而獨自採取的措施。如果這種想法是正確的話，那麼這確實是高雲預先周密地安排或籌劃後採取的措施了。〔註 51〕除此之外，高雲之所以將務銀提的官職由司隸校尉晉升為尚書令，是因為有意地把他留在自己的身邊，而成為自己的心腹。這可從原來尚書令「主贊奏事，總領紀綱，無所不統」，在魏晉以來「任總機衡，事無大小」而看得出來。〔註 52〕高雲通過提拔務銀提而與馮跋「爭權」，改變國權出於馮氏一門的局面。不過，連高雲都絕對沒有預料到務銀提卻在馮氏一派謀篡權時倒向馮跋兄弟，且在關鍵時刻給予了馮跋以幫助。〔註 53〕

三、高雲被殺與馮氏政權的出現

在從 408 年 8 月到高雲被殺的第二年 10 月間，除了越騎校尉慕輿良因

〔註 50〕《晉書》卷 125《馮跋載記》附馮素弗傳，第 3134 頁，「〔馮素弗〕初為京尹，及鎮營丘，百姓歌之。」

〔註 51〕筆者認為，高雲把馮素弗的官職昌黎尹變更為司隸校尉，可理解為對他的官職採取升遷或優待的措施的話，這是不是對將來在和馮氏兄弟間的權力爭奪中的一個特意安排呢？高雲就通過這種安排來利用馮跋和馮素弗間的某種「競爭關係」，而對這兩人挑撥離間呢？不過以後的事實表明這種離間計未能徹底地實行下去。不管怎樣，我們認為馮素弗的官職變更是在高雲的自由意志充分反映出來的結果，這應該沒有多大的疑問了。

〔註 52〕《通典》卷 22《職官》4 尚書令條，第 592～593 頁。

〔註 53〕劉玉山：《北燕王高雲被弒真相探微》，《求索》期刊，2005 年第 11 期，第 194 頁。

謀反而被殺，還有太白進入月中等的星象之外，〔註54〕我們找不出有關高
雲的事情。但卻在這期間，無疑高雲一派和馮跋兄弟都不僅在暗中籌商對策
拉攏一些勢力，而且積極地收集對方的情報，以做事前準備。高雲覺得自己
從未具備功績和德行，反而被推舉爲結謀者的盟主，甚至能即天王位，所以
如前所述爲了提高自己的權威和地位，採取了多項措施，但卻難以擺脫自身
周圍尚存的不安全因素。據瞭解，慕容熙的敗亡與當時禁衛軍的武裝舉事有
關，因此這種不安全因素直接關係到由馮跋季弟馮弘繼續擔任禁衛軍長官即
中領軍，卻始終直接威脅著他的生命安全。〔註55〕因之，高雲要充分考慮
這種情況的話，不是對整個禁衛軍，而是對至少負責宮廷的宿衛和他本人的
生命安全，著重培養一批忠勇之士，使之成爲他的「腹心」和「爪牙」。高
雲如果不這麼做，採取任何措施反過來的效果應該都是一樣的。尤其是，高
雲選拔離班、桃仁後，使他們負責自身安危。與此同時，爲了滿足他們的「志
願無厭」，高雲多次給他們賞賜財物，甚至和離班等人一同衣食住行。〔註56〕
那麼，與高雲不同，馮跋一派做了哪些準備工作呢？讓我們首先想到的是，
馮跋和其他兄弟一同加強其勢力集團內部的警備。就是說，從前馮跋召集一

〔註54〕　《十六國春秋輯補》卷47《後燕錄》6，第369頁，「越騎校尉慕輿良謀叛，
雲誅之。……三年（409），秋八月，太白入月中。」

〔註55〕　《十六國春秋輯補》卷100《北燕錄》3，第687頁，「馮弘，字文通，跋之季
弟。高雲篡位，拜〔馮弘〕中領軍，封汲郡公。太平元年，拜尚書右僕射，
改封中山公，仍爲領軍，內掌禁衛，外總朝政。」根據上述可見，高雲在位
時被任中領軍的馮弘在後來高雲被殺，馮跋即位後，仍作爲中領軍掌握禁衛
軍。所以，湯球就用「仍」字來表示馮弘任職之事的繼續性。如此看來，馮
弘在高雲、馮跋兩朝擔任中領軍，確切「內掌禁衛」。那麼，高雲雖採取多種
措施，以加強權威和確立君權，但格外地對自己身邊的安全有敏銳的反應，
應屬於很正常的事情了。

〔註56〕　《資治通鑑》卷115晉紀37安帝義熙五年（409）條，第3621頁，「北燕王
雲自以無功德而居大位，內懷危懼，常畜養壯士以爲腹心、爪牙。寵臣離班、
桃仁專典禁衛，賞賜以巨萬計，衣食起居皆與之同，而班、仁志願無厭，猶
有怨憾。」我們根據如上註55的內容，馮弘官爲中領軍掌握整個禁衛軍（案，
負責都城和宮城的治安和防禦的軍隊），但爲什麼不率禁衛軍直接攻擊高雲而
殺死他呢？我們對此感到非常大的疑問。在這裏，筆者則認爲，馮弘確實作
爲禁衛軍的最高長官，總管負責對都城和宮城的治安和防禦的工作。不過，
因爲在宮城內高雲特意培養的壯士不僅有不少人數，而且已有一定的勢力，
從而馮弘不願這些事情直接攻擊高雲很可能是個較大的冒險。甚至當時高雲
已逐步樹立起較爲「賢君」的樣子，所以他通過這種極端的方式來爲其兄馮
跋的篡位很可能是得不償失的結果。如此看來，上述記載中，離班等人掌管
的「禁衛」很可能不指整個都城的防禦，而指宮城的護衛。

群屬僚開宴會，這時忽然出現「血流其左臂」之事。馮跋認爲這表示不吉，但這時從事中郎王垂卻表述以之爲「符命之應」。由此，馮跋對此事存有戒心，加以警備。〔註 57〕除了上述事情之外，馮跋和馮素弗等人一同去收買高雲一派內部的人員，以削弱對方的力量。首先，他們收買身爲高雲的「幸臣」的離班和桃仁後，給予他們弒殺高雲的重任。雖然在史書上除了他們弒殺高雲的事實之外，尚未有任何其他內容，但根據有學者的分析，可瞭解到離班、桃仁都是爲高雲的禁衛首領，對高雲的起居瞭如指掌，可以說是高雲最信任的人，因而也是馮跋要收買的不二人選。他們在慕容熙時和馮跋、馮素弗一起擔任禁衛將，並相互認識的可能性很大。甚至高雲提拔他們爲禁衛將，負責自己的身邊安全的話，他們應該在高雲即位之前已有相當高的職位和地位。〔註 58〕除此之外，如前所述，馮跋兄弟就收買了高雲曾有目的地將其作爲自己一派而晉升尚書令的務銀提。後來的事實證明他背叛高雲後投靠馮跋兄弟，而後在弒殺高雲時扮演了非常重要的角色。這角色應該是指務銀提平日利用和高雲間的個人關係，穩住他以使其放鬆警惕，最重要的在於馮跋爲了篡逆發軔，離班、桃仁登場時，務銀提利用他親信的有利條件爲馮氏一派提供可靠的情報，並通知各部按兵不動。〔註 59〕由此可見，馮跋兄弟就收買離班、桃仁、務銀提等人，就在背後操縱弒殺高雲。換言之，我們認爲，最終殺死高雲的幕後策劃者莫過於馮跋及其兄弟。據此，中古時的一些史官已看破這個事實，所以分別記載道：「高雲爲海夷馮跋所滅」〔註 60〕；「〔馮〕跋又殺雲自立」〔註 61〕；「馮跋弒其主高雲。」〔註 62〕

〔註57〕《晉書》卷125《馮跋載記》，第 3128 頁。

〔註58〕劉玉山：《北燕王高雲被弒眞相探微》，《求索》期刊，2005 年第 11 期，第 194 頁。筆者是在相關史料頗爲缺乏的情況下，認爲劉玉山的見解較爲合理而引用：比如，在慕容熙時離班、桃仁作爲禁衛將，和馮跋間有相當大的熟悉。那麼，劉玉山的見解得以成立，馮跋兄弟爲了在和高雲一派間的權力鬥爭中要獲勝，就利用曾有一定熟悉和關係密切的人，使他們安排在殺害高雲的過程中擔任重要的角色。

〔註59〕劉玉山：《北燕王高雲被弒眞相探微》，《求索》期刊，2005 年第 11 期，第 194 頁。劉玉山還認爲，馮跋即位後，任命尚書令務銀提爲上大將軍、遼東太守。當時務銀提卻以爲自己的功勞高於「孫護、張興之上」，此是指滅亡後燕，而建立北燕時所做的作用。此外，他又自視出「功在孫護、張興之右。」（《晉書》卷 125《馮跋載記》，第 3132 頁。）那麼，此事唯一可能證明的就是他本人被馮跋收買後，馮氏一族殺害高雲時，爲馮氏一族做出了很大的貢獻。

〔註60〕《魏書》卷 3《太宗紀》，第 50 頁。

〔註61〕《魏書》卷 95《慕容雲傳》，第 2071 頁。

在 409 年 10 月戊辰，高雲和平日一樣，接受離班、桃仁的護衛來到東堂，但這一天有所不同的卻是他本人毫無防備地被離班等人所弒的陰謀正醞釀著。高雲一到東堂，離班就拿著身上隱藏的一把劍向他撲上來。高雲多次轉身避開危險，但桃仁卻在其旁邊拿起自己的劍刺殺了他。胡三省對高雲的弒害事件做注釋曰：「高雲以勇力發身，叨居君位，自謂非壯士以為翼衛不足以防其身，豈知小人之難養也。是以古之綴衣虎賁，左右攜僕，必用吉士，其慮患誠深遠也。」〔註63〕高雲不是死於馮跋兄弟的直接攻擊，而是因遭受他最信賴的「幸臣」的襲擊而死亡。如今我們對於高雲為了確立和加強君權，所採取的措施到底發揮多少的效果確切不得而知，但馮跋兄弟在兩年前強行地推舉已表示拒絕的他為「二十三人結謀者」的盟主，到這時他早已失去利用價值，甚至反而作為一股反對勢力威脅著馮氏整體勢力。那麼，我們從這種現象中可以看到古今中外在權力鬥爭中「飛鳥盡，良弓藏。狡兔死，走狗烹」的情況了。

終上所述，高雲自從被馮跋兄弟推舉為北燕天王，直到被殺的 2 年 3 個月的時間相當於「二十三人結謀者」進入北燕統治核心層，除此之外，他要脫離在那些結謀者中作為核心層的馮跋兄弟的牽制而展開鬥爭，並宣告失敗而被殺的時期。與此同時，對於離班、桃仁被馮跋兄弟所收買的事實高云是否提前知道，我們目前不得而知。不過他雖被強迫推舉為北燕主，但既然登上君主，要成為真正意義上的君主，為了其君權的確立和強化，他所做過的眾多努力應該得到積極的評價。那麼，關於和高雲有關的君權問題，我們可通過和那些結謀者的核心層馮跋兄弟間的鬥爭進行說明的話，在下一節要闡述弒殺高雲，而篡奪天王位的馮跋和結謀者階層以及在和這集團中佔據絕對地位的自己兄弟間的關係來分析這時君權的性質問題。

第二節　馮跋稱天王與「結謀者」

一、馮跋的大定百官與「結謀者」的反抗

馮跋的帳下督張泰、李桑等人分別在都城西門和宮廷內殺死弒殺高雲的

〔註62〕　《北史》卷 1《魏本紀》，第 26 頁。
〔註63〕　《資治通鑒》卷 115 晉紀 37 安帝義熙五年（409）條，第 3621 頁。

離班、桃仁後，和諸臣一同推舉馮跋爲新的北燕主。〔註64〕不過，馮跋卻以爲這次武裝舉事因有長弟馮素弗「才略不恒」而獲得成功，將帝位讓給他。對此，馮素弗則使用「臣」來表達曰：「臣聞父兄之有天下，傳之於子弟，未聞子弟藉父兄之業而先之。今鴻基未建，危甚綴旒，天工無曠，業係大兄。願上順皇天之命，下副元元之心。」〔註65〕群臣再次固請，於是馮跋才能接納其勸說，即天王位，大赦令曰：「義貴適時不必改作，故陳氏代姜不徙齊號，即號燕國。改爲太平元年。」〔註66〕接著他追尊以祖馮和爲元皇帝，以父馮安爲宣皇帝，與此同時，以母張氏爲太后，妻孫氏爲王后，子馮永爲太子。除此之外，他以「二十三人結謀者」爲主做了大定百官。其相關記載如下：

〔馮跋〕署弟〔馮〕素弗爲侍中、車騎大將軍、錄尚書事，〔馮〕弘爲侍中、征東大將軍、尚書右僕射、汲郡公，從兄〔馮〕萬泥〔註67〕爲驃騎大將軍、幽平二州牧，務銀提爲上大將軍、遼東太守，孫護爲侍中、尚書令、陽平公，張興爲衛將軍、尚書左僕射、永寧公，郭生爲鎮東大將軍、領右衛將軍、陳留公，從兄子〔馮〕乳陳爲征西大將軍、幷青二州牧、上谷公，姚昭爲鎮南大將軍、司隸校尉、上黨公，馬弗勤爲吏部尚書、廣宗公，王難爲侍中、撫軍將軍、潁川公。〔註68〕

首先，上述記載上的那些人物所封拜的官職、爵位以及出身，和高雲在

〔註64〕關於馮跋被推舉爲北燕主，有學者卻認爲，由於馮跋一家在高雲麾下已掌握大權，所以馮跋較爲容易地成爲第一個統治者。（池培善：《關於北燕（二）——以馮跋及其在位時爲中心》，《東洋史學研究》第29輯，1989年，第149頁。）據此可見，在馮氏一族中，馮跋因爲是第一個統治者，所以理所當然被推舉爲北燕主。這種見解確實是馮跋即北燕天王位的最普遍的看法。不過，筆者後將述及馮跋長弟馮素弗卻在帝王的「資質」方面很可能已超過馮跋。馮跋由於受到馮素弗等兄弟的或多或少的牽制，於是在實行大定百官時以其兄弟在內的結謀者爲主，且爲了使其君權被更多的人民百姓所接受，實行了諸多「善政」。

〔註65〕《十六國春秋輯補》卷98《北燕錄》1，第676頁。

〔註66〕《太平御覽》卷127偏霸部11，引崔鴻《十六國春秋・北燕錄》，第614頁。

〔註67〕關於馮萬泥對馮跋來說是個從兄，還是從弟，在不同史書記載著不一樣的內容。就是說，在史書原文上是從兄，但有從弟的記載。（《資治通鑑》卷114晉紀36安帝義熙三年（407）條，第3598頁，「〔馮〕跋、素弗與其從弟萬泥……。」）

〔註68〕《晉書》卷125《馮跋載記》，第3128頁。

位時的任職情況，歸納起來應得到下表的結果：

表六　馮跋即天王位時的大定百官一覽表

序號	人物	官　職	爵　位	出　身	高雲在位時的任職情況	備註
1	馮素弗	侍中、車騎大將軍、錄尙書事	范陽公	馮跋長弟	昌黎尹→司隸校尉	
2	馮弘	侍中、征東大將軍、尙書右僕射	汲郡公	馮跋少弟	中領軍、征東大將軍	
3	馮萬泥	驃騎大將軍、幽平二州牧	廣川公	馮跋從兄（或稱從弟）	尙書令→幽冀二州牧	被殺
4	務銀提	上大將軍、遼東太守		烏桓	司隸校尉→尙書令	被殺
5	孫護	侍中、尙書令	陽平公	高句麗／外戚	尙書左僕射	被殺
6	張興	衛將軍、尙書左僕射	永寧公	烏桓／外戚	輔國大將軍	
7	郭生	鎭東大將軍、領右衛將軍	陳留公	漢		
8	馮乳陳	征西大將軍、幷青二州牧	上谷公	馮跋從兄子	中軍將軍→幷州牧	被殺
9	姚昭	鎭南大將軍、司隸校尉	上黨公	羌		被殺
10	馬弗勤	吏部尙書	廣宗公	高句麗		
11	王難	侍中、撫軍將軍	潁川公	烏桓／外戚		

說明一：北燕天王馮跋和天王太子馮永不包括在上表之內。

說明二：上表的民族出身主要參考張金龍的見解。〔註69〕

　　上表任職者按其出身來做區別，包括在天王馮跋和天王太子馮永等 13 人中馮氏有 6 人占 47.7%，可接近一半，如果從實際政治權力來看，馮氏應佔據絕對高的地位。此外，張興、孫護、王難作爲馮跋的外戚，在剩下 7 人中可占一半，那麼馮氏及其外戚可占 69.2%，應佔據絕對的優勢。另外，如果從民族出身來做區別的話，張興、王難、務銀提都以烏桓出身，姚昭以

〔註69〕　張金龍：《北燕政治史四題》，《南都學壇》期刊，1997 年第 4 期，第 20 頁。
　　　　　與張金龍的見解不同，有學者卻認爲，這次任官者中很可能以胡人出身的才有姚昭、張興、王難等 3 人。這是因爲慕容燕以來，北燕也繼承後燕優待漢人的傾向。（大澤陽典：《慕容燕から馮燕へ》，《立命館文學》第 418～421 輯，1980 年，第 306 頁。）不管怎樣，筆者認爲前者很可能比後者更有說服力，故採用了前者。特此說明。

羌族出身，孫護和馬弗勤以高句麗出身。郭生很可能來自於太原郭氏，他移民於遼西之地，似乎和馮氏沒有什麼不一樣了。〔註70〕除此之外，從任職時間的長短來看，在後燕時確切擔任官職的只有孫護，其他人都不是很清楚，不過他們都作爲那個「二十三人結謀者」的成員參與了武裝舉事。〔註71〕那麼，馮跋繼承了高雲所建立的以那些結謀者爲主的權力結構，甚至通過和他們間的關係樹立起實至名歸的君權。據此，首先我們將對那些結謀者進行相關的性格分析，而後進行探討馮跋爲何繼承這種權力結構，以及爲了克服這種結構他所採取的相關措施。

那些結謀者大多出身於貧寒的俠士，一方面有不畏強暴、行俠仗義等積極的一面，但另一方面有文化教養較低，容易被財物所迷惑，且行動粗暴或性格暴躁等不好的一面。〔註72〕我們不妨從大的角度來看，那些結謀者可分成馮跋兄弟〔註73〕、禁衛將集團、苻進的黨羽。〔註74〕如上表所示，高雲在

〔註70〕張金龍：《北燕政治史四題》，《南都學壇》期刊，1997年第4期，第20頁。

〔註71〕大澤陽典：《慕容燕から馮燕へ》，《立命館文學》第418～421輯，1980年，第306頁。其實，我們隨即在史書上找出自從後燕以來的任官者中，除了孫護之外，還有擔任殿中左監、衛中郎將、中衛將軍等官職的馮跋以及擔任侍御郎、帳下督等官職的馮素弗，左衛將軍張興等人。

〔註72〕《晉書》卷125《馮跋載記》，第3130頁，「〔馬〕弗勤拔自寒微……。」同上書，第3127頁，「〔馮跋〕三弟皆任俠，不修行業，惟跋恭愼，勤於家產。」同上書，附馮素弗傳，第3133頁，「〔馮素弗〕任俠放蕩，不修小節。」《十六國春秋輯補》卷98《北燕錄》1，第677頁，「〔馮〕乳陳性寵獷，勇氣過人。」同上書，卷100《北燕錄》3，第687頁，「〔姚〕昭貪暴。」

〔註73〕在那些結謀者中起到核心作用的是馮跋兄弟。據瞭解，馮跋是第一次和長弟馮素弗、從兄馮萬泥一同圖謀武裝舉事，而後組成那些結謀者的。關於此問題，有學者卻認爲，給馮跋作出很大幫助的三弟分別有馮素弗、馮丕、馮洪。其中並沒有提出少弟馮文通的是，因爲他年小，爲馮跋掌握政權未能作出大的貢獻。（池培善：《關於北燕（二）——以馮跋及其在位時爲中心》，《東洋史學研究》第29輯，1989年，第147頁，註19。（池培善：《北燕馮跋王國的發展與對內外政策》，《中世中國史研究——慕容燕與北燕史》，首爾，延世大學校出版部，1998年，第320頁，註20。））筆者在此卻認爲，在馮跋三弟中馮洪很可能是指馮弘。馮弘字文通，他在高雲在位時擔任中領軍掌握禁衛軍，爲了馮跋殺害高雲，而後篡奪政權應有相應的貢獻。更詳細的請參考註55。

〔註74〕《資治通鑑》卷114晉紀36安帝義熙三年（407）條，第3598頁，「〔馮〕跋等與左衛將軍張興及苻進餘黨作亂。」《晉書》不同於《資治通鑑》的，這麼記載著：「〔馮跋〕遂與〔馮〕萬泥等二十二人結謀。」（《晉書》卷125《馮跋載記》，第3127頁。）我們即使對於在那些結謀者中除了馮跋、馮素弗、馮萬泥、張興、高雲等人之外，其他人的更具體的情況不得而知，但他們應是

位時已進入權力核心層，而後由於當時高雲和馮跋間的權力爭奪，隨即分成兩股勢力，就很可能被迫要自己選擇投靠哪一方，其中高雲和馮跋都積極地對對方實行拉攏或收買的工作。如前所述，爲高雲所重用的離班、桃仁、務銀提等人都先後被馮氏所收買，後來爲馮跋的篡位做了很重要的貢獻。據瞭解，在那些結謀者中，有一部分人和高雲、馮跋一同參與建立北燕的創業之中，甚至確信馮跋得到他們的支持能驅除高雲而成功地篡位。不過後來他們受到的待遇並未如所期待的那樣，由此，對馮跋日漸不滿，隨時爆發叛變得很有可能。在此，這種不滿情緒和他們原來所保持的「不修行業」、「任俠放蕩」、「龕獷」、「貪暴」等性格纏繞在一起，確切容易採取叛逆行爲可直接對北燕造成不良影響。其不滿情緒和謀反行爲我們將從其構成人員來看，應分成馮跋兄弟和其他結謀者。

首先，馮萬泥〔註 75〕和馮乳陳爲武裝舉事的成功以及馮跋的篡位做出了很大貢獻。〔註 76〕之後，他們要想在中央政壇擔任公輔，但反而使得繼續擔任地方官，對馮跋的這種做法有極大的不滿。〔註 77〕尤其是，馮乳陳派人找到馮萬泥有預謀地希望他一起行動。於是馮萬泥前往由馮乳陳鎮守的白狼，一同商榷其謀反之事。這時得知其消息的馮跋就遣馮弘和張興等人率步騎二萬，前往討伐他們。據瞭解，馮弘在進行軍事討伐前，試圖派人說服他們。他說道：「昔者兄弟乘風雲之運，撫翼而起。羣公以天命所鍾，人望攸係，推逼主上光踐寶位。裂土疏爵，當與兄弟共之，奈何欲尋干戈於蕭牆，棄友于而爲鬩伯！過貴能改，善莫大焉。宜舍茲嫌，同獎王室。」由此，馮萬泥的

在滅亡後燕，並建立北燕的過程中一同籌劃謀略的人。比如，進入和龍城後提供居處的孫護；高雲、馮跋所重用的務銀提、馬弗勤，還有在馮弘時擔任大司馬等高官的姚昭等人。

〔註75〕我們根據如下記載，可見馮跋使馮萬泥作爲幽、冀二州牧，而鎮守肥如，這等於既對他本人的重視，又對其職位的肯定。（《十六國春秋輯補》卷98《北燕錄》1，第 676～677 頁，「尋而萬泥抗表請代，跋曰，猥以不德，謬爲羣賢所推，思與兄弟，同茲休戚。今方難未寧，維城任重，非明德懿親，孰克居也。且折衝禦侮，爲國藩屏，雖有他人，不如我弟兄，豈得如所陳也。於是加開府儀同三司。」）

〔註76〕《資治通鑑》卷 115 晉紀 37 安帝義熙六年（410）條，第 3641 頁，「〔馮萬泥、馮乳陳〕自以宗室，有大功，〔胡注：慕容熙之死，萬泥、乳陳皆有功〕謂當入爲公輔。」

〔註77〕《晉書》卷 125《馮跋載記》，第 3129 頁，「〔馮〕跋以二藩任重，因而弗徵。」據如上記載，可見其實馮跋無疑重用他們的，但在怎麼重用這個問題上，馮跋和他們有不同的差異。

決心開始動搖並提出歸降。馮乳陳立刻拔起劍大怒說道：「大丈夫死生有命，決之于今，何謂降也！」之後，他們限定日期而出戰。不過，這一天夜裏馮乳陳卻遭受馮弘、張興等人的襲擊而敗北。馮乳陳等人放棄決戰，「懼而出降」，但都被馮弘所殺了。〔註78〕這個馮乳陳等人的謀反行為發生在馮跋即天王位剛過一年後的410年12月份。這謀反被鎮壓後，馮跋重新採取了以范陽公馮素弗為大司馬、遼西公，以馮弘為驃騎大將軍、中山公的措施。〔註79〕他之所以這麼做，是為了防止北燕宗室再次出現內部糾紛，特別對馮氏宗室進行優待政策了。〔註80〕

其次，尚書令孫護弟孫伯仁、孫叱支、孫乙拔等人都具有「才力」的同時，被認為驍勇善戰。在馮萬泥、馮乳陳的謀反被鎮壓後已過五年的415年，他們不僅跟隨家兄孫護參與武裝舉事建立起北燕，而且為馮跋的篡位也做出了相當大的功勞，但始終未能得到應有的待遇，由此對馮跋有極大的不滿。史書對此事記載著：「〔孫伯仁等人〕從燕王跋起兵有功〔胡注：謂殺慕容熙時也〕」〔註81〕以及「昌黎尹孫伯仁、護弟叱支、叱支弟乙拔等俱有才力，以驍勇聞。跋之立也，並冀開府，而跋未之許，由是有怨言。」〔註82〕他們甚至更強烈地表達不滿情緒，說道：「興建大業，有功力焉，而滯於散將，豈是漢祖河山之義乎！」馮跋得知此消息後，立刻派人殺死他們，還為了安撫孫護，把他的官職提升到左光祿大夫、開府儀同三司、錄尚書事。不過，孫護失去三弟後，始終有「怏怏有不悅之色」，最終也被毒死了。〔註83〕據瞭解，孫護和他三弟被殺前，一種預告性的徵兆給孫護提出了一個告誡。就是說，在他的家裏發生「犬與豕交」的怪事。孫護就招回太史令閔尚問起此事。閔

〔註78〕 《晉書》卷125《馮跋載記》，第3129頁。

〔註79〕 據瞭解，馮跋的另一弟馮丕從前為了躲避一場「亂」，逃奔於高句麗，但直到414年決定返回北燕。於是馮跋任命他為尚書左僕射、常山公，以表示重用。（《晉書》卷125《馮跋載記》，第3132頁。）我們雖未能知道馮丕所躲避的那個「亂」具體是指哪個，但根據《晉書·馮跋載記》的相關記載，從馮弘事先派人說服馮萬泥時說道的話來看，加上從馮丕「因亂投於高句麗」來看，其「亂」很可能是指馮萬泥、馮乳陳之亂。馮丕確實不同於馮萬泥，不從於馮乳陳的「剋期出戰」而亡命於高句麗。

〔註80〕 池培善：《關於北燕（二）——以馮跋及其在位時為中心》，《東洋史學研究》第29輯，1989年，第152～153頁。

〔註81〕 《資治通鑑》卷117晉紀39安帝義熙十一年（415）條，第3683頁。

〔註82〕 《晉書》卷125《馮跋載記》，第3132頁。

〔註83〕 《晉書》卷125《馮跋載記》，第3132頁。

尚通過此怪事警告孫護說道：地位達到「冢宰」的孫護和被封爲列侯的三弟不可自高自大，必須檢點自己，一定要「修尚恭儉」。〔註84〕不過，他們只依靠「才力」，仍對繼續擔任不可「開府」的「散將」表示極大的不滿，結果仍不得善終。〔註85〕除了上述例子之外，我們不妨看一看務銀提的例子。他發動叛變的理由，總體上看和孫護兄弟的非常相似。如前所述，務銀提作爲結謀者的成員滅亡後燕，做出了很大的功勞，被評爲「孫護、張興之上」。與此同時，幫助馮氏兄弟殺害高雲也有相應的功勞，有「孫護、張興之右」。如此他以爲功勞這麼大，但馮跋對他的官職從尚書令轉變爲上大將軍、遼東太守，似乎有降職的意思。因此，被任邊郡太守的務銀提與其說接受這種冷待，不被在北燕重用，而過著被左遷的「罪人」一樣生活，不如說先通過直言進諫來表達自己的意思，甚至圖謀謀反表示自己的價值。但馮跋不能默認此事，立刻派人殺死他了。〔註86〕

　　以上，我們分析了「二十三人結謀者」具有哪些性格，且這種性格給他們圖謀叛變中所做的影響。不過，對於有不滿情緒或謀求叛變的他們，馮跋始終用這種「誅殺」的最極端的方式來處理。胡三省對此做注釋曰：「萬泥、乳陳既死，孫護兄弟及務銀提又誅，馮跋亦少恩矣。」〔註87〕如果這種注釋較爲合理，宰相馮素弗當時仍生存的話，馮跋不一定這麼輕易地殺死孫護兄弟或務銀提。〔註88〕

〔註84〕　《晉書》卷125《馮跋載記》，第3131～3132頁，「其尚書令孫護里有犬與豕交，護見而惡之，召太史令閔尚筮之。尚曰：『犬豕異類而交，違性失本，其於洪範爲犬禍，將勃亂失眾，以至敗亡。明公位極冢宰，遐邇具瞻，諸弟並封列侯，貴傾王室，妖見里庭，不爲他也。願公戒滿盈之失，修尚恭儉，則妖怪可消，永享元吉。』護默然不悅。」

〔註85〕　我們根據《十六國春秋輯補》的相關記載，可知對於司隸校尉姚昭的被殺，雖然其殺害者不是馮跋，但非常類似於孫護兄弟被殺之事。(《十六國春秋輯補》卷99《北燕錄》2，第684頁，「太平二十一年，二月，飄風從征南大將軍、上黨公姚昭宅，至於司徒、中山公弘宅而散，上黨公家人問太史令閔尚，尚曰，風者，天之號令，所以吹塵去穢，除姦慝之禍，當修德以免禍。昭不聽。」同上書，《北燕錄》3，第687頁，「〔馮〕弘僭即天王位，以姚昭爲大司馬。昭貪暴，其子肇諫曰，大人不聞飄風之怪乎。昭不納，明年，弘殺昭幷諸子姪四十餘人。」)

〔註86〕　《晉書》卷125《馮跋載記》，第3132頁，「尋而遼東太守務銀提自以功在孫護、張興之右，而出爲邊郡，抗表有恨言，密謀外叛。跋怒，殺之。」

〔註87〕　《資治通鑒》卷117晉紀39安帝義熙十一年（415）條，第3683頁。

〔註88〕　《資治通鑒》卷116晉紀38安帝義熙十年（414）條，第3672頁，「燕遼西

二、馮跋加強君權及其背景

筆者如前馮跋繼承了高雲所創建的「二十三人結謀者」爲主的權力結構，那麼他爲什麼採取了這種措施呢？首先，使我們想到的是馮跋很可能無權掌握整個王朝；其次，很可能受到作爲他的潛在競爭對手長弟馮素弗的或多或少的影響；再次，他即天王位後，所依靠的階層只能是以那些結謀者爲主的階層。那麼，馮跋爲了克服這種限制，多次進行「善政」，使其君權普遍爲人民百姓所接受，以確立並加強君權。

一般來講，馮跋從前懼怕被慕容熙所殺，而避難於山澤時；後來爲了建立「公侯之業」而暗中謀劃時；甚至結合「二十三人結謀者」，而進入和龍城時，並不能獨自採取行動，都是和其他兄弟一起去參與其事的。後來壓迫高雲，推舉他爲盟主時；甚至高雲大定百官時，馮跋一向和其他兄弟都佔據絕對的地位；加上在和高雲間的權力鬥爭中獲勝，即天王位時，這種現狀從未改變。於是在北燕的建國上遇見任何事情，馮跋都經常和兄弟們一起商討意見後，參與實際行動。這可證明在馮氏的創業中命令系統從未由馮跋所統一調配，當然創業之後，他很可能受到兄弟們的或多或少的牽制，因此背上要克服這種限制的包袱。從這個視角來講，可相信這種「〔馮〕跋之僞業，〔馮〕素弗所建也」〔註89〕的說法。甚至諸多屬官推舉馮跋爲帝王時，他坦然說道：「范陽公素弗才略不恒，志於靖亂，掃清凶桀，皆公勳也。」〔註90〕尤其是，根據有學者的看法，如這兩人相互進行比較，從「在某方面具有突出特點的人」這個角度來看，馮素弗反而比馮跋高一疇。〔註91〕據此，筆者則認爲，這種見解似乎更接近事實的話，馮素弗的權威已超過馮跋，甚至在馮氏一族的核心人物很可能不是馮跋，而是馮素弗了。那麼，馮素弗固辭時說道的，

公素弗卒，燕王跋比葬七臨之。〔胡注：古者大臣卒，君三臨其喪。〕」據瞭解，馮素弗是被稱獨一不二的宰相，他的死亡肯定對北燕來說是很大的損失。按古例，君主一般來臨大臣的葬禮只要三次足夠了。但馮跋連七次參加馮素弗的葬禮，這意味著對他的死亡深感大可惋惜。由此，如果馮素弗沒有這麼早死亡，很可能孫護兄弟、務銀提等人的不滿情緒或謀反應有不同的表現。（大澤陽典：《慕容燕から馮燕へ》，《立命館文學》第418～421輯，1980年，第311頁。）

〔註89〕《晉書》卷125《馮跋載記》附馮素弗傳，第3134頁。

〔註90〕《晉書》卷125《馮跋載記》，第3128頁。

〔註91〕大澤陽典：《慕容燕から馮燕へ》，《立命館文學》第418～421輯，1980年，第311頁。

比如：「聞父兄之有天下，傳之於子弟，未聞子弟藉父兄之業而先之」，正好反映出實際情況。即馮跋既是馮素弗的大兄，又是年長者，正是如此，他是否被推舉為天王呢？當時至少馮素弗是對馮跋有如此做評價的。除此之外，我們在史書上找出馮素弗不是個庸人，於是記載著上天已認可他具備「帝王」的資格：比如，「初，跋弟素弗與從兄萬泥及諸少年遊于水濱，有一金龍浮水而下。素弗謂萬泥曰：『頗有見否？』萬泥等皆曰：『無所見也。』乃取龍而示之，咸以為非常之瑞。慕容熙聞而求焉，素弗秘之，熙怒，及即偽位，密欲誅跋兄弟。」〔註92〕據上述可見，具備「非常之瑞」的人不是馮跋，而是馮素弗。〔註93〕當時馮素弗拿著「金龍」的事情肯定為其兄長馮跋所知道，那麼，馮跋始終把這件事情放在心裏，不容易忘掉，是否成為在心中最大的負擔呢？〔註94〕正因為這種心理負擔，馮跋向那些推舉他為帝王的屬官坦言道：自己不具備帝王的資質，其位應當讓給具備其資質的馮素弗。甚至他感到在馮氏一族中馮素弗的地位和權威都已超過自己。那麼馮跋無法迴避這種事實，便有了如此想法。

如前所述，馮跋即天王位後，以那些結謀者為主進行大定百官。在上表中，高雲在位時期我們未能知道其任職情況的只有郭生、姚昭、馬弗勤、王難等 4 人，但對其他人都可瞭解。不過，如果馮跋不是馮氏集團的核心人物的話，自然也不是那些結謀者中的核心人物。馮跋雖未具備上天所安排的「帝王」資格，但能夠利用在馮氏兄弟中作為年長者的先天條件，而且待人寬容厚道，並積極經營家業充實後天條件〔註95〕，最終被推舉為北燕天王。因馮

〔註92〕《晉書》卷 125《馮跋載記》，第 3127 頁。

〔註93〕筆者認為，如果馮素弗即北燕天王位的話，這個故事要說明尤其是他的身世和其君權的正統息息相關，應該多次被引用。即便如此，馮跋在即天王位之前，一個明確的事實就是至少上天認定「帝王」有資格的不是他自己，而是他弟馮素弗。

〔註94〕我們根據《晉書·馮跋載記》的相關記載，馮跋所居住的家宅上出現雲氣，是很像個樓閣。當時人對此表示很大的異常。不僅如此，有一天夜裏天門打開，其神光照耀其庭內，閃亮發光。有學者則對此認為，我們可利用這個故事把王權神授說和馮跋的即位聯繫在一起，不過這就是為了主張馮跋一定要登上北燕主，以得到其正當性，只不過是人為地創造出來的。（池培善：《北燕馮跋王國的發展與對內外政策》，《中世中國史研究——慕容燕與北燕史》，首爾，延世大學校出版部，1998 年，第 319 頁。）

〔註95〕《晉書》卷 125《馮跋載記》，第 3127 頁，「〔馮跋〕寬仁有大度，飲酒一石不亂……惟跋恭慎，勤於家產，父母器之。」

素弗的固辭，而即天王位的馮跋能夠建立起馮氏王朝，但對他來說第一個面對要解決的問題莫過於把哪些人任命到官僚組織中呢？換言之，當時和他一同參與武裝舉事，並在高雲時一起擔任重要職官的結謀者是否能爲他所用並加以信賴呢？筆者認爲，馮跋的這種想法最終體現在其大定百官上了。

那麼，我們有必要分析關於馮跋要克服這種限制，如何讓依靠於較爲狹窄的結謀者的君權，能夠爲更多的百姓所普遍接受，而得以行使至高無上的權力呢？關於這問題，首先最值得我們注意的是，對馮跋的君權造成潛在威脅因素的，是他長弟馮素弗積極地輔佐馮跋，爲北燕王室鞠躬盡瘁，從而在百姓心中樹立了巨大的威望。〔註96〕從而，在五胡王朝的諸多君主中，馮跋特別被評爲「有道」的人物，〔註97〕這和馮素弗的作用不是沒有關係的。第一，在馮跋所採取的諸多措施中，尤其注重改善民生，這是因爲直接關係到不僅慕容熙的敗亡和結謀者的武裝舉事的成功，而且自身的君權必須依靠於更廣泛的百姓的支持。〔註98〕由此，他多次進行「善政」，而安撫百姓和安定社會，以加強自身的君權。我們不妨看一看相關的例子：（1）在409年，馮跋即北燕天王位後不久，「分遣使者巡行郡國，觀察風俗。」〔註99〕（2）在411年，馮跋下書曰：「自頃多故，事難相尋，賦役繁苦，百姓困窮。宜加寬宥，務從簡易，前朝苛政，皆悉除之。守宰當垂仁惠，無得侵害百姓，蘭臺都官明加澄察。」〔註100〕（3）在411年，馮跋再次「分遣使者，巡行郡國，孤老久病不能自存者，振穀帛有差，孝悌力田和順者，皆褒顯之。」

〔註96〕《資治通鑑》卷115晉紀37安帝義熙五年（409）條，第3622頁，「〔馮素弗〕好申拔舊門，謙恭儉約，以身帥下，百僚憚之，論者美其有宰相之度。」

〔註97〕大澤陽典：《慕容燕から馮燕へ》，《立命館文學》第418～421輯，1980年，第308頁。

〔註98〕《資治通鑑》卷114晉紀36安帝義熙三年（407）條，第3598頁，「〔慕容〕熙賦役繁數，民不堪命，〔馮〕跋、素弗與其從弟萬泥謀曰：『吾輩還首無路，不若因民之怨，共舉大事，可以建公侯之業，事之不捷，死未晚也。』據上述記載，可知在慕容熙時百姓因賦役繁重而不可從命。這種客觀事實給馮跋兄弟提供較爲合理的名分，而後武裝舉事能夠獲得成功。那麼，對當時北燕天王馮跋來說，「賦役繁數，民不堪命」以及「因民之怨」等因素是他爲了加強君權時必須要考慮後做出解決的問題了。

〔註99〕《十六國春秋輯補》卷98《北燕錄》1，第676頁。

〔註100〕《晉書》卷125《馮跋載記》，第3129頁。在412年馮跋再次頒佈詔令採取了與上述相同的措施：「〔馮〕跋勵意農桑，勤心政事，乃下書省徭薄賦，墮農者戮之，力田者褒賞，命尚書紀達爲之條制。」（《晉書》卷125《馮跋載記》，第3130頁。）

〔註101〕（4）後來在 414 年，馮跋又下書曰：「今疆宇無虞，百姓寧業，而田畝荒穢，有司不隨時督察，欲令家給人足，不亦難乎！桑柘之益，有生之本。此土少桑，人未見其利，可令百姓人殖桑一百根，柘二十根。」〔註102〕以上一些和百姓生活息息相關的措施得以實行下去，馮跋原來所做目標的「疆宇無虞」和「百姓寧業」應該得到實現，與此同時，其君權通過如上措施來，比他剛即天王位時的應該更爲加強。換言之，馮跋不想爲將來的篡權者留下以「賦役繁數，民不堪命」和「因民之怨」爲口實的客觀條件和百姓揭竿而起的現實基礎。從這個意義來講，馮萬泥、馮乳陳、孫護兄弟以及務銀提等人的不滿情緒或謀反之事，還被殺的原因都是關係到對馮跋個人的「不滿」而引起的。

其次，馮跋不僅爲了鞏固自己的統治地位，而且爲了減少在境內蔓延的階級或民族間的矛盾做出了相應的措施。（1）馮跋在即天王位的第二年（410），下書曰：「昔高祖爲義帝舉哀，天下歸其仁。吾與高雲義則君臣，恩踰兄弟。其以禮葬雲及其妻子，立雲廟於韭町，置園邑二十家，四時供薦。」〔註103〕對此，有學者則認爲，馮跋通過此措施來隱蔽自己爲高雲殺害的背後人物的事實，不過未能達到他的目的。〔註104〕（2）在 411 年，以昌黎郡出身的郝越，以營丘郡出身的張買成、周刁、溫建德、何纂等人都以「賢良」而選拔出來。〔註105〕我們在史書上找不出以後他們的經歷或作用，因此這種按照「賢良」的條件來選拔官吏的制度很可能沒有徹底地實行，似乎是臨時性的措施。不過，我們認爲馮跋留下按照「賢良」來選拔官吏的先例，甚至這爲調和階級間的矛盾，做出了某些貢獻。（3）到 415 年，馮跋下書曰：「武以

〔註101〕《十六國春秋輯補》卷 98《北燕錄》1，第 678 頁。除此之外，因爲到 421年在北燕境內發生多次地震，馮跋爲了預防百姓因之逃奔北魏，於是派一些官吏到地方去安撫百姓的疾苦。與此同時，他對孤兒、老人等生存較爲困難者給予穀物和布帛。（《十六國春秋輯補》卷 98《北燕錄》1，第 683 頁。）

〔註102〕《晉書》卷 125《馮跋載記》，第 3131 頁。另外，我們根據考古報告，可知當時北燕境內出現具有自給自足性質的「莊園式」的經濟。（徐基、孫國平：《遼寧朝陽發現北燕、北魏墓》，《考古》期刊，1985 年第 10 期，第 928 頁。）

〔註103〕《晉書》卷 125《馮跋載記》，第 3129 頁。

〔註104〕劉玉山：《北燕王高雲被弑眞相探微》，《求索》期刊，2005 年第 11 期，第 195頁。

〔註105〕《晉書》卷 125《馮跋載記》，第 3130 頁。除此之外，馮跋每次派遣地方官時，親自到東堂向他們問起「政事之要」，以考察他們的官吏資質。由此在朝野出現了「競勸」的好風氣。（同上書，第 3130 頁。）

平亂，文以經務，寧國濟俗，實所憑焉。自頃喪難，禮崩樂壞，閭閻絕諷誦之音，後生無庠序之教，子衿之歎復興于今，豈所以穆章風化，崇闡斯文！可營建太學，以長樂劉軒、營丘張熾、成周翟崇爲博士郎中，簡二千石已下子弟年十五已上教之。」〔註106〕馮跋通過它培養太學生，具有構成未來北燕的官僚階層的積極意義。〔註107〕不管怎樣，我們則認爲，不僅有明文規定爲興盛北燕王朝，而培養年輕的人才，而且不分胡人或漢人，而二千石以下的官吏子弟都有接受教育的機會，這應該說至少在教育方面不實行民族間的區分或差別。（4）通過大單于的任職來有系統地統治眾多胡人，以任命太子馮永爲大單于，其下設置單于四輔。〔註108〕胡三省對此做注釋曰：「太子領大單于始於劉漢，時置〔單于〕左、右輔而已，〔馮〕跋增置〔單于〕前輔、後輔。」〔註109〕按照胡三省的見解，北燕對胡人的統治問題比後燕的更加敏感，並受重視，所以在單于屬官比後燕的單于左輔、右輔增加到單于左輔、右輔、前輔、後輔。〔註110〕此外，（5）在 411 年，馮跋「遣其太常丞劉軒徙北部人五百戶于長谷，爲祖父園邑。」〔註111〕據史載，我們要考慮一種事實，即長谷是曾馮氏一族從離開中原之地遷徙到遼西之地時居住過的地方。馮跋在那裏建成園邑，並負責馮氏的祭祀，這就等於提高和加強馮氏宗室的權威和領導。與此同時，河間人褚匡說道：「陛下至德應期，龍飛東夏，舊邦宗族，傾首朝陽，以日爲歲。若聽臣往迎，致之不遠。」對此，馮跋在 414 年任命褚匡爲游擊將軍、中書侍郎，把居住於長樂的馮氏宗族遷徙到北燕境內。據瞭解，當時長樂屬於北魏的勢力範圍內，但馮跋從兄馮買、從弟馮睹等人率五千餘戶，順利地來奔於北燕。〔註112〕在這裏，我們卻認爲，從上述措施的結果來看，這表明在長谷營造園邑，和要提高馮氏宗室的措施是一脈相承的。後來，

〔註106〕《晉書》卷 125《馮跋載記》，第 3132 頁。

〔註107〕池培善：《北燕馮跋王國的發展與對內外政策》，《中世中國史研究——慕容燕與北燕史》，首爾，延世大學校出版部，1998 年，第 333 頁。

〔註108〕有學者認爲，馮跋在內的馮氏一族移住於昌黎以來，有意識地接受鮮卑文化，並在這種環境下繼續生活下去。後來他們尤其是對在漢、鮮卑的勢力基礎上建立起的王朝進行統治的需要，要統治鮮卑人設置了其官僚機構大單于和單于四輔。（三崎良章：《北燕の「鮮卑化」》，《五胡十六國の基礎的研究》，東京，汲古書院，2006 年，第 130 頁。）

〔註109〕《資治通鑑》卷 116 晉紀 38 安帝義熙七年（411）條，第 3647 頁。

〔註110〕《晉書》卷 125《馮跋載記》，第 3130 頁，「以其太子永領大單于，置四輔。」

〔註111〕《晉書》卷 125《馮跋載記》，第 3130 頁。

〔註112〕《十六國春秋輯補》卷 98《北燕錄》1，第 678～679 頁。

馮買、馮睹各自被封爲衛尉、城陽伯和太常、高城伯。(6)馮跋下書曰：禁止改葬和厚葬，以防止浪費，並打造節儉的風氣。〔註113〕這措施不管是對統治階級還是被統治階級，在整個北燕境內胡、漢人民作爲對象，馮跋作成一個模範，得到了眾多百姓的歡迎。〔註114〕那麼，我們可以設想通過這種措施使不同階級間的矛盾或糾紛應得到相當大的緩解。

　　再次，關於和周圍諸民族或諸王朝間的關係，馮跋更積極地採取對策，使之成爲加強君權和安定政權，甚至應對最大的危險勢力即北魏的措施。〔註115〕（1）在和柔然、庫莫奚等諸民族間的關係上，馮跋用信義和他們保持交往。這是因爲在漠北之地柔然是唯一強大的勢力，和北魏保持敵對關係。因此馮跋通過和柔然打成友好關係來牽制北魏，與此同時，以防禦北魏鐵騎的襲擊，需要柔然的良馬。就是說，柔然主斛律請婚於樂浪公主，並獻上三千匹馬。雖當時有馮素弗的反對，但馮跋接受他的請求。除此之外，後來被大但所驅除的斛律率部眾投靠北燕時，馮跋用客禮對待他，並接受他的女兒爲昭儀。這種舉措也反映出馮跋用信義和他們維持友好交流。〔註116〕另外，庫莫奚虞出庫眞率三千餘落請求交市，以獻上一千匹馬。對此，馮跋不僅接受他們的請求，而且使他們安置在營丘郡內。後來，契丹和庫莫奚又率部眾投降過來，他們的大人都被封爲歸善王。〔註117〕（2）在和高句麗間的關係上，馮跋繼承了高雲在位時的親善關係，因此沒有發生異常，兩國間保持了很友好的關係。〔註118〕此外，北燕和赫連夏間有「連和」性的交往。

〔註113〕《晉書》卷125《馮跋載記》，第3131頁，「下書曰：『聖人制禮，送終有度。重其衣衾，厚其棺槨，將何用乎？人之亡也，精魂上歸於天，骨肉下歸於地，朝終夕壞，無寒煖之期，衣以錦繡，服以羅紈，寧有知哉！厚於送終，貴而改葬，皆無益亡者，有損於生。是以祖考因舊立廟，皆不改營陵寢。中下境內，自今皆令奉之。』」
〔註114〕孫晶琪：《簡論馮跋》，《松遼學刊》期刊，1996年第3期，第52頁。
〔註115〕張金龍：《北燕政治史四題》，《南都學壇》期刊，1997年第4期，第22頁。
〔註116〕有學者認爲，歸附於北燕後不久，斛律要求回國，馮跋無法拒絕這個要求，所以允許了。他被大但所驅除，並無法幫他復位。甚至通過此，不想和柔然保持不便的關係。因此馮跋使護送他的單于前輔萬陵驅除他。以後，北燕和柔然仍然保持友好關係，這通過大但遣使送回三千匹馬、一萬口羊等事情來可瞭解到。（張金龍：《北燕政治史四題》，《南都學壇》期刊，1997年第4期，第22頁。）關於斛律的回國與他的被殺，以及大但獻上馬、羊等事情，請參考《晉書》卷125《馮跋載記》，第3132～3133頁。
〔註117〕《晉書》卷125《馮跋載記》，第3131頁。
〔註118〕池培善：《關於北燕（二）——以馮跋及其在位時爲中心》，《東洋史學研究》

比如，在 414 年赫連勃勃遣御史中丞烏洛孤到北燕，兩國間打成了「涊盟」。〔註 119〕除此之外，北燕和東晉間的關係似乎不是很頻繁，這很可能是因為受到北魏的阻礙。就是說在 417 年 4 月，北魏的章武太守扣留馮跋曾遣東晉的王特兒等人，並押送到京師平城。〔註 120〕後來，在同一年東晉的青州刺史申永遣使到北燕，對此，馮跋作為答使遣中書郎李扶到東晉。除此之外，雖然這不是在馮跋時的史實，但在 435 年劉宋文帝遣使，冊封馮弘為燕王。〔註 121〕總而言之，北燕在和諸民族或諸王朝間的關係上，多次避開競爭或衝突，始終保持著友好的關係。這在很大程度上是馮跋原來要實現政權的安定和君權的強化，且北魏日益對自己施加壓力而受牽制中尋找在外交上的解決方法了。〔註 122〕

第 29 輯，1989 年，第 160～161 頁。

〔註 119〕《資治通鑒》卷 116 晉紀 38 安帝義熙十年（414）條，第 3671 頁。

〔註 120〕《魏書》卷 3《太宗紀》，第 57 頁。

〔註 121〕《宋書》卷 5《文帝紀》，第 83 頁。

〔註 122〕有學者認為，君主本人為了確保安定的地位，不僅要承認和宗室有權者間共同分擔國權的「分權體制」，而且在這種環境下作為確保最高權威的人必須要做出應有的努力。（谷川道雄：《五胡十六國史、北周における天王の稱號》，《隋唐帝國形成史論》，東京，筑摩書房，1971 年，第 331 頁。）由此，我們則認為，上述諸多措施是馮跋受馮素弗或多或少的影響之下所推行的。那麼，馮素弗始終意為馮跋以潛在善意的競爭對手而活動，因此應該使馮跋加強君權與安定政權發揮著積極作用。

第七章　統治胡人與地域：大單于、
單于臺的意義

第一節　大單于的任職及其相關的問題

　　在本節中，筆者要分析的大單于職不是指五胡王朝君主自稱大單于，以及某個王朝或某個勢力集團的酋長封拜另外某個王朝或某個集團的酋帥為大單于，而是特指在該王朝的統治得以鞏固或安定時，為了實現「撫納群胡」而置的作為一種官職的大單于。〔註1〕筆者認為，在以往的研究中，尤其是在大單于的任職及其相關問題上發現一些問題有重新探討的必要，與此同時，在史書上因有記載的不同或遺漏，而使我們在如何理解大單于的任職上造成不少的混亂。由此，將在本節集中分析探討與此相關的問題。首先，在十六國時期將大單于的任職及其人物的出身、兼任的官職等事情按王朝類別和時間順序歸納出來，以得出如下的認識：

〔註1〕 根據現存的相關記載，可見慕容鮮卑首長慕容廆、慕容皝、慕容儁多次被西晉、東晉封為大單于；羌族首領姚弋仲也被東晉封為大單于。此外，前秦苻登封西秦乞伏國仁、乞伏乾歸為大單于，另乞伏乾歸被後秦姚興封為大單于。除了上述例子外，西晉末在中國北方掌握較為強大勢力的漢人王浚封慕容廆為大單于，慕容廆卻拒絕不受。筆者將在本章節中，上述例子的大單于及五胡王朝的君主自稱大單于的都不屬於討論的對象。

表七　五胡王朝大單于的任職及其人物表

序號	王朝	皇帝、王	年 月	人 物	爵 位	兼 任 的 官 職	出 身
1	匈奴漢、前趙	劉淵	310	劉聰	楚王	大司馬、錄尚書事	劉淵第四子
2		劉聰	310	劉乂	皇太弟	大司徒	劉聰異母弟
3			317.7	劉粲	皇太子	相國	劉聰長子
4		劉曜	325.6	劉胤	南陽王	大司馬	劉曜子
5	後趙	石勒	330.2	石宏	秦王	散騎常侍、都督中外諸軍事、驃騎大將軍	石勒子
6				石弘	太子		石勒第二子
7		石弘	333.8	石虎	魏王	丞相	石勒從子〔註2〕
8		石虎	339.7	石宣	太子		石虎子
9	冉魏	冉閔	350.11	冉胤	太原王	驃騎大將軍	冉閔子
10	前秦	苻健	352.1	苻萇	天王皇太子		苻健子
11	後燕	慕容垂	388.4	慕容寶	太子	錄尚書事〔註3〕	慕容垂第四子
12	北燕	馮跋	411.7	馮永	太子		馮跋子

說明一：上表據《晉書》、《魏書》、《資治通鑒》而成。

說明二：冉魏雖不屬於五胡十六國王朝行列，但也包括在本表中，以便瞭解此期大單于的情況。

　　據上表，我們可以得出如下的認識：

─────────────

〔註2〕 對於石虎和石勒間的血緣關係如何，目前有兩種不同的看法：石虎為石勒從子，此其一；石勒父朱幼曾以石虎為養子，故石虎為石勒弟，此其二。這種看法都依據如下記載：「石虎，字季龍，勒之從子，勒父朱幼而子之，故或謂之為勒弟。」(《太平御覽》卷120偏霸部4，引崔鴻《十六國春秋·後趙錄》，第580頁。)

〔註3〕 關於大單于慕容寶所兼領的官職，《資治通鑒》的記載卻不同於《晉書》的。前者曰：「〔388年〕燕主〔慕容〕垂以太子寶錄尚書事，授之以政……以太子寶領大單于。」(《資治通鑒》卷107晉紀29孝武帝太元十三年（388）條，第3382～3383頁。)另外，後者曰：「又以寶領侍中、大單于、驃騎大將軍、幽州牧。」(《晉書》卷123《慕容垂載記》，第3087頁。)對此，我們在史書上又發現慕容垂早在385年11月，任命慕容農為使持節，都督幽·平二州、北狄諸軍事，幽州牧，鎮守於龍城。後來至388年，慕容農仍任幽州牧。(《資治通鑒》卷107晉紀29孝武帝太元十四年（389）條，第3386頁，「遼西王〔慕容〕農在龍城五年，庶務脩舉。」)據此，筆者認為，大單于慕容寶所兼領的官職應按《資治通鑒》的記載，為錄尚書事。

（1）有些學者認為，一般而言，大單于職都由繼承帝位的儲君來擔任。〔註4〕這種看法很可能是因胡三省的注釋：「太子領大單于始於劉漢（案，或稱匈奴漢）」〔註5〕而得出的。不過，就匈奴漢、前趙而言，一半由儲君領大單于，其餘則不為其然。因之，這種「大單于職一般都由繼承帝位的儲君來擔任」的見解是否看成一般之事應有較大的疑問。據上表可知，大單于12人中7人為儲君，剩下5人為分封王，但他們都是該王朝君主的親子弟。那麼，這統計並不能證明在一般的情況下儲君擔任大單于的事實。在這裏，不妨看一看劉聰、劉胤的事例。我們認為，劉淵、劉曜因分別支持劉聰、劉胤兩人，且需要考慮當時的政治新格局，於是任命他們為大單于。劉聰被任為統治胡人的大單于後，直接控制「十萬勁卒」〔註6〕。後來劉淵死後，他憑藉其「十萬勁卒」的武裝力量發動軍事政變，不僅驅除自己的敵對勢力，而且控制整個政權。除此之外，劉胤之所以能被任為大單于，是因為直接關係到當時前趙所面臨的周圍環境以及劉曜對他的一種政治安排。對更詳細的論述，後將述及。據此可知，「大單于=儲君」的等式並不完全成立，也不是普遍事實。與此同時，該五胡王朝的君主按照當時所面臨的政局以及他本人的政治安排，任命尊貴的親子弟或大有影響力的宗室為大單于。〔註7〕

（2）有學者認為，大單于作為擁有軍政大權的國之副主，其地位僅次於皇帝，且只有皇太子或皇太弟領大單于時，才是皇權的真正繼承人。〔註8〕在匈奴漢時，皇太子劉和從未領大單于，但卻登上皇帝位；在後趙時，石虎並不佔有合法的儲君之位，但在領大單于之前已掌握國權後即居攝趙天王位。除此之外，石虎的太子石宣雖具有大單于之名，但因有殺害石韜之罪而被殺的結局顯示了其作為「國之副主」的地位只是徒有虛名而已；〔註9〕在北燕時，太子馮永領大單于，但最終未能登上皇帝位。據上述事例，可知儲君領大單

〔註4〕　內田吟風：《五胡亂及び北魏時代の匈奴》，《北アジア史研究——匈奴篇》，京都，同朋舍，1975年，第325頁；周偉洲：《漢趙國史》，太原，山西人民出版社，1986年，第187頁。

〔註5〕　《資治通鑒》卷116晉紀38安帝義熙七年（411）條，第3647頁。

〔註6〕　《晉書》卷101《劉元海載記》附劉和傳，第2653頁。

〔註7〕　姜文晧：《胡人天子論的出現》，《中國中世政治史研究——五胡十六國史》，首爾，國學資料院，1999年，第58頁。

〔註8〕　黃惠賢：《中國政治制度通史》第4卷《魏晉南北朝》，北京，人民出版社，1997年，第74頁。

〔註9〕　關於石宣被殺的原因及其相關的內容，請參考《晉書》卷107《石季龍載記》下，第2784～2785頁。

于時，才算皇權的眞正繼承人的看法，是在過於強調軍國大權爲大單于所掌握之下所提出來的。由此，筆者認爲官爲大單于的儲君與其說可自然而然地登上皇帝位，不如說在掌握五胡王朝的兵權後，可能按自己的意志使用它，比任何人更容易地即帝位。總而言之，儲君領大單于並不意味著已成爲「國之副主」，也不能一定要繼承帝位。

（3）除了劉乂、石虎兩人之外，大單于都由該王朝君主之子兼領。劉聰在其父劉淵死後發動的軍事政變中贏得勝利後，由於自己以庶孽出身，不可立即稱帝，只好打算把帝位讓給嫡出的其弟單皇后之子劉乂。但劉乂本人與不少大臣們卻「泣涕固請」〔註 10〕，於是劉聰公開說道：「〔劉〕乂及羣公正以禍難尚殷，貪孤年長故耳。此家國之事，孤何敢辭！俟乂年長，當以大業歸之。」〔註 11〕我們從劉聰的話語中卻發現，他因「禍難尚殷」而只好暫時登上皇帝位。這似乎不是自己的意願，但公開宣言等待劉乂長大後一定要推舉他爲帝王。〔註 12〕因此，劉聰爲了實現如上的承諾，不以其宣言爲食言，且使劉乂確保合法的儲君地位，就立他爲皇太弟的同時，領大單于。〔註 13〕除此之外，是關於石虎擔任大單于職。石勒在晚年因得寢疾而臥床不起。這時，石虎擅自篡改詔令，不使太子石弘與內外群臣間保持往來，使得孤立無援。如此看來，石虎較爲容易地掌握後趙的國權，並在石勒死後，雖認可石弘即帝位，但未有減少對篡奪帝位的野心。石弘仍受制於石虎，只好拜他爲丞相、魏王、大單于。不久，石虎以魏王、都督中外諸軍事、大單于等職權，更加強「總攝百揆」。由此，有學者則認爲，如果以權臣擔任大單于，則是出

〔註10〕 《晉書》卷 102《劉聰載記》，第 2658 頁。

〔註11〕 《資治通鑒》卷 87 晉紀 9 懷帝永嘉四年（310）條，第 2751 頁。有學者對於在史載中，尤其是「禍難尚殷，貪孤年長」提出很大的疑問，並對劉聰眞正讓帝位於劉乂之舉進行分析後，得出了這樣的認識：即劉聰讓帝位於劉乂，又承諾日後歸政，稱帝時尊單氏爲皇太后，立劉乂爲皇太弟，不僅是囿於匈奴五部立嫡的傳統及劉淵生前的排序，更是出自鞏固與氐人聯盟的實際政治需要。（陳勇：《漢國匈奴與氐人聯盟的解體——以劉乂案爲中心》，《歷史研究》期刊，2008 年第 4 期，第 12 頁。）

〔註12〕 有學者對於在史書中當時劉乂年僅七八歲幼年的記錄提出很大的疑問，並對此進行分析後，得出了如下的結論：劉乂母單氏和劉淵婚前曾與他人成親，所育一子，在單氏再婚後轉爲劉淵之子，年齡在劉和、劉聰之下，並更名劉乂。（陳勇：《漢國匈奴與氐人聯盟的解體——以劉乂案爲中心》，《歷史研究》期刊，2008 年第 4 期，第 7 頁。）

〔註13〕 李椿浩：《匈奴漢國的中央官職特點》，《中國邊疆史地研究》期刊，2008 年第 4 期，第 88～89 頁。

於無奈，表明皇權出現了危機。石弘實爲傀儡皇帝，事實上，不久石虎便取而代之了。〔註14〕

（4）漢人冉閔雖然以「殺胡之令」爲意念建立起冉魏王朝，但爲了「方欲撫納群胡」〔註15〕，與其他五胡王朝一樣設置大單于，而任命其子冉胤爲大單于、驃騎大將軍，以胡兵一千配給他。〔註16〕不過，對於冉閔的如此舉措，在漢人大臣中，卻具有「好直諫，陳軍國之宜，多見允納」的光祿大夫韋謏極諫道：「今降胡數千，接之如舊，誠是招誘之恩。然胡羯本爲仇敵，今之款附，苟全性命耳。或有刺客，變起須臾，敗而悔之，何所及也！古人有言，一夫不可狃，而況千乎！願誅屏降胡，去單于之號，深思聖王苞桑之誡也。」〔註17〕韋謏的諫諍未能被冉閔所採納，而大單于職不可廢止，但即便如此，就漢人王朝冉魏而言，大單于的職能完全相同於其他五胡王朝的。除此之外，我們從韋謏的諫諍中發現，當時胡、漢人間的民族矛盾頗爲激烈。

（5）352年正月，苻健即帝位時，說「單于所以統壹百蠻，非天子所宜領」〔註18〕後，以大單于職授給太子苻萇，令他專門統領「百蠻」。後來，苻萇死於與東晉間的戰爭中，之後我們對哪個人擔任大單于職，甚至對大單于是否建置也不得而知。〔註19〕不過，根據苻健「依漢、晉之舊，不必效石氏之初」〔註20〕可知，他明顯想要克服後趙的政治體制，回到「漢晉之舊」。因此前秦無疑要採取超越單于號，而廢置胡漢分治的措施，是他以後一定要解決的重大問題了。〔註21〕不管怎樣，從當時前秦所面臨的對內、外關係來說，曾爲大單于所統領的關中百蠻應統屬於苻氏勢力的範疇之內。

〔註14〕邱久榮：《單于雜考》，《中央民族學院學報》期刊，1989年第3期，第18～19頁。

〔註15〕《資治通鑑》卷98晉紀20穆帝永和六年（350）條，第3109頁。

〔註16〕李椿浩：《五胡時期漢人王朝冉魏及其特點——以胡漢對立與克服其限制爲中心》，《中國古中世史研究》第23輯，2010年，第132～133頁。

〔註17〕《晉書》卷91《韋謏傳》，第2361頁。

〔註18〕《資治通鑑》卷99晉紀21穆帝永和八年（352）條，第3122頁。

〔註19〕有學者認爲，至少有一點可以肯定，那就是在苻健死後即位的苻生統治時期胡漢分治政策已被廢除了。因爲自苻生起，就見不到大單于、單于左右輔、單于輔相之類的名號。當時取消單于臺，具有對胡漢人一視同仁，密切胡漢關係的意味，符合民族融合的潮流。（蔣福亞：《前秦史》，北京，北京師範學院出版社，1993年，第63頁。）

〔註20〕《資治通鑑》卷99晉紀21穆帝永和八年（352）條，第3122頁。

〔註21〕朴漢濟：《苻堅政權的性格》，《中國中世胡漢體制研究》，首爾，一潮閣，1988年，第64頁

苻健應該清楚地看到這種與胡人間的權力關係,所以及至臨死前,囑咐其太子苻生說道:「六夷酋帥及大臣執權者,若不從汝命,宜漸除之。」〔註22〕在此,其「大臣執權者」是指受輔政大權的太師魚遵、丞相雷弱兒、太傅毛貴、尚書令梁楞、尚書左僕射梁安、尚書右僕射段純、吏部尚書辛牢等人。那麼,其「六夷酋帥」卻指哪些人呢?筆者認為,他們是指與氐族苻氏一同,遷徙於京畿之地而統攝「六夷」(案,亦指「百蠻」)〔註23〕的各個部落豪酋。那麼,在苻健即帝位之前和之後,他們各自統領自己的部落民,應分別受到大單于苻健和苻萇的指揮,多次參與和東晉在內的「反苻」勢力集團間的軍事征戰。正是因為如此,「六夷酋帥」和「大臣執權者」在基本上已被苻氏控制,為了使前秦在關中之地確保根據立下了汗馬功勞。

關於大單于的任職問題,我們就得出如上事實的話,那麼有必要對在史書上的不同記載所引起的誤解做出合理的解釋,以接近更準確的歷史事實。換言之,匈奴漢的劉粲從何時起擔任大單于職,此其一;在後趙時,石勒的太子石弘、子石宏兩人是否統領過大單于,那麼,在此裏面有何含意,此其二;後燕的慕容寶任大單于及其相關問題,此其三。其詳細的內容分別如下:

首先,有學者認為,在 314 年 11 月,劉聰以子晉王劉粲為相國、大單于,總百揆,省丞相以並相國。這樣,匈奴漢的軍政大權基本上掌握在劉粲手中,而原領大單于的皇太弟劉乂的權力被剝奪殆盡。但同時認為,劉乂被劉粲所害的 317 年之前,即劉粲為大單于之前,劉乂一直領大單于之職。〔註24〕關於在劉粲從何時起擔任大單于職的同一個問題上,確實同口異聲、前後有差,我們有必要對此進行分析探討,以明辨是非。〔註25〕

在 312 年,劉聰分別以「魚蟹不供」和「作溫明、徽光二殿未成」為由,

〔註22〕 《資治通鑒》卷 100 晉紀 22 穆帝永和十一年(355)條,第 3147 頁。

〔註23〕 「六夷」乃泛稱,不必泥於六數。此六夷乃泛指諸胡雜夷,而非確指六種。(黃烈:《南匈奴的變化和消失》,《中國古代民族史研究》,北京,人民出版社,1987 年,第 202 頁。)

〔註24〕 周偉洲:《漢趙國史》,太原,山西人民出版社,1986 年,第 101 頁;第 186 頁。

〔註25〕 劉粲何時第一次擔任大單于職,除了有學者的同口異聲的主張外,還能關係到以匈奴血統的劉粲與匈奴血統半、氐族血統半,而持有氐、羌族的支持的劉乂間的權力爭奪。這件事情就我們研究匈奴漢的政治問題時頗為重要。對此,呂一飛則把劉聰時匈奴漢統治階層內部的關係,可理解為以純粹匈奴血統的人與以氐、羌族為中心的人之間的對峙。(呂一飛:《匈奴漢國的政治與氐羌》,《歷史研究》期刊,2001 年第 2 期,第 171～174 頁。)

先後殺死左都水使者劉攄和將作大匠靳陵，接著在遊獵不軌、理政不重時，
中軍大將軍王彰直言敢諫。對此，劉聰極為發怒，立刻下令把他斬殺。這時，
王夫人與張太后，以及「太弟〔劉〕乂、單于〔劉〕粲輿櫬切諫」〔註26〕，
並積極辯護王彰。後來到 314 年，劉聰「以晉王〔劉〕粲為相國、大單于，
總百揆。」〔註27〕不過到 317 年時，劉聰採取了「立晉王〔劉〕粲為皇太子，
領相國、大單于，總攝朝政如故」〔註28〕的措施。據上述可知，司馬光卻在
《資治通鑑》上記載劉粲如此擔任大單于職。在此，我們則認為，劉粲是在
312 年或 314 年，甚至 317 年中的哪一年開始任大單于的呢？乍一見 312 年的
似乎正確無錯，但無理由否定 314 年或 317 年的都有錯誤。與《資治通鑑》
的記載不同，房玄齡等人在《晉書》的那個部分尚未記錄劉粲任大單于。即
曰：「弟〔劉〕乂、子〔劉〕粲並輿櫬切諫」〔註29〕以及「〔劉〕聰以〔劉〕
粲為相國，總百揆。」〔註30〕有學者已注意此問題，認為劉粲稱大單于在建
興二年（314）十一月，司馬光作「單于粲」，不確，此時單于為劉乂。〔註31〕
不過，筆者卻認為，這種主張也不很全面。換言之，《晉書》的記載與《資治
通鑑》的相互進行對比參照，《資治通鑑》上的「單于」、「大單于」之字似乎
是個衍文。那麼，如前所述，劉聰稱帝時已公開宣言劉乂長大後一定把帝位
讓給他，但隨著時間的流逝，最初的意願也發生了變化。劉聰不顧一切暗中
有計劃地要奪回劉乂的儲君之位的同時，要培養以純粹屠各血統的劉粲，並
使他繼承未來的皇帝之位。〔註32〕於是在劉聰的默認之下，劉粲贏得與劉乂
間矛盾較大的靳準、王沈等人的支持，預先擬定謀殺劉乂，緊接著逮捕劉乂
麾下的氐、羌酋長十多人而進行追問，以暴露假造劉乂要謀反。〔註33〕此事
則發生在 317 年。對此，胡三省做注釋曰：「〔劉〕乂為大單于，氐、羌酋長

〔註26〕《資治通鑑》卷 88 晉紀 10 懷帝永嘉六年（312）條，第 2779 頁。
〔註27〕《資治通鑑》卷 89 晉紀 11 愍帝建興二年（314）條，第 2817 頁。
〔註28〕《資治通鑑》卷 90 晉紀 12 元帝建武元年（317）條，第 2847 頁。
〔註29〕《晉書》卷 102《劉聰載記》，第 2661 頁。
〔註30〕《晉書》卷 102《劉聰載記》，第 2666 頁。
〔註31〕陳勇：《〈資治通鑑〉十六國資料釋證──漢趙、後趙、前燕國部分》，北京，
　　　　中國社會科學出版社，2010 年，第 96 頁。
〔註32〕李椿浩：《匈奴漢國的中央官職特點》，《中國邊疆史地研究》期刊，2008 年第
　　　　4 期，第 88～89 頁。
〔註33〕《資治通鑑》卷 90 晉紀 12 元帝建武元年（317）條，第 2845～2846 頁，「〔劉〕
　　　　聰使〔劉〕粲以兵圍東宮，粲使〔靳〕準、〔王〕沈收氐、羌酋長十餘人，窮
　　　　問之。皆懸首高格，燒鐵灼目，酋長自誣與乂謀反。」

屬焉，故皆服事東宮。」〔註34〕據胡注可知，當時劉乂作爲皇太弟，仍任大
單于。這卻意味著劉乂在被劉粲所殺之前一直擔任大單于職。那麼，劉粲第
一次任大單于的時間並不在 312 年或 314 年中，而在殺死劉乂後的 317 年最
爲合適。〔註35〕

其次，《晉書·石勒載記》云：在 330 年，石勒自稱趙天王後，以「世
子〔石〕弘爲太子。署其子〔石〕宏爲持節、散騎常侍、都督中外諸軍事、
驃騎大將軍、大單于，封秦王。」〔註36〕據此可知，石弘並不是和石宏同一
人，大單于由石宏而任。對此記載，有學者卻根據《晉書·石季龍載記》：「〔石〕
季龍自以勳高一時，謂勒即位之後，大單于必在己，而更以授其子〔石〕弘
〔註37〕。季龍深恨之，私謂其子〔石〕邃曰：『……成大趙之業者，我也。
大單于之望實在于我，而授黃吻婢兒，每一憶此，令人不復能寢食』」〔註38〕，
認爲石勒即趙天王位後以太子石弘爲大單于，疑石弘即石宏，爲同一人，《石
勒載記》誤。〔註39〕除了這種見解之外，還有學者提出了如下的看法：比如，
石勒自稱大單于時，爲了加強太子石弘的勢力，不顧單于元輔石虎的存在，
使驃騎將軍、門臣祭酒王陽專門管理「六夷」的行政事務的同時，輔佐石弘。
因之，石弘就是當時實際性的大單于；〔註40〕絕對不容許一般人繼任大單
于，所以石勒稱帝時，爲了提高太子石弘的地位，將大單于授予他。〔註41〕
這些主張是否證明石宏任大單于之後，石弘也擔任過大單于職，否則「弘」
爲「宏」之誤，甚至在後趙政壇尚未存在過石宏這種一人。那麼，我們就有
必要圍繞著上述諸多問題進行合理的探討和分析，以解除存在的疑問。

〔註34〕 《資治通鑒》卷 90 晉紀 12 元帝建武元年（317）條，第 2846 頁。胡三省的
　　　　注釋並沒有疑問，那麼，劉乂應在從 310 年至 317 年間繼續擔任大單于職。

〔註35〕 在 317 年劉乂被劉粲所殺，並大單于由他所任。這意味著在匈奴漢統治階層
　　　　內部的權力鬥爭中，以純粹匈奴血統的一派擊敗另一個以氐族血統半、匈奴
　　　　血統半的勢力集團後已掌握國權。

〔註36〕 《晉書》卷 105《石勒載記》下，第 2746 頁。

〔註37〕 有學者認爲，「此弘當爲宏之誤，其時弘太子，宏爲大單于。」（邱久榮：《單
　　　　于雜考》，《中央民族學院學報》期刊，1989 年第 3 期，第 18 頁。）

〔註38〕 《晉書》卷 106《石季龍載記》上，第 2762 頁。

〔註39〕 周偉洲：《論十六國時期的「胡漢分治」》，《西北歷史研究》，西安，三秦出版
　　　　社，1987 年，第 107 頁，注 13。

〔註40〕 谷川道雄：《南匈奴の自立およびその國家》，《隋唐帝國形成史論》，東京，
　　　　筑摩書房，1971 年，第 51 頁。

〔註41〕 邱久榮：《十六國時期的胡漢分治》，《中央民族學院學報》期刊，1987 年第 3
　　　　期，第 45 頁。

及至 333 年，石勒因得寢疾而居禁中，不能正常參與朝政。當時，石虎擅自篡改詔令，招回鎮守地方各地的石宏與石堪於都城襄國。此時石勒病情有所好轉，接受石宏的朝見後，問道：我以爲你一直鎮守於鄴城。你是怎麼來的，你自己來的，還是有人叫你來的。如果有人叫你來的話，我非殺他不可。聽見此事的石虎驚訝地說道：秦王石宏是思慕陛下返回的。陛下您不用因這麼小事而困擾，立刻遣他回鄴城去了。〔註 42〕在這裏，我們明知石虎招回的秦王是指石宏，與此同時，他當時不在襄國，而在其藩鎮鄴城。〔註 43〕除此之外，他似乎已離開大單于職。即使我們暫時找不出對於石宏在從任大單于的那年到被招回的 333 年中的任何信息，但在後趙政壇中確實有石宏其人。那麼，石勒立石弘爲太子的同時，任命石宏爲大單于的史書記載應屬於事實。從而，石勒不想驅除石虎其人，反而使他輔佐石弘。〔註 44〕除此之外，石勒要預防死後可能會發生的非常之事，不僅任命石宏爲地方官鎮守於鄴城，而且按照徐光、程遐的諫諍，「始命太子省可尚書奏事」〔註 45〕的同時，任命太子石弘爲大單于。筆者認爲，這種舉措是在當時石勒所能想到的最佳的選擇。如果上述論述沒有太多過錯，石宏被任爲地方官，開始鎮守鄴城的時間大致相同於石弘被任爲大單于，並統領胡人的時間。那麼，這時間最早333 年之前，即 332 年石勒使石弘主管尚書奏事的同一時間。總之，石宏和石弘先後擔任大單于，這應屬於事實。

〔註 42〕《資治通鑒》卷 95 晉紀 17 成帝咸和八年（333）條，第 2986 頁，「〔石〕勒疾小瘳，見〔石〕宏，驚曰，『吾使王處藩鎮，正備今日，有召王者邪，將自來邪？有召者，當按誅之！』〔石〕虎懼曰，『秦王思慕，暫還耳，今遣之』」。

〔註 43〕《資治通鑒》卷 95 晉紀 17 成帝咸和八年（333）條，第 2986 頁，「胡注曰：〔石〕勒以〔石〕宏都督中外諸軍事，蓋使之鎮鄴。」

〔註 44〕《晉書》卷 105《石勒載記》下附石弘傳，第 2752～2753 頁，「〔石〕勒曰，『今天下未平，兵難未已，大雅（案，指石弘）沖幼，宜任強輔。中山（案，指石虎）佐命功臣，親同魯衛，方委以伊霍之任，何至如卿言也。卿當恐輔幼主之日，不得獨擅帝舅之權故耳。吾亦當參卿於顧命，勿爲過懼也。』……勒曰，『吳蜀未平，書軌不一，司馬家猶不絕於丹楊，恐後之人將以吾爲不應符籙。每一思之，不覺見於神色。』」據上述記載，石勒不僅不想驅除石虎，而且對程遐、徐光的多次諫諍都採取「不聽」，或「默然，而竟不從」的態度。

〔註 45〕《資治通鑒》卷 95 晉紀 17 成帝咸和七年（332）條，第 2983 頁。我們雖然不可準確知道石弘從何時起擔任大單于職，但其時間應由他開始掌管尚書奏事的 332 年最爲合適。

再次，慕容寶何時任大單于及其有何含義？據《資治通鑒》的記載可見，在 388 年慕容垂「以太子〔慕容〕寶領大單于」〔註46〕，但至 393 年，他還「加太子〔慕容〕寶大單于。」〔註47〕如果此記載前後沒有錯誤，除了難以判斷慕容寶確實何時任大單于之外，使我們得到這種信息：即慕容寶應先在 388 年任大單于，之後離職，後來至 393 年再以加官的形式任大單于。不過根據《晉書‧慕容垂載記》的相關記載可知，慕容寶任大單于的與其說 393 年，不如說 388 年。這是為什麼呢？原因如下：

慕容垂為了建立慕容氏王朝，打起「復燕」旗幟，逐步展開與前秦殘餘勢力間的軍事征戰。直到 385 年 12 月後，他才定都於中山，在翌年 2 月，又「置公卿尚書百官，繕宗廟、社稷」〔註48〕，終於完成了「復燕」。〔註49〕然而，我們在後燕的建國過程中會發現不少胡人的歸附或被俘：比如，在後燕建國的同一年，前秦的冀州牧苻定、鎮東將軍苻紹、幽州牧苻謨、鎮北將軍苻亮等人皆率部眾歸附於後燕。與此同時，丁零族豪酋鮮于乞被慕容麟所敗後，率其部眾投降。接著在 387 年，後燕的慕容氏將領擊敗襲擊中山的丁零族五千多人後，「盡俘其眾」〔註50〕，且攻破劉顯後，「悉收其部眾，獲馬牛羊以千萬數」，並「徙八千餘落于中山。」〔註51〕這些事例足夠證實在後燕境內，尤其是在都城中山周圍雜居著眾多胡人，並有必要對之有效的管理。〔註52〕由此看來，大單于的設置與任職很可能是在這種環境下出現的。〔註53〕另外，慕容垂為了太子慕容寶營建承華觀的同時，很類似於石勒曾加強太子之權所採取的措施，「以〔慕容〕寶錄尚書，政事巨細皆委之。」

〔註46〕《資治通鑒》卷 107 晉紀 29 孝武帝太元十三年（388）條，第 3383 頁。
〔註47〕《資治通鑒》卷 108 晉紀 30 孝武帝太元十八年（393）條，第 3410 頁。
〔註48〕《資治通鑒》卷 106 晉紀 28 孝武帝太元十一年（386）條，第 3359 頁。
〔註49〕關於後燕的建國及其相關的內容，請參考池培善：《後燕的帝國繼起》，《中世東北亞史研究——慕容王國史》，首爾，一潮閣，1986 年，第 231～252 頁以及李椿浩：《「統府」體制與後燕、南燕的建國》，《東方學》第 15 輯，2008 年。
〔註50〕《資治通鑒》卷 107 晉紀 29 孝武帝太元十二年（387）條，第 3377 頁。
〔註51〕《資治通鑒》卷 107 晉紀 29 孝武帝太元十二年（387）條，第 3379 頁。
〔註52〕關於後燕的領土擴張與鎮壓對內叛亂勢力，以及行政、軍事制度的確立，請參考池培善：《後燕的帝國繼起》，《中世東北亞史研究——慕容王國史》，首爾，一潮閣，1986 年，第 252～264 頁。
〔註53〕有學者認為，慕容垂之所以任命其子慕容寶為大單于，是因為具有既對漢族，又對游牧諸族的統治需要。（池培善：《後燕的帝國繼起》，《中世東北亞史研究——慕容王國史》，首爾，一潮閣，1986 年，第 264 頁。）

〔註 54〕那麼，據上述分析，慕容寶第一次擔任大單于的不是在 393 年，而是在 388 年。這是因為統一管理雜居於都城中山周圍的歸附或戰敗而來的眾多胡人的需要，除此之外，也是慕容垂有意加強太子之權的政治安排。

第二節　單于臺的設置

有學者認為，單于臺的設置，主要反映了某一胡人統治者為加強對「六夷」的管理而採取的一種行政措施，也是前趙等胡人王朝改造原匈奴的舊制，以適應新的歷史時代要求的產物。在中國封建政治制度上可以說是一個創造。在當時民族關係複雜的特定歷史條件下，單于臺有它出現的必然性和合理性，反映了當時各民族尚未融合的歷史事實，不能簡單地加以否定。〔註 55〕據瞭解，為「鎮撫六夷」而置的單于臺，其長官為大單于。在史書上如果找出單于臺設置的記載，必然會想起大單于的任職。不過與此相反，如果只看到大單于的任職，那麼有設置單于臺的可能，或許可用別的統治機構來代替其職能的可能。胡三省做注曰：「二趙以來，皆立單于臺以統雜夷，〔慕容〕盛仍此立之。」〔註 56〕由此看來，劉淵設置單于臺以來，似乎所有五胡王朝都設置單于臺，當然後燕主慕容盛也不例外。但就現存的史書記載而言，只在匈奴漢、前趙、後趙（案，不稱單于臺，而稱單于庭）及後燕王朝內才發現單于臺的記載，其他王朝卻並非如此。如有大單于的任職，自然引出單于臺設置的問題，但史書上從未提及單于臺的存在，是否有類似於單于臺這種統治機構的存在呢？據表七可知，大單于一半以上都由儲君來擔任，那麼，在此我們能否作出一個大膽的推斷，作為儲君常住之地的「東宮」可替代單于臺的功能。這是因為儲君可在東宮內住宿的同時，處理統領胡人之事，以提高行政效率。當然這種推斷僅僅適應在只看到大單于的任職，如匈奴漢的劉乂和後趙的石宣分別擔任大單于時從未記述單于臺的設置之下。那麼，我們要說明其可行性，以提出如下的例子：

〔註 54〕《十六國春秋輯補》卷 44《後燕錄》3，第 343 頁。

〔註 55〕周偉洲：《論十六國時期的「胡漢分治」》，《西北歷史研究》，西安，三秦出版社，1987 年，第 105～106 頁。

〔註 56〕《資治通鑑》卷 111 晉紀 33 安帝隆安四年（400）條，第 3516 頁。其「二趙」是指前趙、後趙，且其「前趙」應包括匈奴漢在內。

例子一

劉聰在 310 年即帝位後，任命其弟劉乂爲大單于。後來在 315 年，劉乂因「雨血於其東宮延明殿」，而感到事情頗爲不妙，立刻找出太師盧志、太傅崔瑋等人詢問。他們解釋此事說道：晉王劉粲在劉聰的默認之下，其勢力已超過劉乂，甚至其他劉氏諸王都設置軍營成爲他的羽翼。所以劉粲總有一天發動政變襲擊劉乂，以奪取儲君及大單于職。因此，劉乂可以儘快下決心，依靠東宮四衛的五千多精兵以及大將軍劉敷的二萬多精兵先發制人，不僅可以消滅劉粲集團，而且能鞏固自己的地位。對此，劉乂卻不從，其策略未能實行。之後知道此事的東宮舍人荀裕向劉聰暴露「盧志等勸〔劉〕乂謀反，乂不從之狀」之事，因此劉聰做出了「收志、瑋、〔許〕遐於詔獄，假以他事殺之」以及「使冠威卜抽監守東宮，禁乂朝賀」的決定。〔註 57〕這舉措應具有劉聰對劉乂的造反嚴加防範，不使劉乂保持和自己屬官間的聯繫。就是說，劉乂跟隨外祖父單徵投降於匈奴漢之前，可能已在氐人部落中生活多年。劉乂出任大單于後，與氐、羌首領間也應有實際的交往。〔註 58〕在這裏，「〔東宮〕四衛精兵不減五千」應是由皇太弟兼大單于劉乂來掌握的兵力，且就氐、羌酋長統屬於劉乂的事實而言那支「四衛精兵」應由胡人組成。〔註 59〕後來至 317 年，劉粲按照靳準、王沈的部署，爲了證實誣衊劉乂的謀反，就逮捕他屬下的氐、羌酋長數十人後，對他們進行審問，以僞造直言不諱的事實。劉粲爲何逮捕其氐、羌酋長，胡三省就做注釋曰：「乂爲大單于，氐、羌酋長屬焉，故皆服事東宮。」〔註 60〕我們認爲在胡三省的注釋中，值得注意的是，「故皆服事東宮」。這是因爲氐、羌酋長正統屬於大單于劉乂，即是劉乂的屬官，就在東宮從事鎮撫胡人的工作（「服事東宮」）。〔註 61〕正是因爲如此，劉

〔註57〕《晉書》卷 102《劉聰載記》，第 2667 頁。

〔註58〕陳勇：《漢國匈奴與氐人聯盟的解體——以劉乂案爲中心》，《歷史研究》期刊，2008 年第 4 期，第 8 頁。

〔註59〕筆者認爲，大膽地推測以東宮代替單于臺，而成爲「鎮撫六夷」的統治機構。在這種推斷中，我們不容易相信大單于劉乂所控制的兵力僅僅有 5 千人。這是因爲以前官爲大單于的劉聰就掌握 10 萬勁卒於都城平陽郊區，甚至後來他是發動軍事政變後掌握國權的。據瞭解，爲了奪取劉乂的權力，劉粲就參與了其實際行動當中。由此，劉聰使劉乂掌握多數重兵於平陽郊區，這似乎給自己帶來很大的冒險。

〔註60〕《資治通鑒》卷 90 晉紀 12 元帝建武元年（317）條，第 2846 頁。

〔註61〕《毛詩正義》卷 3-2，《十三經注疏》附校勘記，上冊所收，第 54 頁，「正義曰：太子居東宮，因以東宮表太子。」由於儲君（指太子）居住於東宮，可

粲要削弱劉乂勢力，就逮捕氐、羌酋長，甚至劉聰因劉乂參與謀反，而使劉粲包圍東宮，且殺死和劉乂關係密切的大臣們及東宮官屬數十人。〔註62〕最終劉聰廢劉乂爲北部王後不久，把他殺了。接著對劉乂手下的一萬五千多人進行坑殺，以發生在都城平陽街道上似乎變爲空虛。當時局勢變得如此惡化，氐、羌十多萬落終於對劉聰揭竿而起了。據瞭解，大單于劉乂及其屬官氐、羌酋長被殺後所出現的局面無疑對當時匈奴漢的政治、軍事等方面造成了不良的影響。總之，我們在此大膽地推測氐、羌酋長以及「東宮官屬」不僅聽從於大單于劉乂的指揮而「鎮撫六夷」，而且他們要「服事」以及具體辦事的地點應是東宮。

例子二

石虎在335年殺死石弘後奪取後趙的國權，而即居攝趙天王位，之後立其子石邃爲太子。這時石邃雖專行一切尚書之事掌握朝權，但因異母弟石宣、石韜深得石虎的寵愛，而威脅他的權勢，於是他企圖暗殺其父石虎而自任帝王，不過其事卻暴露而被殺了。石虎誅殺石邃後，立其子石宣爲太子。後來到339年，石虎就任命石宣爲大單于，並爲他「建天子旌旗」〔註63〕後，即趙天王位。迄今爲止，我們對於從335年至此時，大單于職究竟由誰來擔任，或許是否已設置等問題都不得而知。在此，最大的可能性在於石虎像石勒時的一樣，自任大單于。據瞭解，石宣擔任大單于職後不久，爲了削弱石氏諸公的勢力，使五兵尚書張離上奏「秦、燕、義陽、樂平四公，聽置吏一百九十七人，帳下兵二百人，自此已下，三分置一，餘兵五萬，悉配東宮。」〔註64〕石宣使張離上奏的主要目的，在於不僅要打擊自己權力競爭對手石韜的勢力，〔註65〕而且更加鞏固他在後趙王朝中「國之副主」的地位。換言之，可以肯定的是，石宣官爲大單于，做出「餘兵五萬，悉配東宮」

用「東宮」一詞直接表示「儲君」之意。換言之，東宮不僅意味著場所或機構，而且是指儲君本身。不過，筆者認爲在十六國時期的匈奴漢、後趙時，至少這種「東宮」與其說具有其本身的意味，不如說以場所、機構等的性質表現出更積極的一面。筆者大膽地提出東宮很可能代替單于臺，是根據其承擔「鎮撫六夷」的功能。

〔註62〕《晉書》卷102《劉聰載記》，第2675頁。
〔註63〕《資治通鑒》卷96晉紀18成帝咸康五年（339）條，第3031頁。
〔註64〕《十六國春秋輯補》卷17《後趙錄》7，第133頁。
〔註65〕谷川道雄：《南匈奴の自立およびその國家》，《隋唐帝國形成史論》，東京，筑摩書房，1971年，第48頁。

後，先加強東宮組織，以實現奪回石氏諸公兵力的目的。由此我們感到東宮似乎具有包括原來儲君居住的地點更深遠的意味。另外，在 344 年，石虎在東宮建置左、右統將軍。〔註 66〕雖然我們不知其設置的具體背景或目的，但如果如此措施能夠使東宮組織更加安定和鞏固的話，應是具有和張離的上奏同樣的目的而實行的。這是因爲左、右統將軍的職位高於太子左、右、前、後衛率，且它們和太子左、右、前、後衛率一同率領精兵，不僅宿衛東宮內外，而且參與軍事征伐。那麼，五萬精兵安排在東宮的同時，左、右統將軍的設置再次證明東宮已超過一般作爲儲君居住的「宮」的意味，很可能具有其他統治功能。其功能莫過於身爲儲君的石宣擔任大單于職而鎮撫六夷的功能。〔註 67〕

根據如上例子一、二可見，匈奴漢、後趙至少在劉乂、石宣當儲君時，東宮已超過一般儲君所居的地點的意味，而很可能具有不同的功能，這就是特意代替單于臺而「鎮撫百蠻」的功能。

據瞭解，我們根據現存的史料，有關設置單于臺的記載只見於匈奴漢、前趙、後趙及後燕王朝內。從而限於此，有必要對這些五胡王朝單于臺的建置進行分析探討：

一、匈奴漢·前趙

劉淵在 304 年自稱漢王，之後到 308 年即漢帝位，就放棄以單于爲主的統治方式，以採取中原的政治制度，〔註 68〕且成爲境內所有胡、漢人的最高統治者。〔註 69〕然而直到 310 年，他任命其子劉聰爲大單于的同時，設置單

〔註 66〕《十六國春秋輯補》卷 17《後趙錄》7，第 135 頁。
〔註 67〕有學者認爲，石勒設置單于庭於國都襄國，但後來到石虎時遷都鄴城。當時大單于石宣是在鄴城，因此單于庭應設置在鄴城。（周偉洲：《論十六國時期的「胡漢分治」》，《西北歷史研究》，西安，三秦出版社，1987 年，第 101 頁。）雖然石勒設置單于庭於襄國，但就石勒死後篡奪帝位而遷都鄴城的石虎而言，不一定同樣的機構設置於鄴城。換言之，根據現存的史料，從未找出石虎設置單于庭，以及此被設置於鄴城。
〔註 68〕東木政一：《匈奴國家「漢」の國家の性格——胡王國の一例》，《淑德短期大學研究紀要》第 11 輯，1972 年，第 3～6 頁。
〔註 69〕有學者對於舊史只明載劉淵卒年，未記載其生年，爲此，特對他生年略作考索，得出了如下的認識：劉淵當生於嘉平四年（252），卒年則當依史載作永嘉四年（310）。（王發國、李彤、蔡豔：《劉淵、劉聰生年考略》，《許昌師專學報》期刊，1996 年第 3 期，第 85～86 頁。）

于臺於平陽以西。〔註 70〕劉淵之所以在臨死前決定恢復單于制、重建單于
臺，有學者則認爲，這裏有個權力重新分配的問題。遵循嫡長子繼承制的原
則，劉淵立呼延皇后所生嫡長子劉和爲皇太子繼承皇位，但劉聰雖非嫡子，
卻是屢出征戰，手握強兵的皇子，他的十萬勁卒就居於近郊，氣勢咄咄逼人。
顯然，劉聰的存在，對劉和的繼位構成很大的威脅。劉淵既不想改變嫡長子
繼承制，又不能不考慮身後劉和安危、國家治亂，便以重建單于臺以安撫劉
聰。〔註 71〕另外，在及至匈奴漢滅亡後的 318 年，作爲「劉淵族子」的劉曜
重新建立起匈奴王朝即前趙。在這裏，我們可發現劉曜建立王朝後在很長一
段時間內，似乎未有建置單于臺。〔註 72〕後來至 326 年，劉曜任命其子劉胤
爲大單于的同時，設置單于臺於渭城。〔註 73〕筆者認爲，在 9 年的時間內單
于臺已廢置，而至 326 年才設置，這爲什麼呢？這是因爲劉曜要考慮至少如
下兩方面的問題：（1）前趙因敗於石氏後趙後，更有效地「鎮撫六夷」的需
要。劉曜定都於長安後，多次遷徙眾多胡人於關中之地：比如，「分徙伊餘
兄弟及其部落二十餘萬口于長安」〔註 74〕；「遷〔楊〕韜等及隴右萬餘戶于
長安」〔註 75〕；「徙秦州大姓楊、姜諸族二千餘戶于長安」〔註 76〕。由此可
見，眾多胡人開始居住在長安周圍。後來到 326 年，就爆發了這樣一件事情：
就是說，後趙將領石他襲擊前趙安北將軍、北羌王盆句除後，捕獲其三千餘
戶人家及牛馬羊百餘萬而歸。這件事招起劉曜極爲憤怒。他立即到達渭城準
備攻擊石他。據瞭解，這所謂的渭城是單于臺所設的地點。接下來，劉曜不
僅遣劉岳追擊石他，而且親自到富平要對劉岳做支持。〔註 77〕後來的結果表
明劉曜「斬〔石〕他及其甲士一千五百級，赴河死者五千餘人，悉收所虜，
振旅而歸。」〔註 78〕不過在以後的征戰中，劉岳、呼延謨、王騰等將領都被
石虎所敗，前趙處於被動守勢的局面。〔註 79〕我們可以看到相關的歷史記

〔註 70〕《晉書》卷 101《劉元海載記》，第 2652 頁。

〔註 71〕陳琳國：《中古北方民族史探》，北京，商務印書館，2010 年，第 323 頁。

〔註 72〕周偉洲：《漢趙國史》，太原，山西人民出版社，1986 年，第 186 頁。

〔註 73〕《晉書》卷 103《劉曜載記》，第 2698 頁。

〔註 74〕《晉書》卷 103《劉曜載記》，第 2687 頁。

〔註 75〕《晉書》卷 103《劉曜載記》，第 2691 頁。

〔註 76〕《晉書》卷 103《劉曜載記》，第 2694 頁。

〔註 77〕《晉書》卷 103《劉曜載記》，第 2697 頁。

〔註 78〕《晉書》卷 103《劉曜載記》，第 2697 頁。

〔註 79〕前趙在與後趙間的軍事征戰中，雖然贏得「（劉）岳攻石勒盟津、石梁二戍，
　　　　克之，斬獲五千餘級」（《晉書》卷 103《劉曜載記》，第 2698 頁）等局部性的

載：石虎「禽〔劉〕岳及其將佐八十餘人，氐、羌三千餘人，皆送襄國，阬其士卒九千人。遂攻王騰於并州，執騰，殺之，阬其士卒七千餘人。」〔註80〕由此可見，前趙戰敗而處於被動，且從中需要考慮更加有效地「鎮撫六夷」。因之，爲了解決如上問題，是在這種環境之下設置單于臺的。（2）劉曜之所以任命劉胤爲大單于，是一種政治安排。劉胤原爲劉曜世子，早已遇「靳準之亂」〔註81〕，沒於黑匿郁鞠部落。後來到劉曜建立前趙時，郁鞠才認識劉胤的身份，於是「資給衣馬，遣子送之。」〔註82〕劉胤回到長安後，因受劉曜的重用而出現「其朝臣亦屬意焉」的現象。如此，劉曜向群臣說道：「義光（指劉熙）雖先已樹立，然沖幼儒謹，恐難乎爲今世之儲貳也，懼非所以上固社稷，下愛義光。義孫（指劉胤）年長明德，又先世子也……於諸卿意如何？」〔註83〕對此，左光祿卜泰、太子太保韓廣以及劉胤本人表示反對，而不可接受。劉曜只好使劉熙繼續當皇太子，與此同時，「封胤爲永安王，署侍中、衛大將軍、都督二宮禁衛諸軍事、開府儀同三司、錄尚書事、領太子太傅。」〔註84〕然後不久，劉曜最終任命劉胤爲統領胡人的最高軍事長官，即大單于了。筆者認爲，如果上述論述屬實的話，在前趙建國後才過9年的326年，不僅因爲更有效地鎮撫居住於長安周圍的眾多胡人，而且因爲劉曜對其原世子劉胤的政治安排，才能有單于臺的建置和大單于的任職了。

二、後　趙

　　石勒在319年稱趙王、大單于時，任命石虎爲單于元輔、都督禁衛諸軍事。這時，「鎮撫百蠻」的事務應由石虎代理大單于石勒處理。〔註85〕關於單于臺（案，或稱單于庭）的設置地點，有一些學者認爲，後趙的單于臺，即統兵的最高統帥部，大概設置在鄴城。石虎權力極大，成爲後趙的實際軍

　　　　勝利，但這種勝利無法長期維持，最終劉岳爲石虎所敗。以後的事實證明，
　　　　前趙與後趙間的戰事開始逆轉過來，前趙處於被動守勢的局面。
〔註80〕《資治通鑑》卷93晉紀15明帝太寧三年（325）條，第2936頁。
〔註81〕請參考《晉書》卷102《劉聰載記》，第2678～2679頁。
〔註82〕《晉書》卷103《劉曜載記》，第2695頁。
〔註83〕《晉書》卷103《劉曜載記》，第2696頁。
〔註84〕《晉書》卷103《劉曜載記》，第2697頁。
〔註85〕金榮煥：《五胡十六國時期後趙統治者石虎的文化變容研究》，《中國學報》第
　　　　51輯，2005年，第233～234頁。與此不同，有學者卻認爲，石勒設置大單
　　　　于臺後，作爲大單于而「鎮撫百蠻」。（朴漢濟：《五胡前期政權與漢人士族》，
　　　　《中國中世胡漢體制研究》，首爾，一潮閣，1988年，第27頁。）

事統帥。〔註 86〕與此不同，有一些學者認爲，單于臺是統治六夷部落的一種軍事機構。單于臺一般設在都城所在地或其附近，後趙的單于臺應置於襄國。〔註 87〕我們認爲，從現存的史料來看，雖然尚未找到有關名爲「單于臺」的記載，但根據石勒「命徙洛陽晷影于襄國，列之單于庭」〔註 88〕可見，當時的確存在著「鎮撫百蠻」的統治機構。此不稱單于臺，而稱單于庭，就設於襄國。這種事實的出現很可能與作爲趙王的石勒自己兼領大單于有關。與此同時，筆者認爲，通過「鎮撫百蠻」的統治機構設置在都城周圍來，可知後來石虎奪取政權後，從襄國遷都於鄴城，因此其統治機構自然設置在鄴城附近。此外，如上所述，石宣擔任大單于職時，我們大膽地推斷因找不出單于臺建置的記載，且注意東宮的其他功能，這時單于臺的「鎮撫百蠻」的功能很可能爲東宮所替代。

三、後　燕

　　眾所周知，在 400 年慕容盛建置「燕臺」〔註 89〕，以「統諸部雜夷。」〔註 90〕實際上，這個燕臺就是單于臺的不同名稱，但與單于臺性質相同。慕容盛死後，慕容熙在丁太后的庇護下，才能即帝位。〔註 91〕之後慕容熙不僅改名北燕臺爲大單于臺，〔註 92〕而且建置單于左、右輔，以「位次尚書。」

〔註 86〕 王仲犖：《魏晉南北朝史》上冊，上海，上海人民出版社，1979 年，第 246～247 頁；黃惠賢：《中國政治制度通史》，第 4 卷《魏晉南北朝》，北京，人民出版社，1997 年，第 74 頁。

〔註 87〕 馬長壽：《氐與羌》，上海，上海人民出版社，1984 年，第 37～39 頁；周偉洲：《漢趙國史》，太原，山西人民出版社，1986 年，第 187 頁。

〔註 88〕 《晉書》卷 105《石勒載記》下，第 2742 頁。

〔註 89〕 據洪亮吉的考證，南燕的東萊郡掖縣有「燕臺」的設置。（《十六國疆域志》卷 13《南燕疆域志》，第 404 頁，「掖，有燕臺。太平寰宇記，在掖縣東北二里，南燕慕容德，以東萊掖城爲青州刺史治所築。」）據上述記載，我們只知道「燕臺」的存在，卻不知與後燕的「燕臺」是否有類似的功能。

〔註 90〕 《資治通鑒》卷 111 晉紀 33 安帝隆安四年（400）條，第 3516 頁。

〔註 91〕 《晉書》卷 124《慕容熙載記》，第 3105 頁，「及〔慕容〕盛死，其太后丁氏以國多難，宜立長君。羣望皆在平原公〔慕容〕元，而丁氏意在於熙，遂廢太子〔慕容〕定，迎熙入宮。羣臣勸進，熙以讓元，元固以讓熙，熙遂僭即尊位。」

〔註 92〕 有學者認爲，慕容熙之所以把大單于臺改名爲北燕臺，是因爲通過重新使用游牧制的名稱，應重視北方政策。（池培善：《後燕慕容熙的王國時代》，《中世東北亞史研究——慕容王國史》，首爾，一潮閣，1986 年，第 345 頁。）

〔註93〕由此可見，慕容盛、慕容熙兩人都建置燕臺或大單于臺，〔註94〕但卻不知哪個人擔任其長官大單于。我們認爲，既然有「統壹百蠻」的機構，當然會有大單于的任職，那麼到底哪些人能擔任大單于職呢。在此，我們提出三種可能性：（1）有太子慕容定擔任大單于職的可能。慕容盛建置「燕臺」的那一年就立其子慕容定爲太子。雖無史載以慕容定領大單于，但有可能存在慕容定被立爲太子的同時，擔任大單于職。（2）可能由慕容盛自己兼任大單于。慕容盛建置「燕臺」之前，去皇帝之號，並降稱「庶人大王」。對於庶民天王〔註95〕，有學者認爲，「庶人蓋謂無爵，以知政事，故大王，則彌自貶損矣。」〔註96〕正是因爲如此，慕容盛去皇帝之號，而稱王，可直接自任統治境內胡人的最高統治者。（3）當然，除了慕容盛、慕容定兩人外，還有由第三人領大單于的可能。如上三種可能性只是筆者根據一般大單于的任職情況而做出的推測，以後更詳細的分析應在掌握更多有關記載下才能進行下去。此外，我們發現慕容熙在大單于臺內，設置單于左輔、右輔。據瞭解，單于左輔、右輔作爲大單于的屬官，就輔佐大單于掌握境內胡人的事務。〔註97〕

第三節　單于臺的組織及其轄區

　　眾所周知，各個五胡王朝開國君主都是依靠其本族在內的雄厚的軍事力量打下割據基礎，並建立王朝的。人口是兵丁的唯一來源，掠奪的人口就足以壯大其勢力。他們所掠奪的人口大致集中在其都城的所在地，或者其所統治區域內重要地區。安置這些人於肘腋之下，正是爲了易於控制的緣故。〔註98〕在這裏，胡人王朝的統治力量可直接達到的地區因其國力強弱不同，而面積大小

〔註93〕《晉書》卷124《慕容熙載記》，第3105頁。
〔註94〕有學者認爲，慕容盛、慕容熙恢復單于臺，可能針對當地胡、漢雜居情況。（韓國磐：《魏晉南北朝史鋼》，北京，人民出版社，1983年，第282頁。）
〔註95〕《太平御覽》卷125偏霸部9，引崔鴻《十六國春秋·後燕錄》，第607頁。我們在其他史書中找到以「庶民天王」改寫爲「庶人大王」（《晉書》卷124《慕容盛載記》，第3103頁）或「庶人天王」（《資治通鑒》卷111晉紀33安帝隆安四年（400）條，第3506頁）的記載。
〔註96〕呂思勉：《兩晉南北朝史》，上海，上海古籍出版社，1983年，第1221頁。
〔註97〕至後燕末年，其單于臺的轄區不同於其他五胡王朝，就掌握著整個王朝疆域內的胡人事務。對此，後將述及。
〔註98〕史念海：《十六國時期各割據霸主的遷徙人口》，《中國歷史地理論叢》期刊，1992年第3期，第91頁。

也不一樣，但大致認爲包括都城在內的其周圍地區，即稱之爲京畿、畿甸、畿內。對於被遷徙於京畿的胡、漢人的統治方式，匈奴漢就在京畿實行單于、都尉系統與司隸、內史系統的胡、漢分治，〔註 99〕而在畿外則實行傳統的州郡制統治形式。〔註 100〕那麼，我們在這裏可推測一些其他繼承這種統治方式的胡人王朝（案，起碼限於建置單于臺的王朝）都實行分開畿內與畿外而治的胡、漢分治。換言之，大單于及其屬官對居住於畿內的胡人進行統治，而居住於畿外的胡人都受由州牧、太守等地方官或各部落酋長等的統治。〔註 101〕

那些移住於中國內地，並生活在固有「軍民合一」的部落組織內的胡人被一些胡人王朝遷徙於京畿地區後，仍然生活在這種部落組織之內。那麼，爲了管理那些胡人而設置的單于臺是在基本上沿原匈奴的政治制度而來。這在漠北以單于爲首而建置的統治制度是與其獨特的游牧經濟生產方式和部落社會組織相適應的政治制度，也是游牧文化系統在其獨特的文化生態環境中長期調適的產物。〔註 102〕基於此，筆者將在這一節按照如上對單于臺的理解，通過在史書上能找出單于臺的建置與大單于的屬官等史實來分析探討匈奴

〔註99〕 關於五胡王朝的胡漢分治，陳寅恪認爲，「胡與漢、部落與編戶爲兩個不同的系統，二系統分開治理。一般説，胡人部落系統用於打仗，漢人編戶系統用於耕織。這就叫胡漢分治。」（萬繩楠整理：《陳寅恪魏晉南北朝史講演錄》，合肥，黃山書社，1987 年，第 109 頁。）除此之外，有學者認爲，選擇「胡漢分治」可以在一定程度上減輕胡漢矛盾，緩解胡漢衝突，且化解胡漢之間的民族矛盾也是有效的。（李紅艷：《關於十六國時期「胡漢分治」問題的思考》，《山東教育學院學報》期刊，2008 年第 1 期，第 49 頁。）

〔註100〕 高敏：《十六國時期前秦、後秦的「護軍」制》，《魏晉南北朝兵制研究》，鄭州，大象出版社，1998 年，第 225〜226 頁。

〔註101〕 唐長孺：《晉代北境各族「變亂」的性質及五胡政權在中國的統治》，《魏晉南北朝史論叢》，北京，生活・讀書・新知三聯書店，1955 年，第 160 頁。由單于左輔、右輔所統治的六夷十萬落居住在平陽周圍即畿內，在畿外設置州牧、郡太守統治其他胡人。

〔註102〕 韓狄：《十六國時期的「單于」制度》，《內蒙古大學學報》期刊，2001 年第 5 期，第 68 頁。有學者認爲，五胡王朝君主用不同於統治漢人的方式來管理胡人，這就是仿照原漠北匈奴政治制度的「單于臺制」。單于臺不僅具有濃厚的軍事色彩，而且也是帶有家屬及牲畜財產的部落組織，與原匈奴社會組織基本相同。（周偉洲：《中國中世西北民族關係研究》，西安，西北大學出版社，1992 年，第 60〜61 頁。）我們在史書上發現除了匈奴漢、前趙、後趙、後燕外，卻在前秦、北燕王朝內尚未設置單于臺的記載，只看到單于輔相、單于四輔的存在。這些單于輔相、單于四輔是輔佐大單于而統領胡人的官吏，也是使得認識一條單于臺組織的線索。從而，即使在前秦、北燕內尚未有單于臺的設置記載，但有必要對此進行綜合性的分析探討。

漢、前趙、後趙、前秦、後燕、北燕等王朝的單于臺組織及其統治力量所達到的地區範圍等問題。

一、匈奴漢

表 A〔註 103〕

大單于—　單于左輔
　　　　　單于右輔　　　— 20 都尉 — 若干部落酋豪 — 20 萬餘落

表 B〔註 104〕

大單于—　單于左輔 — 10 都尉 — 若干部落酋豪 — 10 萬餘落
　　　　　單于右輔 — 10 都尉 — 若干部落酋豪 — 10 萬餘落

匈奴漢的統治力量能達到的地區應是包括都城平陽在內的其周圍的京畿，並在那裏設置單于臺，實行與居住於畿外的胡人不同的統治方式。〔註 105〕上表正說明此問題。據上表，關於匈奴漢單于臺的組織，如今有兩個不同的

〔註 103〕邱久榮：《十六國時期的胡漢分治》，《中央民族學院學報》期刊，1987 年第 3 期，第 45 頁。

〔註 104〕黃惠賢：《中國政治制度通史》第 4 卷《魏晉南北朝》，北京，人民出版社，1997 年，第 79 頁。

〔註 105〕馬長壽認爲，平陽就是劉聰單于臺的所在地，則在史書上所述「巴帥及諸羌羯」的「十餘萬落」（《晉書》卷 104《石勒載記》上，第 2728 頁），應該正是單于臺統治下的「六夷」十萬落。（馬長壽：《氐與羌》，上海，上海人民出版社，1984 年，第 39 頁。）與此同時，萬繩楠還認爲，劉淵之所以設置單于臺，是因爲要統治被驅趕到平陽及其地區包括匈奴族在內的胡人。（萬繩楠：《魏晉南北朝史論稿》，合肥，安徽教育出版社，1983 年，第 136 頁。）那麼，匈奴漢的京畿面積到底有多大呢？如今尚未有相關的歷史記載。不過，當時廷尉陳元達向劉聰諫諍時說過的話語使我們引起注意，陳元達曰：「……陛下承荒亂之餘，所有之地，不過太宗二郡地耳。」對此，胡三省做注釋曰：「時聰所有之地，漢河東、西河二郡耳。」（《資治通鑑》卷 88 晉紀 10 愍帝建興元年（313）條，第 2792 頁。）在此，筆者認爲，據胡三省的注釋，其西漢太宗（指文帝）時的「河東、西河二郡」意味著當時匈奴漢的「所有之地」，就等於其中央統治力量所能及的地區，似乎京畿。由此，唐長孺認爲，平陽及其周圍地區爲劉聰直接控制的地區。且右司隸部大概即在河東，左司隸就是平陽。（唐長孺：《晉代北境各族「變亂」的性質及五胡政權在中國的統治》，《魏晉南北朝史論叢》，北京，生活·讀書·新知三聯書店，1955 年，第 159 頁。）

理解：比如，表 A 顯示著不分單于左輔、右輔，其下共有 20 都尉，各一都尉得到若干部落豪強的支持而統領一萬餘落，此其一；表 B 顯示著單于左輔、右輔下各有 10 都尉，其下還各有十萬餘落，此其二。〔註106〕由此可見，爲了統治漢人所設的左、右司隸校尉，〔註107〕與單于左輔、右輔及其屬下的都尉部司相互並立，而相互並存。〔註108〕另外，我們在史書上確實發現，310 年劉聰被任爲大單于時，在其手下有單于左輔劉曜、單于右輔喬智明，他們分別兼領征討大都督和冠軍大將軍。〔註109〕

二、前　趙

大單于 ─ 　左賢王　　─ 六夷豪傑 ─ 若干部落酋長 ─ 六夷部落
　　　　　右賢王

前趙和匈奴漢不同，對居住於京畿的胡人的統治體系發生了很大的變化。這是因爲前趙與匈奴漢的統治疆域，以及其境內的民族成分和各民族分佈結構上發生了相應的變化。特別是因匈奴漢的滅亡而不少匈奴人遭殺害，其人數有極大的減少。〔註110〕劉曜建立前趙後，爲了適應這種變化，且如前

〔註106〕關於單于左輔、右輔與左、右司隸校尉分別控制的 20 萬餘落的胡人與 40 萬餘戶的漢人，有學者認爲，按西晉時司州有戶四十八萬六千一百，平陽郡戶四萬二千，匈奴漢單于左輔、右輔與左、右司隸校尉轄區範圍小於西晉時的司州，卻其總戶數達六十餘萬，遠過於西晉，但這些人戶多係匈奴漢統治者從他處略徙而來，自不能反映當時戶口的實際水平。（王育民：《十六國北朝人口考索》，《歷史研究》期刊，1987 年第 2 期，第 75 頁。）與上述不同，另有學者卻認爲，左、右司隸校尉所轄的範圍大致是以平陽爲中心的平陽郡、河東郡、上黨郡以及西河郡的一小部分。且它所領的 43 萬戶人口，應是口數，不是戶數。因爲，從當時中原漢人的十中八九都逃亡於江南來看，這比較符合實際情況。（心雨：《十六國漢政權左右司隸戶數考》，《中國歷史地理論叢》期刊，1991 年第 3 期，第 74、38 頁。）

〔註107〕《晉書》卷 102《劉聰載記》，第 2665 頁，「置左右司隸，各領戶二十餘萬，萬戶置一內史，凡內史四十三。」

〔註108〕朴漢濟：《五胡前期政權與漢人士族》，《中國中世胡漢體制研究》，首爾，一潮閣，1988 年，第 17 頁。

〔註109〕《資治通鑑》卷 87 晉紀 9 懷帝永嘉四年（310）條，第 2749 頁，「……始安王〔劉〕曜爲征討大都督、領單于左輔，廷尉喬智明爲冠軍大將軍、領單于右輔……。」

〔註110〕匈奴漢建立於今山西省以南以平陽爲中心，直接控制著此地區。後來其王朝因劉氏外戚靳準篡取政權，而宣告滅亡，之後不少匈奴人遭受屠殺。當時官

所述，因爲多次大敗於後趙後，有「鎮撫六夷」的需要以及一種對劉胤本人的政治安排，他不僅任命劉胤爲大單于，而且建置單于臺。於是劉曜便不採取大單于之下的單于左輔、右輔的方式，而大單于下左賢王、右賢王爲統攝六夷而匈奴、鮮卑、羯、氐、羌等豪傑擔之。〔註 111〕這種單于系統實行在居住於都城長安周圍的六夷身上，且其單于臺設置在離長安較近的渭城。〔註 112〕

三、後　趙

　　大單于 —　　單于元輔　　— 胡人部落酋長 — 胡人部落

　　上表是根據 319 年石勒稱趙王、大單于時，任命石虎爲單于元輔的事情來總結的。這時，設置於都城襄國的單于庭應是以「鎮撫百蠻」爲主要任務。〔註 113〕匈奴漢末年，居住於平陽周圍（案，應是匈奴漢的京畿）的「巴帥及諸羌羯」的「十餘萬落」投降於後趙，隨之，被遷徙於後趙的司州地區。由此，他們就成爲單于庭的主要組成部分。〔註 114〕後來，石勒先後任命石宏、石弘爲大單于，但不知這時是否仍有如上組織存在。不過我們可以肯定石宏、石弘先後官爲大單于，繼續「鎮撫百蠻」於畿內。以後，石虎弒殺石弘，並奪取政權後，不僅遷都於鄴城，而且任命石宣爲大單于。如前所述，不知這時是否有單于臺的建置，尤其在很大可能從未設置單于臺的情況下由儲君所居的東宮代替了它的功能。不管怎樣，這時對居住於都城鄴城及其周圍的胡人和漢人都分別受到單于系統和司隸系統的統治。這種事實給我們提供一種信息，即後趙也實行胡漢分治政策。這種政策的實行通過在史書上遷徙到京畿的漢人和胡人分別用「徙戶」和氐、羌、胡、蠻來記載可以確認。〔註 115〕

　　　　爲都督陝西諸軍事，而鎮守於長安的劉曜根據此地盤，重新建立起第二個匈奴王朝。其主要的版圖相當於今陝西省關中地區。
〔註 111〕邱久榮：《十六國時期的胡漢分治》，《中央民族學院學報》期刊，1987 年第 3 期，第 46 頁。
〔註 112〕有學者認爲，匈奴漢、前趙都建置單于臺於畿內，即平陽以西、長安附近的渭城。渭城是今陝西咸陽渭城公社。（周偉洲：《漢趙國史》，太原，山西人民出版社，1986 年，第 187 頁。）
〔註 113〕有學者認爲，不少胡、漢人居住於都城襄國一帶，在管理、法禁方面都是有嚴格區別的。（黃惠賢：《中國政治制度通史》第 4 卷《魏晉南北朝》，北京，人民出版社，1997 年，第 80 頁。）
〔註 114〕馬長壽：《氐與羌》，上海，上海人民出版社，1984 年，第 39 頁。
〔註 115〕《資治通鑒》卷 99 晉紀 21 穆帝永和七年（351）條，第 3115～3116 頁，「初，

有學者卻認爲，當時「徙戶」和胡人共數百萬人返回原地。〔註116〕

四、前　秦

　　　　大單于 ―　　　單于輔相　　　―　　胡人部落酋長　　―　　胡人部落

　　上表是根據 350 年苻洪自稱大都督、大將軍、大單于、三秦王時，任命氏酋毛貴爲單于輔相的事情來總結的。〔註117〕這大單于組織不僅僅是在後趙末苻氏宗室還未確保關中之地，並需要有效地控制氐族在內的眾多胡人時設置。〔註118〕後來，苻健按照其父苻洪的遺囑確保關中作爲根據地後，在 352 年以大單于授其太子苻萇。不過我們卻對這時單于臺的設置及其組織的存在與否卻不得而知。

五、後　燕

　　表 C

　　　　　　　　　　　單于左輔
　　大單于 ―　　　　　　　　　　 ― 單于八部豪酋 ― 胡人部落
　　　　　　　　　　　單于右輔

　　〔冉〕閔之爲〔後〕趙相也，悉散倉庫以樹私恩，與羌、胡相攻，無月不戰。趙所徙青、雍、幽、荊四州之民及氐、羌、胡、蠻數百萬口，以趙法禁不行，各還本土，道路交錯，互相殺掠，其能達者什有二、三。」《晉書》卷 107《石季龍載記》下附冉閔傳，第 2795 頁，「自〔石〕季龍末年而〔冉〕閔盡散倉庫以樹私恩，與羌胡相攻，無月不戰。青、雍、幽、荊州徙戶及諸氐、羌、胡、蠻數百餘萬，各還本土，道路交錯，互相殺掠，且饑疫死亡，其能達者十有二三。」

〔註116〕有學者認爲，在史書上其「數百餘萬」若以二百萬人計算，其戶數也在四十萬以上。（袁祖亮：《十六國北朝人口蠡測──與王育民同志商榷》，《k22 魏晉南北朝隋唐史》期刊，1991 年第 5 期，第 44 頁。）

〔註117〕《資治通鑒》卷 98 晉紀 20 穆帝永和六年（350）條，第 3102 頁。

〔註118〕有學者認爲，在 350 年閏正月，苻洪自稱大單于、三秦王後，建立了以氐族爲中心的王朝。之後他向和後趙有對峙的東晉派遣使臣，以得支持。與此同時，他設置輔國、前、後、左、右將軍與左、右長史，左、右司馬，從事中郎，單于輔相等官職後，由胡、漢人來任命，由此具備了實質功能性的官僚體制。（池培善：《關於前秦苻堅──以至 358 年爲中心》，《東方學志》第 144 輯，2008 年，第 414～415 頁。）

表 D

大單于 ― 　單于左輔　　 ―　　單于四部豪酋　 ―　胡人部落
　　　　　　單于右輔　　 　　　　單于四部豪酋　 ―　胡人部落

　　上表正顯示後燕末年慕容盛、慕容熙時的單于臺組織，卻並不說明慕容寶任大單于時的形勢。如果上表初步給我們提供其組織可分成兩種類型的話，表 C 顯示著不分單于左輔、右輔，其下共有統領胡人部眾的單于八部豪酋；另表 D 顯示著單于左輔、右輔下各有單于四部豪酋，由他們各個分別統領一定數量的胡人部眾。不過，從現存的史料來看，我們卻不知哪種類型更接近實際情況。

　　慕容盛設置「燕臺」於國都龍城。〔註 119〕由於他「峻極威刑，纖芥之嫌，莫不裁之於未萌，防之於未兆」，「所以卒于不免。」〔註 120〕之後慕容熙繼而即帝位，以燕臺改為北燕臺，後來又改北燕臺為大單于臺，設於北平郡內。〔註 121〕大單于臺雖設置於北平郡內，但此不同於州郡制的統治機構。〔註 122〕與此同時，在大單于下設置從其職位來看僅次於尚書的單于左輔、右輔。眾所周知，後燕經過慕容寶時，由於統治階層內部的分裂，以及北魏的多次侵擾，其國勢與疆域不斷地縮小，到慕容盛、慕容熙時已接近於原來慕容廆所建立的部落聯盟的程度。當時對於後燕疆域的大小，據「〔慕容〕熙時幽冀營三州，皆在遼西一郡」〔註 123〕可見一斑。〔註 124〕在這裏值得注

〔註 119〕《十六國疆域志》卷 12《後燕疆域志》，第 384 頁。
〔註 120〕《晉書》卷 124《慕容盛載記》，第 3104 頁。
〔註 121〕《十六國疆域志》卷 12《後燕疆域志》，第 387 頁。關於後燕何時設置北燕臺，有學者認為，雖然史料缺乏，但疑慕容儁入主中原，定都於鄴城時，即於其發祥地設北燕臺。慕容垂重建後燕，循其制，仍設北燕臺。(邱久榮：《單于雜考》，《中央民族學院學報》期刊，1989 年第 3 期，第 19 頁。) 不過，筆者卻認為，這種推測如果得以成立，應需要更充足的史料來支撐。
〔註 122〕余昊奎：《4 世紀～5 世紀初高句麗與慕容「燕」的領域擴張與支配方式的比較》，《韓國古代史研究》第 67 輯，2012 年，第 111 頁。
〔註 123〕《十六國疆域志》卷 12《後燕疆域志》，第 387 頁。
〔註 124〕直到後燕末年，由於後燕的疆域已縮小以及遭受北魏的不斷入侵，因此原來按照畿內、畿外的地理概念而分開統治胡、漢人的方式並沒有發揮實際性的效果。從這個意義上看，慕容熙以統治「六夷」的軍事機構，即大單于臺不設於都城龍城內，而設於北平郡之內。北平郡位於與北魏接壤的疆域以西，龍城位於其東。由此我們認為，後燕對單于臺這種安排在使大單于及其手下的單于八部豪酋能率領整個境內的胡人防禦北魏的入侵。

意的是，在於有學者對後燕的胡漢分治進行分析後所得出的如下的認識：後燕的胡人部落系統繼承並仿照匈奴漢建置，以單于左、右輔統本族以外的諸胡人，即所謂的「六夷」。對於本部民，亦分爲左、右、南、北、中等五部進行統治，這也與匈奴漢的統治方式相同。甚至他還認爲，後燕設司馬管理鮮卑部眾。〔註125〕筆者對這種看法並不完全贊成，後燕等諸五胡王朝確實繼承匈奴漢的胡漢分治，但在實行或運用時都按各自所面臨的政治環境或時代背景而採取對它們最適合的方式。除此之外，筆者很難把握該學者所稱「本部民」或「本族民」的眞正意思，甚至他爲證明自己的看法所引用的史載並非符合實際情況，如根據《晉書‧馮跋載記》：馮跋發動軍事政變，「匿于北部司馬孫護之室，遂殺〔慕容〕熙，立高雲爲主」，提出孫護作爲北部司馬管理鮮卑部眾，這類似於曹魏時設都尉管理匈奴部眾。

　　另外，在這裏我們能夠設想單于左輔、右輔下有單于八部，並其單于八部很可能是指單于東部、西部、南部、北部以及單于前部、後部、左部、右部。這是因爲在慕容熙曾離開都城，至北原狩獵時，石城令高和趁機殺死司隸校尉張顯發動謀反。後來慕容熙平定「高和之亂」後，「引見州郡及單于八部耆舊于東宮，問以疾苦。」〔註126〕我們認爲，在史書上的「耆舊」不指一般年歲較大的普通部落民，而特指部大、酋大等部落豪酋。慕容熙之所以引見單于八部耆舊，而慰問疾苦之事，應屬於平定叛亂後，出於鎮撫胡人的目的。除此之外，就後燕的胡人部落而言，我們可在不同史書上找出「北部司馬孫護」〔註127〕與「昭文帝（案，指慕容熙）時，左部民得紫璧以獻」〔註128〕等的記載。由此，其單于八部無疑是指單于東、西、南、北部及單于前、後、左、右部。〔註129〕

〔註125〕李海葉：《後燕退據龍城後政治之「反動」》，《內蒙古大學學報》期刊，2011年第4期，第15頁。

〔註126〕《晉書》卷124《慕容熙載記》，第3105頁。

〔註127〕《晉書》卷125《馮跋載記》，第3127頁。眾所周知，在三國建安年間（196～220），曹操爲了有效地統治匈奴部眾，把它分成左、右、南、北、中等五部，並選漢人爲各部司馬，以監督之。（《晉書》卷97《北狄匈奴傳》，第2548頁。）由此，我們會想到左部司馬、右部司馬、北部司馬等名稱的出現。從其「司馬」的性質來看，雖不知後燕時的「北部司馬」與建安時的它之間是否會有相似，但「北部」肯定是指單于八部中的「北部」。

〔註128〕《太平御覽》卷806珍寶部5，引范亨《燕書》，第3584頁。

〔註129〕有學者認爲，單于八部制就是游牧制的遺制，以後被北魏道武帝所繼承。道武帝拓跋珪設置八國（或稱八部），以它來統治胡人。如此看來，北魏的八部

六、北　燕

```
                   單于左輔
                   單于右輔
    大單于 ―                    ― 胡人部落酋長 ― 胡人部落
                   單于前輔
                   單于後輔
```

　　眾所周知，馮跋「既家昌黎，遂同夷俗。」〔註130〕於是，一般稱他為已
鮮卑化的漢人。由此，他雖出身於漢人，但單于臺的設置並非出乎意料。關
於北燕的單于臺組織，胡三省做注曰：「太子領大單于始於劉漢，時置左、右
輔而已，跋增置前輔、後輔。」〔註131〕按胡注，可見北燕立國以來，因為有
更系統地控制胡人的需要，以及對治理胡人的問題上比後燕的更為敏感或重
視，所以單于屬官比後燕時的增置為單于左輔、右輔、前輔、後輔等單于四
輔。換言之，後燕末及北燕之所以重新實施單于制，是因為慕容鮮卑退回到
遼西一帶，漢人人口較少而胡人人口較多，在此地的胡人甚至還保留著部落
形式，當然也保留著部落兵，而單于制是統領胡人部落和部落兵的有效制度。
〔註132〕此外，據瞭解，單于前輔萬陵有任務率三百騎送回曾歸降北燕的柔然
主斛律。與此同時，北燕在因遭遇北魏的攻擊，而單于右輔古泥率騎兵對它
進行偵查。〔註133〕

　　制只不過是對後燕制度的繼承。（池培善：《後燕慕容熙的王國時代》，《中世
　　東北亞史研究――慕容王國史》，首爾，一潮閣，1986年，第346～347頁。）
〔註130〕《魏書》卷97《海夷馮跋傳》，第2126頁。
〔註131〕《資治通鑑》卷116晉紀38安帝義熙七年（411）條，第3647頁。
〔註132〕陳琳國：《中古北方民族史探》，北京，商務印書館，2010年，第360頁。
〔註133〕《晉書》卷125《馮跋載記》，第3132～3133頁。

第八章 結 論

　　以上，我們通過（1）「勤王」的建國理念如何被慕容鮮卑所採用；（2）怎麼理解稱冉魏的建國爲十六國歷史潮流中的「異端」現象；（3）西燕建國中繼承前燕的正統名分如何被慕容泓、慕容冲所掌握；（4）核心集團與名分有無給後秦開國君主姚萇帶來什麼意味；（5）北燕的建國涉及到君主和「結謀者」間的衝突或合作關係；（6）一種便於瞭解五胡王朝的建國體系的方法，單于臺的長官即大單于統領居住於京畿的眾多胡人等事實來分析探討了五胡王朝的建國體系問題。再次確認以下事實，並作爲本研究的結論。

　　慕容鮮卑經過棘城時代前、後期，不僅獲得內部統治組織的堅實基礎，而且征伐周圍諸多「反慕容」勢力後獲得決定性的勝利，而後到龍城時代才能夠建立起具有獨立政治、軍事制度的「前燕」王朝。筆者對於前燕的建國前後，慕容氏統治階層爲建國所付出的努力以及所留下的諸多迹象通過「勤王」的出現及其運用來進行分析探討。首先，慕容鮮卑遷至「遼邦」後，開始受到原居住於此地的鮮卑段部、宇文部等民族的嚴重威脅。此時，即使西晉因遇八王之亂、永嘉之亂而走上衰亡之路，但慕容鮮卑向來仰慕漢文化，且需要更多漢人的歸附與支持，從而決定「遣使來降」於西晉，以及向段部、宇文部表示「卑辭厚幣」。但根據慕容鮮卑以後的發展之事得以證明，這也不是「國富兵強」的好辦法。因此，他們在理念上需要更高、更深的建國理念，其包含著相應的名分和實利。據此推行相關措施，如此有很可能通過打敗段部、宇文部，而確保「國富兵強」，最終達到「霸王之基」於「遼邦」。筆者認爲，上述「理念」是指由慕容翰來提出的「尊晉勤王」、「奉晉正朔」。慕容翰身爲慕容廆之子，深受漢文化薰陶，政治眼光遠大，在當時慕容氏統治階

層中佔有很重要地位。慕容廆接納「勤王杖義」後，立即率兵打敗素連、木津，拯救「遼邦」之民，不僅要使西晉地方統治體系得以維持，而且要提高自己的威望和信譽。其次，「奉晉勤王」提出之後，慕容鮮卑要確保「國富兵強」而進行相應的內政改革。比如（1）接受眾多漢人的歸降，從中要擢舉賢才，任其為謀主、股肱之職，委以庶政；（2）設置僑郡縣安置漢人流民，其過程中，士族階層不同於一般流民，不按籍貫被任為其郡太守或縣令，以便控制其階層；（3）重視農業生產及其發展變化，還要用儒學文化教育慕容氏。其中，尤其隨著儒學教育順利推行下去，不僅能擺脫慕容氏的文化落後狀態，而且提高他們的政治力量，最終為「前燕」的建國及其發展準備了後備力量。如果這些措施被認為慕容鮮卑內部的「國富兵強」的話，那麼與段部、宇文部、後趙、高句麗之間的軍事征戰中所獲勝，可稱之為外部的「國富兵強」。據瞭解，慕容鮮卑與段部間的軍事衝突經過了發起挑戰、面臨危機、克服困境的三個過程；與宇文部間的軍事衝突是始終利用對方在軍事上的欠缺或不足之處而進行的；與後趙間的軍事征戰主要發生在 330 年代後期和 340 年代前期，要避開後趙的大規模攻勢，而採取襲擊戰打敗對方；與高句麗間的軍事征戰經過從劣勢到優勢的過程。在征伐中原之前，慕容鮮卑不牽制高句麗，很可能面臨從背後來的軍事威脅，同時也會危及其根據地的安全。由此，在342 年慕容鮮卑征伐高句麗，得以獲勝。從此慕容鮮卑才能夠名副其實的達到「國富兵強」於「遼邦」。再次，慕容鮮卑得以「國富兵強」後開始謀求擺脫「勤王」的束縛。主要表現為：（1）自稱燕王，並建立起獨自的官僚組織；（2）從意為維持「勤王」的舊都棘城遷到旨在廢止「勤王」的新都龍城；（3）設置僑縣，重新安置漢人百姓。不僅如此，從前要確保農業勞動人而實行的「徙民政策」到此時，其目的上發生了根本性的變化。即在遷徙漢人方面，豪強階層直接遷至龍城周圍使得直接受到慕容氏的支配，但其他人民都可安置在原來地方。另外，在對胡人的「徙民政策」上，也有變化。即遷徙胡人到軍事要地，使他們擔任防衛國家的任務。如此，筆者認為，如上措施得以推行，慕容鮮卑就不再「稟命於晉」了。由此可知，慕容鮮卑利用後趙的滅亡以及冉魏的混亂才能進入中原之地，可成為「皇帝國」開始與東晉、前秦爭奪天下。總而言之，慕容鮮卑是為了實現「興復遼邦」，提出「勤王」，之後據此實行相關的措施，逐漸達到「國富兵強」，最終建立起「前燕」的。這樣，我們可知慕容鮮卑實現自己的目標之後，毫不猶豫地拋棄了「勤王」旗幟。

　　筆者已在如上一章節中圍繞著「勤王」的性質對慕容前燕在其建國的背景及鞏固的措施進行詳細地分析了。接著筆者通過「徙胡之舉」、「殺胡之令」、「輕胡之事」對從冉魏建國至滅亡時的胡漢問題進行了探討，以得出了如下的認識：後趙末，掌握軍政大權的冉閔率領乞活等眾多漢人與「親趙」勢力展開軍事鬥爭。這時由於後趙石氏一族的倒行逆施，而促使達數百萬困於此的胡、漢人自發而起做出從中原之地逃往原土的「壯舉」。這一「壯舉」是他們面對著此地農業經濟被破壞以及政治、社會狀態處於不穩定時，能夠做出的對策之一。不過，由此所帶來的此地空洞化現象有助於瞭解使冉閔本人審時度勢的拉攏或安撫胡、漢人，而且這也是由他所建的王朝有理由和胡人集團搞好關係的原因。因此，在「殺胡之令」實施之前冉閔及其手下的一幫人為了補充勞動力和兵力，作出了拉攏眾多胡人的措施。不過，以羯族為首的「反冉閔」的胡人集團始終存在，並且將對冉閔造成更大的威脅。這對冉閔來說，在無法和胡人集團達成友好關係的情況下，只有頒佈「殺胡之令」。眾所周知，此令不是單獨頒佈下去的，即按「宣令」、「下令」、「班令」的順序實行下去。如果「宣令」、「下令」是依然把胡人看成拉攏和安撫的對象而頒佈的話，「班令」與命令給以漢人出身的各地地方將領的「書命」是針對屠殺胡羯人而發起的。冉閔對胡羯人進行屠殺後，不立即建立起漢人王朝，而推舉後趙的合法繼承者即石鑒，與此同時，據於讖文上的「繼趙李」，改國號為「衛」，並改姓為「李」。此事正說明「班令」和「書命」是冉閔在不得已之下所發起的。此事是繼「殺胡之令」後進行的後續措施。冉閔這麼做，是因為一來要推舉石鑒來消除他自己「屠殺胡羯人的罪名」；二來是希望和胡人集團保持友好關係。可是，當胡人集團拒絕和冉閔保持友好關係，並且遭到石鑒的背叛，這對冉閔來說最後的選擇就是他自稱皇帝，建立漢人王朝。冉閔在稱帝的過程中所做的表現很類似於在中國歷史上眾多開國君主稱帝時的情況，但他通過此事聚合自己的黨羽，並且要試探自己的潛在競爭對手李農的想法。不管怎樣，為胡羯人所排斥的冉閔通過頒佈「殺胡之令」，終於建立起冉魏王朝。不久他在面對著管理和治理國家的實質問題時，立刻派遣使臣和據於各地方擁有軍事力量的胡人集團打好關係，與此同時，針對被俘或投降的胡人而設置大單于，並把胡人安排到各將領的統治之下。值得一提的是，冉魏建立後，漢人似乎不支持參與其王朝，這直接影響到冉閔更積極地拉攏眾多胡人。這樣，冉閔雖根據「反胡」、「親漢」的理念建立漢人王朝，但最

終卻要走上「親胡」之路，這種情況在冉魏王朝內始終存在。眾所周知，冉魏和後趙殘餘勢力所展開的軍事征戰共計六次。尤其是，其軍事征戰的起因是後趙殘餘勢力向冉魏挑戰，這意味著後趙殘餘勢力對冉魏抱有更大的仇恨。一般而言，在戰場上傲慢輕敵都是不可取的。冉閔僅有一次的大敗是在這種傲視之下發生的。在這裏，更注意的是，這種情況再現於和慕容鮮卑之間的軍事征戰之中。其後他被俘，並導致其王朝滅亡。在這種「前車之覆，後車之鑒」的經驗當中，冉閔難道從未吸取教訓嗎？當時，冉閔認爲偏安王朝的東晉無法滿足居於北方的漢人的要求，更重要的是，他以滅亡曾統一北方的後趙而自居，並且深深受到「自古無胡人爲天子者」的觀念的影響。因此，他不能從「前車之覆，後車之鑒」中吸取教訓，不接納諸臣的諫諍，終於在輕視慕容鮮卑而發動的軍事征伐中敗北，身敗國亡。據上所述，冉閔正利用胡漢間的尖銳矛盾，提出「反胡」、「親漢」的理念，而頒佈「殺胡之令」後建立起漢人王朝即冉魏。這雖顯示出十六國前期的時代背景以及歷史特點，但本身給此時期帶來無比的「異端」之措，之所以如此，是因爲沒有任何一個五胡王朝開國君主都利用民族矛盾而建國，也是盡力消除其矛盾，積極拉攏漢人士族並安撫漢人百姓，以完成建國。這應從以羯族出身的石勒雖具有很強烈的「反晉」、「反司馬」情緒，但在創建後趙時積極接受漢人的歸降，而營建以他們爲主的「君子營」中可清楚地瞭解到。〔註1〕

　　筆者已在第四章中分析了淝水之戰後慕容鮮卑通過「復燕」活動來建立西燕王朝的事情，以及在其中所蘊含的歷史意義等問題。首先，原前燕主慕容暐對在實行「復燕」活動的兩個勢力中其弟慕容泓比其叔父慕容垂表示更重視，於是以慕容泓爲他的繼承者。後來慕容泓被殺，而其弟慕容沖被推戴皇太弟時，慕容暐將謀殺苻堅而直接歸附於慕容沖。後來，慕容沖確認慕容暐之死後，立刻即燕帝位。我們將此事理解爲他繼承慕容暐的權威後，建立繼承前燕正統的西燕王朝。此外，在關中之地先後進行「復燕」活動的慕容泓和慕容沖不僅認可慕容暐爲他們的合法君主，而且將把慕容暐推舉爲未來新建立的王朝之君。尤其是，我們在慕容泓送給苻堅的書信中可發現他對「復燕」的堅強意志，且其意志被其弟慕容沖所承襲下來。那麼，他們先後作爲慕容暐的儲君怎樣把「復燕」行爲具體表現出來的呢？這無疑表現在和前秦主力勢力間的軍事征戰中。比如，慕容沖攻佔阿房城，給苻堅施加更大的壓

〔註1〕《晉書》卷 104《石勒載記》上，第 2711 頁，「……衣冠人物集爲君子營。」

力；慕容沖確認慕容暐之死後，立刻登上燕帝，建立西燕；甚至順利地脫離可能被苻堅所殲滅的危機後，東山再起，定都於長安，圖謀新的發展計劃等正說明當時慕容西燕的性質及其特點。除此之外，慕容沖稱燕帝，沒有非法性的成分，甚至和他競爭繼承前燕正統的慕容垂也認可他稱燕帝的事實。那麼，西燕應當是繼承前燕正統的王朝了。由此，慕容前燕的帝系應有從慕容皝—慕容儁—慕容暐—慕容沖來繼承下來。其次，慕容沖定都於長安後，將在關中之地重新調整體制，謀求王朝的安定與發展，但他的這種「苦衷」卻未能被絕大分鮮卑人所認可而被殺了。那麼到這時，對鮮卑人來說，只有一個目標剩下來：就是說，要離開長安而「東歸」於關東之地。眾所周知，當時西燕主無法實際控制鮮卑人，在這種情況下僅僅在 5 個月內，爆發了段隨、慕容顗、慕容望、慕容忠先後被弒殺以及推戴的事變。在這種權力鬥爭中，最後取得勝利的就是慕容永。他在慕容宗室中排行和權威都不高，這對曾與西燕爭奪前燕正統的慕容垂來說，不可承認他即燕帝位的事實。於是，後來慕容垂把此事作為奪回前燕正統的機會，且採取實際行動。後燕諸將強調士卒連年作戰需要休整，但慕容垂卻不顧他們的諫諍，強制地對西燕進行軍事征伐。那麼，就當時定都於并州戰略要地長子城的慕容永而言，無論他願意或者不願意和後燕慕容垂間的關係就像個水和油的關係一般，只好在兩者之間繼續保持競爭和敵對關係。據此，筆者認為，西燕慕容永在對外政策上始終採取「反後燕」的措施。慕容永為了解決以後可能因後燕的進攻而面臨的困境，就以攻打關中之地為確保後方安全；當時翟魏主翟遼按照「反後燕」的基調，和後燕慕容垂保持敵對關係。慕容永將和它聯合從南、西方面給後燕施加壓力；慕容永接納始終敵視後燕的劉顯、許謙等人的歸降，繼續在對外政策上更加強「反後燕」理念。我們認為，通過這些事情可瞭解當時慕容永長子政權的性質及其特點。慕容垂最終攻佔長子城，並活捉慕容永後，不僅責備他敢於僭舉位號、惑世誣民的行為，並將其誅殺，而且給諸多群眾展示出他的屍體，以之作為鑒戒。在這裏，我們可發現慕容垂不顧一切征伐西燕的真正的理由，以及他通過它要達到的目的了。據上述，參與「興復大燕」的慕容泓、慕容沖與慕容垂為了建立前燕的後身王朝在相互間展開繼承前燕正統名分的爭奪戰，但以前者的獲勝而告結束。十六國後期不像前期，「漢」或「晉」等建國理念之所以無能發揮實際作用，是因為很可能在於除了胡人數十年和漢人雜居，漢化達到相當高的水平，這種理念不受重視之外，還到

此時有「勤王」這種觀念性的策略不如實質性的措施對胡、漢人更有號召力，且按照自己的能力程度、或者周圍勢力安排，各個不同的王朝提出了各自的策略。〔註2〕這種現象不僅影響了西燕或後燕等王朝的建國，而且確實給尙未確保任何名分或名利，只好依靠軍事力量而謀求建國的羌族姚萇引以爲鑒了。這似乎是十六國後期在五胡王朝的建國體系中的一個特點。筆者按照這種構想也對羌族後秦的建國體系進行分析了。

十六國後期與慕容氏具有「復燕」的名分不同，羌族姚萇就用最短的時間內脫離「政權」而完成建立類似於「王朝」的統治機構，並確保統治疆域及其統治對象，於是不僅設置由自己本人統領的大營，而且創造在其下安排諸營的統治方式。那麼，姚萇根據他本人和諸將軍間的關係，即大營和諸營間的關係，不斷對敵對勢力進行軍事征戰，並最終贏得勝利，爲建立後秦，打下堅實的基礎。在這種關係下，諸將軍不僅供給軍糧給大營，而且跟隨姚萇參加軍事征戰，由此他們自己軍營的統治權最終爲姚萇所承認。因之，兩者間的這種關係是在相互間利害攸關之下成立的，所以並沒有很緊密的結合在一起，如果周圍環境發生變化，諸將軍隨時會離棄或歸降。不過，由於齊難等諸將軍始終向姚萇忠心耿耿，且他們的人數不斷增加與相互間的關係處於正常化，姚萇終於在關隴之地站穩腳跟後建立了後秦王朝。另外，姚萇選擇嶺北之地作爲大營的勢力擴張空間，並始終充分地利用此地，這是因爲要贏得雜居於此地的胡、羌人的支持，除此之外，還和符登等敵對勢力也在此地活動息息相關。後來，姚萇逐步確保此地的人力、物力資源後，更加爲了鞏固姚氏勢力攻佔此地中心即安定後，在那裏實行了一系列政治或軍事方面的措施。據此，姚萇能夠定都於長安，即秦帝位，已確保設置「皇帝國」的官職以及姚氏的社稷。與此同時，通過正式地方官的任命等措施來瞭解到，後秦已不是從前的無疆域、無人民的「政權」，而是確保統治疆域，使人民固定於某個地域對他們有效統治的「王朝」了。眾所周知，赫連勃勃是採取不停留於某地，輾轉各個不同地區，襲擊敵對勢力的策略而贏得勝利，最終建立起大夏的，〔註3〕那麼，姚萇設置大營，後來由此建立後秦的事情是否有相

〔註2〕 李椿浩：《十六國時期的「勤王」及其政治功能》，《晉陽學刊》期刊，2001年第1期，第89～90頁。

〔註3〕 《晉書》卷130《赫連勃勃載記》，第3203頁，「諸將諫固險，不從，又復言于勃勃曰：『陛下將欲經營宇內，南取長安，宜先固根本，使人心有所憑係，然後大業可成。高平險固，山川沃饒，可以都也。』勃勃曰：『卿徒知其一，

互關聯呢？對此，有一種主張認爲，當時赫連勃勃卻認爲大夏初起，部眾不多，難與後秦爭鋒，不過他的軍事策略與 20 年前姚萇如出一轍，也同樣奏效。〔註4〕正因爲如此，筆者確實對此問題也倍感興趣。不過此問題已超過本研究的範圍，所以對於此問題的分析，只好將在另一文中進行詳細探討了。如果認爲後秦的「建國方案」確實給大夏的建國有直接或間接的影響的話，大營在十六國後期後秦的建國及其發展上所扮演的角色或作用應積極地得到評價。最後，筆者在本章節中提出了一些新的看法：比如，大營的設置時間；大營的組織結構及其構成人員；大營管轄的兵吏及其家屬的規模；大營和諸營間的關係等等的問題。其中，一些看法因史料的不足，未能進行堅定的論述，且有一部分因未有相關的史料，只能進行有效的推論。不過，通過大營的積極作用來完成後秦的建國及其發展的話，主題的選擇以及論點的展開應沒有多大的問題了。

筆者已在第六章中通過由以馮跋兄弟爲主而成的「二十三人結謀者」來分析探討了北燕的建國與有關君權的問題。從中得到了如下的認識：筆者認爲，在 407 年後燕主慕容熙被高雲所殺，而其王朝宣告滅亡的話，這一年應屬於北燕的建國之年。但有一些學者認爲，北燕的建國之年應是在馮跋殺害高雲，並自稱北燕天王的 409 年。〔註5〕如果此看法得以成立，不僅關係到將

未知其二。吾大業草創，眾旅未多，姚興亦一時之雄，關中未可圖也。且其諸鎮用命，我若專固一城，彼必幷力于我，眾非其敵，亡可立待。吾以雲騎風馳，出其不意，救前則擊其後，救後則擊其前，使彼疲于奔命，我則游食自若，不及十年，嶺北、河東盡我有也。待姚興死後，徐取長安。姚泓凡弱小兒，擒之方略，已在吾計中矣。昔軒轅氏亦遷居無常二十餘年，豈獨我乎！』」據此可知，赫連勃勃的諸將所諫諍的內容非常類似於從前姚萇的將佐「以長安爲根本」的策略，且對此，赫連勃勃的態度也和姚萇的頗爲相似。尤其是，姚萇因有征戰的需要，而設置大營，並率之輾轉於嶺北之地。據此，姚萇控制嶺北與關隴之地後，能夠建立起後秦的話，赫連勃勃更重視「我若專固一城，彼必幷力于我，眾非其敵，亡可立待」的策略，就發揮轉移性，即「吾以雲騎風馳，出其不意」後，得以「使彼疲于奔命，我則游食自若」，可以實現一統天下。這種大夏在建國過程中所體現出的特點，是否繼承了後秦的「建國藍圖」，我們將在另一文中進行詳細的討論。

〔註4〕廖幼華：《前後秦時期關中爭霸戰中的杏城──歷史地理角度的觀察》，《華岡文科學報》第 23 期，1999 年，第 148 頁。

〔註5〕繆荃孫：《北燕百官表》（《二十五史補編》第三冊所收），第 4079 頁，「己酉太平元年十月，後燕高雲被弒，眾推馮跋爲主，改號。」除此之外，王仲犖則認爲，慕容熙被殺，後燕亡國。自 384 年慕容垂稱燕王，到 407 年慕容熙被殺，立國凡 24 年。高雲雖被馮跋等人擁立爲燕天王，但後來被寵臣離班等

如何看待高雲在位的兩年零三個月時間的政權性質，而且就北燕建國於 409
年，認爲只要維持馮跋、馮弘二主共 28 年的統治時期（409～436），其中不
包括高雲在位時間。〔註6〕筆者已主張北燕是由高句麗後裔高雲「稱天王」之
後以「正始」爲建元，以「大燕」爲國號而建立的，且他的在位時間屬於爲
擺脫馮跋兄弟的束縛而成爲名副其實的一國君主，努力確保並加強自身君權
的時期。也許其史實得不到一些學者的認可，便不把高雲在位時間放在北燕
期間。筆者認爲，不管被哪些階層所推舉爲帝王，從君權原有的特點來看，
高雲要成爲北燕的最高統治者，採取諸多措施得以掌握絕對並唯一的權力。
據此，他採取了一系列措施：一、要通過冊封爵位、賞賜穀帛來安撫一起參
與武裝舉事而具有大小功勞的人；二、要允許恢復後燕時官吏的爵位，使之
確保既得利益與原本權威；三、要立其子高彭城爲太子，打下世襲體系的基
礎；四、要冊封慕容歸爲遼東公，使之負責「燕祀」，以安慰慕容宗室。據瞭
解，通過如上措施，高雲不僅要確保自己的權威和力量，而且要與馮跋兄弟
展開權力鬥爭做準備。高雲日益打下「賢君」之象，開始公開宣佈自己不再
是馮氏一族的傀儡，而是北燕眞正的君主。此事按照 408 年 5 月所實行的官
職變更來得到證實。換言之，在其官職變更當中，高雲任馮萬泥爲幽、冀二
州牧，任中軍將軍馮乳陳爲幷州牧，使他們各自鎮守軍事要鎮即肥如、白狼。
與此同時，高雲按照自己的意志改任昌黎尹馮素弗爲司隸校尉，還要考慮到
以後與馮氏一族間的權力鬥爭，特別任務銀提爲尙書令。他不管如何盡可能
地做出自己的努力，但由于禁衛軍被馮跋季弟馮弘所掌握，對自身安全不能
完全把握，後來爲解決這問題而要重用離班、桃仁等人，使他們負責護衛宮
城和自身的生命安全。高雲與他們一起「衣食起居」，並對之表示絕對信任，
但他們最終被馮跋所收買。高雲一派在與馮跋一族間的權力鬥爭當中遭遇慘
敗，之後從政治舞臺上消失了。筆者認爲，高雲雖然沒有直接被馮跋所殺害，
但爲了登上眞正意義的北燕君主，採取眾多加強君權的措施應該得到應有的
評價。據瞭解，爲了謀求「反慕容熙」的武裝舉事，馮跋兄弟推舉當時慕容
宗室內威望較高的慕容寶養子高雲爲「二十三人結謀者」的盟主。從他們的
立場來看，只要採取其策略很可能順利地展開武裝舉事，但就高雲個人立場

人所殺，馮跋自立爲王，稱燕天王，史稱北燕。（王仲犖：《魏晉南北朝史》
　　上冊，上海，上海人民出版社，1979 年，第 297～298 頁。）
〔註6〕劉學銚：《鮮卑史論》，臺北，南天書局，1994 年，第 144～146 頁。

而言，他將從那時起具有爲擺脫他們的制約而奮鬥的宿命。眾所周知，馮跋兄弟確實是滅亡後燕，並建立新王朝北燕的頭等功臣，所以朝權和軍權都由他們來控制著。他們似乎沒有預料到，後來高雲逐漸開始加強君權，兩者之間的權力鬥爭發展到不可避免的地步。其實這種權力鬥爭是在從高雲被推舉爲那些結謀者的盟主開始的，他們之間志忑不安的「同居」很類似於定時炸彈只在等待爆炸。據事實證明，後來馮跋兄弟收買高雲的貼身使臣離班、桃仁和務銀提後，順利地殺死高雲，並完成他們原來的目標，即建立馮氏政權。這時馮跋、馮素弗兩人在到底誰稱帝的問題上，按各自的立場，互相退讓，此事使我們瞭解馮氏政權的君權特點帶來不少的幫助。就是說，馮跋個人認爲自己不具備稱帝的資格而其位讓給其弟馮素弗。對此，馮素弗說道，自古以來未有「子弟」先於「父兄」稱帝，由此馮跋寬宏大量、寬仁恭愼，必是稱帝的人物。在這種情況下，由於得到其他群臣的執著請求，馮跋終於即北燕天王位，就建立了名副其實的馮氏王朝。如此經過迂迴曲折，而登上北燕最高統治者的馮跋在「大定百官」時，繼承了由高雲以那些結謀者爲主的權力結構，北燕的國權仍由他們掌握。之所以如此，很可能是因爲馮跋受到馮素弗的或多或少的影響，未能掌控王朝的全部權力，只能全心依靠那些結謀者。據瞭解，從前馮跋要謀求武裝舉事，聚集「結謀者」時；之後還要與高雲一派展開權力鬥爭時，始終與其兄弟一起商量而行。所以在馮氏政權的創業過程中，命令體系並沒有由他來統一掌握。即便如此，馮跋稱帝之後必定爲加強君權全力以赴，所以「善政」多次得以實行。原本根基於那些結謀者這較爲狹窄的統治階層的君權，開始轉換爲被一般百姓所承認的普遍治權。君權應得到百姓的支持和信賴主要通過一部分結謀者因純屬對馮跋個人的不滿而圖謀造反，還有馮跋原來自己謀求舉事時的「因民之怨」之名也不能留給某些勢力等事情來得以證明。馮跋加強君權做出了如下措施：一、要強調「仁」而緩解境內蔓延的階級、民族矛盾；二、以「賢良」選拔官吏；三、使胡、漢人受到公平教育；四、重視境內胡人統治而設置大單于職；五、提高馮氏宗室的權威；六、不區分統治和被統治階級，重視節儉風氣。除此之外，在與柔然、庫莫奚等諸民族或者高句麗、赫連夏等諸王朝的關係上，馮跋不採取衝突或戰爭等手段，而主要通過本著信義積極地交流得以加強君權。在此，值得一提的是，當時對馮跋的君權造成最大的威脅莫過於其弟馮素弗。他並沒有爲篡奪天王而圖謀鬥爭，而是背後輔佐馮跋爲北燕的健全地

發展做出了應有的貢獻，這充分地表明他對北燕君權留下積極的影響。因為如此，馮跋可被評為五胡王朝的君主當中「有道」之君。另外，有一種主張認為，在五胡王朝的建國過程中各族宗室的作用是非常絕對的。所以創業成功之後他們自然而然佔據王朝的權力核心層，開始掌握國權，與君主分掌權力並制約君權。〔註7〕據瞭解，我們查看馮氏政權的權力構造，馮氏宗室的作用確實是數一數二的，並且他們與馮跋分掌國權，制約君權。不過，眾所周知，馮氏政權繼承高雲所留下的以那些結謀者為主的權力結構，並他們的核心是馮氏兄弟。北燕建立之後，「二十三人結謀者」成為比馮氏集團更大的權力核心層，掌握國權並制約君權。從這一點上看，有關那些結謀者的史料將成為瞭解北燕的建國及其君權已成為比較好的研究素材了。

最後，筆者在第八章中不僅對於大單于的任職及其相關問題，而且對於單于臺的設置及其統治力量所能達到的地區範圍等問題進行了分析探討。此問題雖已超越五胡王朝的建國體系的範圍，但之所以對此有必要進行分析，是因為一來間接地把握一些在五胡王朝的建國體系中所包含的意味；二來直接地探討五胡王朝在作為統治胡人的方式之一即胡漢分治中所扮演的事實。首先，是關於大單于的任職及其相關的問題。（1）一種關於大單于一般都由該王朝的儲君來任命的主張，並不符合實際情況；（2）儲君開始擔任大單于職後，可按自己的意志使用該王朝的軍權，較為容易即皇帝位；（3）除了劉乂、石虎外，大單于都由該王朝君主的親近之子擔任；（4）在漢人王朝冉魏中，大單于的職能完全相同於其他五胡王朝；（5）通過前秦苻健的話語來更清楚地瞭解到大單于原有的「鎮撫百蠻」的功能。與此同時，五胡王朝的帝王不再擔任大單于職。筆者證實了如上事實以外，還對一些問題提出了見解：比如，（1）目前在匈奴漢，劉粲從何時起任大單于並沒有統一的看法。筆者強調以匈奴血統的劉粲殺害以匈奴血統半、氐族血統半，而受到氐、羌人支持的劉乂後，是在從 317 年才開始任大單于的；（2）關於在後趙時儲君石弘是否任大單于，對此，筆者強調了石勒稱趙王後，以其子石宏領大單于，之後他被任地方官離開都城襄國前一直擔任大單于職。而後儲君石弘代替石宏開始任大單于。這種措施是在石虎的勢力不斷加強，但石勒不會驅除他的情況之下，正式由石弘來統領居住於京畿的胡人。與此同時，石勒使石弘掌管

〔註7〕 谷川道雄：《拓跋國家の展開と貴族制の再編》，《岩波講座世界歷史》5，東京，岩波書店，1970 年，第 204〜205 頁。

尙書奏事，以超出石虎的勢力，由此提前準備他死後可能發生的一種政治上
的部署；（3）如今沒有學者提出對在後燕的慕容寶從何時起任大單于的看法。
對此，筆者強調了眾多胡人被遷徙於都城中山周圍而居住，而後在 388 年更
集中地體現出對他們加強有效統治的需要。這一年應屬於慕容寶開始任大單
于的最佳時間。另外，慕容垂任命慕容寶爲大單于的同時，由他來掌管尙書
政事。其次，由於現存史料的不足，我們不可在所有五胡王朝中找出有關大
單于的任職與單于臺的設置等記載。限於此，筆者強調了如果只找出單于臺
設置的記載，其長官大單于應有任職，但相反只看到大單于任職的話，有單
于臺設置的可能，或許由其他統治機構來代替其功能的可能。由此，在五胡
王朝中半數以上的儲君擔任大單于，於是他們所居住的「東宮」是否代替統
領胡人的單于臺的功能呢？爲了證明此事，筆者提出了如下兩個例子：（1）
根據胡三省的注釋，可見氐、羌族酋長統屬於大單于劉乂，都從事於東宮。
與此同時，劉粲殺死受氐、羌族的支持的劉乂後，氐、羌族 10 多萬落發動叛
亂敵對劉聰。由此可推斷氐、羌族酋長從事於東宮，東宮很可能代替單于臺，
而成爲一個統領胡人的統治機構；（2）石虎篡奪後趙國權後，從襄國遷都於
鄴城，不久任命子石宣爲大單于。石宣已任大單于後，使五兵尙書張離上書
自己潛在競爭對手即家弟，將統屬於其幕府的官吏與兵士重新安排於「東宮」
內。與此同時，石虎爲了東宮的安定，設置了左、右統將軍。通過如上措施
可使我們推測東宮已超過一般儲君所居住的「宮」的意味，成爲具有其他統
治功能的機構。那麼，此即是單于臺原有的功能，即「鎭撫六夷」。當然，匈
奴漢、後趙至少在劉乂、石宣當儲君時，東宮有如此意味。除此之外，筆者
對於已找出單于臺記載的匈奴漢、前趙、後趙、後燕等王朝的有關問題進行
了分析探討。比如，（1）匈奴漢滅亡後，劉曜在 318 年重新建立起以長安爲
中心的匈奴王朝，即前趙。之後到 326 年似乎未有大單于的任職與單于臺的
設置。不過，後來前趙因與石氏後趙間的戰爭中大敗，開始重視對居住於長
安周圍的胡人進行有效地統治。除此之外，這時原世子劉胤已生還，劉曜要
重新立他爲太子，但卻遭到劉胤和其他大臣們的反對。如此，劉曜不可實施
自己的計劃，那麼一種作爲對劉胤的政治安排，而任命他爲大單于；（2）後
趙石勒自稱大單于時，以鎭撫胡人的統治機構叫做單于庭。後來，石虎遷都
於鄴城後，不知是否繼續存在這種統治機構；（3）直到 400 年，後燕慕容盛
設置燕臺，其名字不同於單于臺，但其功能完全相同於它。我們認爲，燕臺

已設置，於是其長官大單于肯定任職。筆者強調了大單于很可能由儲君慕容定，或許君主慕容盛本人，或第三個人物來擔任。再次，是關於單于臺的組織及其轄區的問題。大單于是一個由皇帝所任命的統治非漢人的官吏，其管理範圍大致為京畿、畿甸之地，即畿內。且所謂單于臺是針對非漢人的統治而實施具體政策的統治機構，自然會設置在離都城不遠的地方，即畿內。筆者對在匈奴漢、前趙、後趙、後燕、北燕等王朝內相互類比，對具有自己特點的單于臺組織做了統一整理。其中，匈奴漢的單于、都尉系統到前趙後因為多數匈奴人被殺，和發生統治區域及其內部民族出身的變化，所以六夷豪傑直接被任左賢王、右賢王及其屬官，具備了前趙反映當時時代背景的單于臺。另外，在後燕末年，慕容盛、慕容熙時，在大單于下設置就其職位而言，相當於尚書的單于左輔、右輔。他們輔佐大單于負責胡人事務。在後燕慕容熙時，不同於其他五胡王朝，其單于臺設置於不是都城周圍，而是北平郡。之所以如此，是因為當時的大單于統治包括居住於京畿在內的境內所有胡人。此外，在北燕時，對胡人的統治比後燕的更為敏感，由此單于左輔、右輔，增加到單于左輔、右輔、前輔、後輔。最後，上述研究啟發我們想到另一個問題，以待分析：就是說，本研究主要針對把五胡王朝在京畿的統治方式，即胡漢分治作為研究對象，那麼對於京畿之外地域有怎樣的胡漢分治呢？據瞭解，在每個五胡王朝境內都普遍存在著胡人的部落，對這些部落的統治多次由其部落的酋長、大人或者君主子弟被任為地方官或軍事長官而進行統治。比如，後趙石勒把以苻氏為首的氐族以及以姚氏為首的羌族集中安置在關東的枋頭和灄頭之地，任命苻洪為龍驤將軍、流人都督〔註8〕，且任命姚弋仲為持節、十郡六夷大都督、冠軍大將軍〔註9〕對他們自己的部眾進行統治。與此同時，我們還發現西秦乞伏乾歸針對鮮卑僕渾部、羌句豈部設置秦興郡、興國郡，並任命自己的子弟為秦興太守、興國太守對他們進行統治。〔註10〕後涼的西平郡〔註11〕以及南涼的樂都、湟河、澆河郡的設置〔註12〕也有與此

〔註8〕　《晉書》卷112《苻洪載記》，第2867頁。

〔註9〕　《晉書》卷116《姚弋仲載記》，第2960頁。

〔註10〕　《資治通鑒》卷116晉紀38安帝義熙七年（411）條，第3643～3646頁，「河南王乾歸徙鮮卑僕渾部三千餘戶于度堅城，以子敕勃為秦興太守以鎮之……河南王乾歸徙羌句豈等部眾五千餘戶于疊蘭城，以兄子阿柴為興國太守以鎮之。」

〔註11〕　《晉書》卷122《呂光載記》，第3057～3058頁，「〔呂〕光西平太守康寧自稱匈奴王，阻兵以叛，光屢遣討之，不捷。」

相同的意思。由此，之所以設置郡縣以統治胡人，以及其部落酋長被任爲地方官或軍事長官都是爲了統治在京畿之外地域的胡人而採用的方式。那麼若要更系統的闡明其事實，筆者將在別稿對此進行分析。

〔註12〕　《晉書》卷126《禿髮烏孤載記》，第3142頁，「〔禿髮烏孤〕降〔呂〕光樂都、湟河、澆河三郡，嶺南羌胡數萬落皆附之。」

參考文獻

一、史書與工具書

1. 《史記》，北京，中華書局標點本，1959 年。
2. 《漢書》，北京，中華書局標點本，1962 年。
3. 《後漢書》，北京，中華書局標點本，1965 年。
4. 《三國志》，北京，中華書局標點本，1959 年。
5. 《晉書》，北京，中華書局標點本，1974 年。
6. 《宋書》，北京，中華書局標點本，1974 年。
7. 《南齊書》，北京，中華書局標點本，1972 年。
8. 《梁書》，北京，中華書局標點本，1973 年。
9. 《陳書》，北京，中華書局標點本，1972 年。
10. 《魏書》，北京，中華書局標點本，1974 年。
11. 《北齊書》，北京，中華書局標點本，1972 年。
12. 《周書》，北京，中華書局標點本，1971 年。
13. 《南史》，北京，中華書局標點本，1975 年。
14. 《北史》，北京，中華書局標點本，1983 年。
15. 《隋書》，北京，中華書局標點本，1973 年。
16. 《資治通鑒》，北京，中華書局標點本，1956 年。
17. 《十三經注疏》上、下冊，北京，中華書局影印本，1983 年。
18. 常璩、劉琳校注：《華陽國志》，成都，巴蜀書社，1984 年。
19. 杜佑：《通典》，北京，中華書局標點本，1984 年。
20. 方詩銘編著：《中國歷史紀年表》，上海，上海辭書出版社，1980 年。

21. 顧祖禹：《讀史方輿紀要》，上海，商務印書館叢書集成本，1937 年。

22. 郭沫若主編：《中國史稿地圖集》上冊，北京，中國地圖出版社，1996 年。

23. 洪亮吉：《十六國疆域志》，上海，商務印書館叢書集成本，1936 年。

24. 紀昀：《歷代職官表》，上海，上海古籍出版社，1989 年。

25. 金富軾：《三國史記》，首爾，圖書出版韓吉社，1998 年

26. 李吉甫：《元和郡縣圖志》，上海，商務印書館叢書集成本，1937 年。

27. 李昉：《太平御覽》，北京，中華書局影印本，1960 年。

28. 酈道元、楊守敬‧熊會貞疏：《水經注》，南京，江蘇古籍出版社，1999 年。

29. 林寶：《元和姓纂》，北京，中華書局，1994 年。

30. 林幹：《匈奴歷史年表》，北京，中華書局，1984 年。

31. 馬端臨：《文獻通考》，北京，中華書局點校本，1986 年。

32. 馬總、周征松點校：《通歷》，太原，山西人民出版社，1992 年。

33. 繆荃孫：《北燕百官表》（《二十五史補編》第三冊所收），北京，中華書局影印本，1998 年。

34. 牛繼清、張林祥：《十七史疑年錄》，合肥，黃山書社，2007 年。

35. 秦錫田：《補晉僭國年表》（《二十五史補編》第三冊所收），北京，中華書局影印本，1998 年。

36. 錢大昕、方詩銘‧周殿傑校點：《廿二史考異》，上海，上海古籍出版社，2004 年。

37. 沈維賢：《晉五胡表》（《二十五史補編》第三冊所收），北京，中華書局影印本，1998 年。

38. 石延年：《五胡十六國考鏡》，上海，商務印書館叢書集成本，1936 年。

39. 譚其驤主編：《中國歷史地圖集》第四冊，北京，中國地圖出版社，1982 年。

40. 湯球：《十六國春秋輯補》，上海，商務印書館叢書集成本，1936 年。

41. 湯球：《十六國春秋纂錄校本》，上海，商務印書館叢書集成本，1936 年。

42. 湯球、楊朝明校補：《九家舊晉書輯本》，鄭州，中州古籍出版社，1991 年。

43. 萬斯同：《偽漢將相大臣年表》（《二十五史補編》第三冊所收），北京，中華書局影印本，1998 年。

44. 萬斯同：《偽趙將相大臣年表》（《二十五史補編》第三冊所收），北京，中華書局影印本，1998 年。

45. 萬斯同：《僞燕將相大臣年表》(《二十五史補編》第三冊所收)，北京，中華書局影印本，1998 年。

46. 萬斯同：《僞後秦將相大臣年表》(《二十五史補編》第三冊所收)，北京，中華書局影印本，1998 年。

47. 萬斯同：《僞後燕將相大臣年表》(《二十五史補編》第三冊所收)，北京，中華書局影印本，1998 年。

48. 王夫之：《讀通鑒論》，北京：中華書局點校本，1975 年。

49. 王鳴盛、黃曙輝點校：《十七史商榷》，上海，上海書店出版社，2005 年。

50. 吳玉貴：《資治通鑒疑年錄》，北京，中國社會科學出版社，1994 年。

51. 徐堅：《初學記》，北京，中華書局標點本，1962 年。

52. 樂史：《太平寰宇記》，上海，商務印書館叢書集成本，1936 年。

53. 張愉曾：《十六國年表》(《二十五史補編》第三冊所收)，北京，中華書局影印本，1998 年。

54. 趙超：《漢魏南北朝墓誌彙編》，天津，天津古籍出版社，1992 年。

55. 趙翼、王樹民校證：《廿二史箚記》，北京，中華書局點校本，1984 年。

56. 鄭樵：《通志》，北京，中華書局標點本，1995 年。

二、當代人的研究成果（按作者姓氏首字母排列，另同一人的論著按年代排列）

（一）韓 文

1. 池培善：《關於鮮卑族初期段階的氏族分裂》，《白山學報》第 23 輯，1977 年。

2. 池培善：《關於段氏》，《漢城史學》第 3 輯，1985 年。

3. 池培善：《對西燕的研究》，《白山學報》第 32 輯，1985 年。

4. 池培善：《前燕公國的形成過程》，《中世東北亞史研究——慕容王國史》，首爾，一潮閣，1986 年。

5. 池培善：《前燕王國的發展》，《中世東北亞史研究——慕容王國史》，首爾，一潮閣，1986 年。

6. 池培善：《前燕帝國的跳躍》，《中世東北亞史研究——慕容王國史》，首爾，一潮閣，1986 年。

7. 池培善：《後燕的帝國繼起》，《中世東北亞史研究——慕容王國史》，首爾，一潮閣，1986 年

8. 池培善：《後燕慕容熙的王國時代》，《中世東北亞史研究——慕容王國史》，首爾，一潮閣，1986 年。

9. 池培善：《關於北燕（一）——以高句麗王族後裔高雲及其在位時爲中心》，《東方學志》第 54、55、56 合輯，1987 年。

10. 池培善：《關於北燕（二）——以馮跋及其在位時爲中心》，《東洋史學研究》第 29 輯，1989 年。

11. 池培善：《關於慕容翰》，《東方學志》第 81 輯，1993 年。

12. 池培善：《永興元年以後的前趙》，《中國學報》第 38 輯，1998 年。

13. 池培善：《關於東晉與前燕的關係——以前燕慕容廆在位時爲中心》，《東洋史學研究》第 62 輯，1998 年。

14. 池培善：《燕的復興運動與西燕的國制變化過程》，《中世中國史研究——慕容燕與北燕史》，首爾，延世大學校出版部，1998 年。

15. 池培善：《高句麗王族後裔高雲的北燕建國過程》，《中世中國史研究——慕容燕與北燕史》，首爾，延世大學校出版部，1998 年。

16. 池培善：《北燕馮跋王國的發展與對內外政策》，《中世中國史研究——慕容燕與北燕史》，首爾，延世大學校出版部，1998 年。

17. 池培善：《關於皇甫眞》，《東洋史學研究》第 66 輯，1999 年。

18. 池培善：《關於前秦符堅——以至 358 年爲中心》，《東方學志》第 144 輯，2008 年。

19. 崔珍烈：《五胡十六國、北朝時期的皇太子或後繼者參與國政及其背景》，《中國古中世史研究》第 21 輯，2009 年。

20. 姜文晧：《前秦符堅的政治與帝權》，《中國學報》第 37 輯，1998 年。

21. 姜文晧：《胡人天子論的出現》，《中國中世政治史研究——五胡十六國史》，首爾，國學資料院，1999。

22. 姜文晧：《前燕的宗室與勤王政策》，《中國中世政治史研究——五胡十六國史》，首爾，國學資料院，1999。

23. 姜仙：《對於高句麗與前燕的關係的考察》，《高句麗研究》第 11 輯，2001 年。

24. 姜仙：《4～6 世紀東北亞政局與高句麗的對外政策》，《軍史》第 54 號，2005 年。

25. 金浩東：《北亞洲游牧國家的君主權》，《東亞史上的王權》，首爾：韓兒出版社，1993 年。

26. 金榮煥：《五胡十六國時期後趙統治者石虎的文化變容研究》，《中國學報》第 51 輯，2005 年。

27. 金聖熙：《從「白虜」到「索虜」的世界——4 世紀末河北霸權的向背》，《東洋史學研究》第 99 輯，2007 年。

28. 金聖熙：《北魏的河北經營與山西、河北間交通路的構建》，《歷史學報》

第 198 輯，2008 年。

29. 金英珠：《高句麗故國原王代的對前燕關係》，《北岳史論》第 4 輯，1997
年。

30. 孔錫龜：《高句麗對遼東地區的進出之策與慕容氏》，《軍史》第 54 號，
2005 年。

31. 孔錫龜：《高句麗與慕容「燕」的戰爭及其意味》，《東北亞歷史論叢》第
15 號，2007 年。

32. 李椿浩：《「統府」體制與後燕、南燕的建國》，《東方學》第 15 輯，2008
年。

33. 李椿浩：《試論五胡十六國時期後燕的中樞之官》，《中國古中世史研究》
第 19 輯，2008 年。

34. 李椿浩：《五胡時期漢人王朝冉魏及其特點——以胡漢對立與克服其限制
爲中心》，《中國古中世史研究》第 23 輯，2010 年。

35. 李椿浩：《五胡時期慕容前燕的建國及其特點——「勤王」的出現及其運
用爲中心》，《東洋史學研究》第 113 輯，2010 年。

36. 李道學：《高句麗的國難與故國原王像》，《高句麗研究》第 23 輯，2006
年。

37. 李明仁：《高句麗廣開土王時期與慕容鮮卑間的關係及文化交流》，《韓國
古代史研究》第 67 輯，2012 年。

38. 李啓命：《姚秦政權與漢化政策》，《東洋史學研究》第 76 輯，2001 年。

39. 朴漢濟：《五胡前期政權與漢人士族》，《中國中世胡漢體制研究》，首爾，
一潮閣，1988 年。

40. 朴漢濟：《符堅政權的性格》，《中國中世胡漢體制研究》，首爾，一潮閣，
1988 年。

41. 朴世二：《太祖王以前的高句麗與鮮卑關係之研究》，《地域與歷史》第
30 號，2012 年。

42. 辛聖坤：《雜戶身份的變遷及其性格》，《歷史學報》第 115 輯，1987 年。

43. 辛聖坤：《魏晉南北朝時期對部曲的再考察》，《東洋史學研究》第 40 輯，
1992 年。

44. 徐炳國：《前燕的漢族統治與漢官的寄與》，《實學思想研究》第 15、16
合輯，2000 年。

45. 余昊奎：《4 世紀東亞國際秩序與高句麗對外政策的變化——以對前燕關
係爲中心》，《歷史與現實》第 36 輯，2000 年。

46. 余昊奎：《4 世紀～5 世紀初高句麗與慕容「燕」的領域擴張與支配方式
的比較》，《韓國古代史研究》第 67 輯，2012 年。

（二）中　文

1. 白翠琴：《魏晉南北朝民族史》，成都，四川民族出版社，1996 年。

2. 柏貴喜：《四～六世紀內遷胡人家族制度研究》，北京，民族出版社，2003 年。

3. 陳連慶：《中國古代少數民族姓氏研究——秦漢魏晉南北朝少數民族姓氏研究》，長春，吉林文史出版社，1993 年。

4. 陳琳國：《十六國時期的「軍封」、營戶與依附關係》，《華僑大學學報》期刊，2008 年第 1 期。

5. 陳琳國：《中古北方民族史探》，北京，商務印書館，2010 年。

6. 陳勇：《漢國匈奴與氐人聯盟的解體——以劉乂案爲中心》，《歷史研究》期刊，2008 年第 4 期。

7. 陳勇：《漢趙國胡與屠各分治考》，《民族研究》期刊，2009 年第 3 期。

8. 陳勇：《前燕慕容氏世系考》《民族研究》期刊，2010 年第 5 期。

9. 陳勇：《漢趙史論稿——匈奴屠各建國的政治史考察》，北京，商務印書館，2009 年。

10. 陳勇：《〈資治通鑒〉十六國資料釋證——漢趙、後趙、前燕國部分》，北京，中國社會科學出版社，2010 年。

11. 崔明德：《略論兩漢時期匈奴首領的「自尊」意識》，《中國邊疆史地研究》期刊，2008 年第 1 期。

12. 崔一楠：《華陰之戰與姚萇叛秦》，《河南理工大學學報》期刊，2011 年第 3 期。

13. 戴曉剛：《後秦姚氏的漢文化修養》，《社會科學輯刊》期刊，2008 年第 2 期。

14. 馮家昇：《慕容氏建國始末》，《禹貢半月刊》第 3 卷第 11 期，1935 年。

15. 馮君實：《十六國官制初探》，《東北師範大學學報》期刊，1984 年第 4 期。

16. 馮君實：《評慕容垂》，《吉林師範大學學報》期刊，1986 年第 2 期。

17. 甘懷眞：《中國中古時期君臣關係初探》，《國立臺灣大學歷史學系學報》第 21 期，1997 年。

18. 高敏：《試論十六國時期的兵戶制及其特徵》，《魏晉南北朝兵制研究》，鄭州，大象出版社，1998 年。

19. 高敏：《十六國時期前秦、後秦的「護軍」制》，《魏晉南北朝兵制研究》，鄭州，大象出版社，1998 年。

20. 高敏：《十六國時期的軍鎮制度》，《史學月刊》期刊，1998 年第 1 期。

21. 高蘊華：《略論十六國時期各族人民鬥爭》，《內蒙古民族師院學報》期刊，1991 年第 1 期。

22. 弓因：《慕容儁稱帝建都何處》，《社會科學輯刊》期刊，1986 年第 1 期。

23. 谷川道雄著、李濟滄譯：《隋唐帝國形成史論》，上海，上海古籍出版社，2004 年。

24. 韓狄：《十六國時期的「單于」制度》，《內蒙古大學學報》期刊，2001 年第 5 期

25. 韓國磐：《魏晉南北朝史鋼》，北京，人民出版社，1983 年。

26. 韓雪松、林革華：《慕容燕與兩晉關係略論》，《東北史地》期刊，2008 年第 5 期。

27. 黃河：《慕容廆與兩晉政治關係淺析》，《東北史地》期刊，2007 年第 4 期。

28. 黃惠賢：《中國政治制度通史》第 4 卷《魏晉南北朝》，北京，人民出版社，1997 年。

29. 黃烈：《「徙戎論」與關中氐羌和并州匈奴》，《中國古代民族史研究》，北京，人民出版社，1987 年。

30. 黃烈：《古羌、西羌、東羌和後秦》，《中國古代民族史研究》，北京，人民出版社，1987 年。

31. 黃烈：《南匈奴的變化和消失》，《中國古代民族史研究》，北京，人民出版社，1987 年。

32. 何寧生：《後秦法制初探》，《西北大學學報》期刊，1995 年第 4 期。

33. 何寧生：《論後燕的法制》，《西北大學學報》期刊，2003 年第 3 期。

34. 何寧生：《論前燕的法制》，《西北大學學報》期刊，2004 年第 5 期。

35. 侯甬堅：《十六國北朝「嶺北」地名溯源》，《中國歷史地理論叢》期刊，2001 年第 1 期。

36. 蔣福亞：《劉淵的「漢」旗號和慕容廆的「晉」旗號》，《北京師範學院學報》期刊，1979 年第 4 期。

37. 蔣福亞：《前秦史》，北京，北京師範學院出版社，1993 年。

38. 江應梁主編：《中國民族史》上、下冊，北京，民族出版社，1990 年。

39. 金洪培：《馮跋擁立高雲爲北燕王之原因探析》，《延邊大學學報》期刊，2010 年第 4 期。

40. 金洪培：《略論高句麗與慕容鮮卑的早期關係》，《人文科學研究》第 30 輯，2011 年

41. 金毓黻：《慕容氏與高句驪》，《禹貢半月刊》第 7 卷第 1、2、3 合期，1937 年。

42. 康玉慶:《西燕建都長子原因探究》,《太原大學學報》期刊,2009 年第 4 期。

43. 勞榦:《魏晉南北朝史》,臺北,華岡出版公司,1975 年。

44. 李椿浩:《論符堅的民族政策與前秦的滅亡》,《中央民族大學學報》期刊,2000 年第 1 期。

45. 李椿浩:《十六國時期的「勤王」及其政治功能》,《晉陽學刊》期刊,2001 年第 1 期。

46. 李椿浩:《試論羌族後秦之安定地區的地位及其變遷》,《中國歷史地理論叢》期刊,2003 年第 3 期。

47. 李椿浩:《漢人鄧羌與氐族前秦政權》,《陝西歷史博物館館刊》第 14 輯,2007 年。

48. 李椿浩:《匈奴漢國的中央官職特點》,《中國邊疆史地研究》期刊,2008 年第 4 期。

49. 李紅豔:《關於十六國時期「胡漢分治」問題的思考》,《山東教育學院學報》期刊,2008 年第 1 期。

50. 李海葉:《漢士族與慕容氏政權》,《內蒙古大學學報》期刊,2001 年第 4 期。

51. 李海葉:《慕容氏遼東政權咸康 4 年「王國官」考》,《內蒙古師範大學學報》期刊,2005 年第 2 期。

52. 李海葉:《慕容氏遼東政權的「僑土」關係》,《內蒙古大學學報》期刊,2005 年第 3 期。

53. 李海葉:《從婚姻制度所見的慕容氏與漢士族的關係》,《內蒙古社會科學》期刊,2008 年第 5 期。

54. 李海葉:《關於慕容氏繼承制度的探討》,《中山大學學報》期刊,2009 年第 2 期。

55. 李海葉:《前燕中原時期胡漢分治制度考》,《內蒙古社會科學》期刊,2011 年 2 期。

56. 李海葉:《後燕退據龍城後政治之「反動」》,《內蒙古大學學報》期刊,2011 年第 4 期。

57. 李海葉:《慕容氏昌黎時期的建國道路與胡漢分治制度》,《中山大學學報》期刊,2012 年第 3 期。

58. 黎虎:《漢唐外交制度史》,蘭州,蘭州大學出版社,1998 年。

59. 黎虎:《魏晉南北朝史論》,北京,學苑出版社,1999 年。

60. 李嘉善:《五胡十九國興亡表》,《北京大學研究所國學間月刊》第 4 期,1927 年。

61. 廖幼華：《前後秦時期關中爭霸戰中的杏城——歷史地理角度的觀察》，《華岡文科學報》第 23 期，1999 年。

62. 林幹：《匈奴史》，呼和浩特，內蒙古人民出版社，1976 年。

63. 林幹：《匈奴通史》，北京，人民出版社，1986 年。

64. 林幹：《東胡史》，呼和浩特，內蒙古人民出版社，1989 年。

65. 林幹：《中國古代北方民族通論》，呼和浩特，內蒙古人民出版社，1998 年。

66. 劉國石：《鮮卑慕容氏與趙魏士族》，《吉林大學社會科學學報》期刊，1997 年第 5 期。

67. 劉學銚：《鮮卑史論》，臺北，南天書局，1994 年。

68. 劉幼生：《論十六國胡族政權中的漢族士族》，《晉陽學刊》期刊，1990 年第 3 期。

69. 劉玉山：《北燕王高雲被弒真相探微》，《求索》期刊，2005 年第 11 期。

70. 劉玉山、劉偉航：《十六國時期慕容西燕、後燕幾個問題的再檢討》，《東南文化》期刊，2007 年第 1 期。

71. 羅新：《枋頭、滍頭兩集團的凝成與前秦、後秦的建立》，《原學》第 6 輯，1998 年。

72. 羅新：《匈奴單于號研究》，《中國史研究》期刊，2006 年第 2 期。

73. 陸思賢：《「撐犁孤塗單于」詞義反映的「攣鞮氏」族源》，《內蒙古大學學報》期刊，1985 年第 3 期。

74. 呂春盛：《五胡政權與佛教發展的關係》，《國立臺灣大學歷史學系學報》第 15 期，1990 年。

75. 呂思勉：《兩晉南北朝史》，上海，上海古籍出版社，1983 年。

76. 呂一飛：《匈奴漢國的政治與氐羌》，《歷史研究》期刊，2001 年第 2 期。

77. 呂卓民：《陝北地區城鎮歷史發展研究》，《中國歷史地理論叢》期刊，1996 年第 2 期。

78. 馬長壽：《烏桓與鮮卑》，上海，上海人民出版社，1962 年。

79. 馬長壽：《氐與羌》，上海，上海人民出版社，1984 年。

80. 馬利清：《原匈奴、匈奴——歷史與文化的考古學探索》，呼和浩特，內蒙古大學出版社，2005 年。

81. 馬欣、張習武：《十六國軍制初探》，《天津師範大學學報》期刊，1990 年第 1 期。

82. 苗威：《從高雲家世看高句麗移民》，《博物館研究》期刊，2009 年第 1 期。

83. 繆鉞，《讀史存稿》，北京，生活・讀書・新知三聯書店，1963 年。

84. 牟晨霞、李寶通：《慕容鮮卑漢化程度探析》,《產業與科技論壇》期刊,2008 年第 4 期。

85. 牟發松：《十六國時期地方行政機構的軍鎮化》,《晉陽學刊》期刊,1985年第 6 期。

86. 仇鹿鳴：《僑郡改置與前燕政權中的胡漢關係》,《中國歷史地理論叢》期刊,2007 年第 4 期。

87. 邱久榮：《十六國時期的胡漢分治》,《中央民族學院學報》期刊,1987年第 3 期。

88. 邱久榮：《單于雜考》,《中央民族學院學報》期刊,1989 年第 3 期。

89. 邱敏：《慕容皝遷都龍城年代考異》,《徐州師範大學學報》期刊,1981年第 4 期。

90. 邱敏：《後秦姚氏兄弟生年獻疑》,《安徽師大學報》期刊,1983 年第 4 期。

91. 尚新麗：《秦漢時期羌族的遷徙及社會狀況》,《南都學壇》期刊,1997年第 5 期。

92. 史念海：《十六國時期各割據霸主的遷徙人口》,《中國歷史地理論叢》期刊,1992 年第 3 期。

93. 宋丹凝：《鮮卑族杰出的軍事家和政治家——慕容恪》,《社會科學輯刊》期刊,1987 年第 2 期。

94. 孫晶琪：《簡論馮跋》,《松遼學刊》期刊,1996 年第 3 期。

95. 孫仲彙：《五胡考釋》,《社會科學戰線》期刊,1985 年第 1 期。

96. 唐長孺：《魏晉南北朝史論叢》,北京,生活・讀書・新知三聯書店,1955年。

97. 唐長孺：《魏晉南北朝史論叢續編》,北京,生活・讀書・新知三聯書店,1959 年。

98. 唐長孺：《魏晉南北朝史論拾遺》,北京,中華書局,1983 年。

99. 唐長孺：《魏晉南北朝隋唐史三論》,武漢,武漢大學出版社,1993 年。

100. 田夫、浩天：《十六國帝王列傳》,太原,山西人民出版社,2002 年。

101. 田立坤：《棘城新考》,《遼海文物學刊》期刊,1996 年第 2 期。

102. 童超：《論十六國時期的「變夷從夏」及其歷史意義》,《魏晉南北朝史研究》（中國魏晉南北朝史學會編）,武漢,湖北人民出版社,1996 年。

103. 萬繩楠：《魏晉南北朝史論稿》,合肥,安徽教育出版社,1983 年。

104. 萬繩楠整理：《陳寅恪魏晉南北朝史講演錄》,合肥,黃山書社,1987 年。

105. 王德恒：《北燕的宮廷政變和東北亞絲路的開發》,《知識就是力量》期刊,2010 年第 1 期。

106. 王發國、李彤、蔡豔：《劉淵、劉聰生年考略》，《許昌師專學報》期刊，1996 年第 3 期。

107. 王蕊：《魏晉十六國青徐兗地域政局研究》，濟南，齊魯書社，2008 年。

108. 王希恩：《五胡政權中漢族士大夫的作用及歷史地位》，《蘭州學刊》期刊，1986 年第 3 期。

109. 王延武：《後趙政權胡漢分治政策再認識》，《中國史研究》期刊，1988 年第 2 期。

110. 王育民：《十六國北朝人口考索》，《歷史研究》期刊，1987 年第 2 期。

111. 王仲犖：《魏晉南北朝史》上、下冊，上海，上海人民出版社，1979 年。

112. 武沐：《匈奴史研究》，北京，民族出版社，2005 年。

113. 吳宏岐：《後秦「嶺北」考》，《中國歷史地理論叢》期刊，1995 年第 2 期。

114. 吳孝銑：《試論秦王符堅的民族政策》，《魏晉南北朝史研究》（中國魏晉南北朝史學會編），成都，四川省社會科學院出版社，1986 年。

115. 心雨：《十六國漢政權左右司隸戶數考》，《中國歷史地理論叢》期刊，1991 年第 3 期。

116. 徐基、孫國平（朝陽地區博物館、朝陽縣文化館）：《遼寧朝陽發現北燕、北魏墓》，《考古》期刊，1985 年第 10 期。

117. 徐揚杰：《淝水之戰的性質和前秦失敗的原因》，《華中師範學院學報》期刊，1980 年第 1 期。

118. 薛海波：《試論北燕與高句麗的政治關係》，《東北史地》期刊，2010 年第 6 期。

119. 姚宏杰：《君位傳承與前燕、後燕政治》，《史學月刊》期刊，2004 年第 3 期。

120. 姚薇元：《北朝胡姓考》，北京，中華書局，1962 年。

121. 袁祖亮：《十六國北朝人口蠡測——與王育民同志商榷》，《k22 魏晉南北朝隋唐史》期刊，1991 年第 5 期。

122. 袁祖亮：《再論十六國北朝時期人口的有關問題——與王育民同志商榷》，《鄭州大學學報》期刊，1996 年第 3 期。

123. 張國杰：《論羌族政治家姚興》，《青海民族學院學報》期刊，1990 年第 1 期。

124. 張國慶：《慕容皝遷都龍城的前因及目的》，《遼寧大學學報》期刊，1988 年第 1 期。

125. 張金龍：《十六國「地方」護軍制度補正》，《西北史地》期刊，1994 年第 4 期。

126. 張金龍：《北燕政治史四題》，《南都學壇》期刊，1997 年第 4 期。

127. 張金龍：《十六國五燕禁衛武官制度考》，《社會科學輯刊》期刊，2003 年第 6 期。

128. 張金龍：《魏晉南北朝禁衛武官制度研究》，北京，中華書局，2004 年。

129. 張久和：《兩晉十六國時期慕容鮮卑與高句麗的關係》，《黑龍江民族叢刊》期刊，2003 年第 3 期。

130. 張維訓：《略論雜戶的形成和演變》，《中國史研究》期刊，1983 年第 1 期。

131. 張秀平：《試論十六國時期漢族士族的歷史作用》，《浙江師範學院學報》期刊，1984 年第 1 期。

132. 張正田：《西燕政權結構、戰略目標與其興衰關係——以立國初期（公元三八四—三八六）為研究中心》，《政大史粹》第 6 輯，2004 年。

133. 張正田：《西燕國主慕容沖的報仇》，《歷史月刊》第 233 期，2007 年。

134. 趙紅梅：《「漸慕華風」至「尊晉勤王」——論慕容廆時期前燕的中華認同》，《東北師範大學學報》期刊，2009 年第 4 期。

135. 趙紅梅：《兩晉在慕容廆君臣中的地位與影響探論——以前燕慕容廆遣使入晉為中心》，《學習與探索》期刊，2009 年第 4 期。

136. 趙紅梅：《淝水之戰後慕容鮮卑的復國之途》，《黑龍江民族叢刊》期刊，2009 年第 6 期。

137. 趙紅梅：《慕容鮮卑的崛起與扶餘的滅亡——兼論扶餘滅國的慕容鮮卑因素》，《黑龍江社會科學》期刊，2011 年第 5 期。

138. 趙紅梅：《建興元年前燕「股肱」考述》，《黑龍江民族叢刊》期刊，2011 年第 6 期。

139. 趙向群：《論十六國時期河西主要民族的地位與作用》，《文史哲》期刊，1993 年第 3 期。

140. 鄭小容：《慕容鮮卑名稱詳解》，《北朝研究》總 7 輯，1992 年。

141. 鄭小容：《慕容廆漢化改革略述》，《西南民族大學學報》期刊，2005 年第 1 期。

142. 周偉洲：《漢趙國史》，太原，山西人民出版社，1986 年。

143. 周偉洲：《論十六國時期的「胡漢分治」》，《西北歷史研究》，西安，三秦出版社，1987 年。

144. 周偉洲：《中國中世西北民族關係研究》，西安，西北大學出版社，1992 年。

145. 周一良：《魏晉南北朝史札記》，北京，中華書局，1985 年。

146. 周一良：《魏晉南北朝史論集續編》，北京，北京大學出版社，1991 年。

147. 周一良：《魏晉南北朝史論集》，北京，北京大學出版社，1997 年。

148. 朱大渭：《中國農民戰爭史——魏晉南北朝卷》，北京，人民出版社，1985 年。

149. 鄔禮洪：《論中原士大夫對前燕慕容氏封建化的影響》，《新疆師範大學學報》期刊，1985 年第 2 期。

（三）日　文

1. 川本芳昭：《五胡十六國、北朝期における胡漢融合と華夷觀》，《佐賀大學教養部研究紀要》第 16 輯，1984 年。

2. 川本芳昭：《魏晉南北朝時代の民族問題》，東京，汲古書院，1998 年。

3. 川勝義雄：《中國の歷史（3）——魏晉南北朝》，東京，講談社，1974 年。

4. 大澤陽典：《李農と石閔——石趙末期の政局》，《立命館文學》第 386～390 合輯，1977 年。

5. 大澤陽典：《慕容燕から馮燕へ》，《立命館文學》第 418～421 輯，1980 年。

6. 町田隆吉：《後秦政權の成立——羌族の國家形成（その一）》，《東京學芸大學附屬高校大泉校舍研究紀要》第 7 輯，1983 年。

7. 町田隆吉：《後秦政權の成立——羌族の國家形成（その二）》，《東京學芸大學附屬高校大泉校舍研究紀要》第 9 輯，1985 年。

8. 東木政一：《匈奴國家「漢」の成立とその發展——胡王國の一例》，《淑德短期大學研究紀要》第 10 輯，1971 年。

9. 東木政一：《匈奴國家「漢」の國家の性格——胡王國の一例》，《淑德短期大學研究紀要》第 11 輯，1972 年。

10. 飯塚勝重：《慕容部の漢人政策についての一考察——前燕國成立以前を中心として》，《白山史學》第 9 輯，1963 年。

11. 谷川道雄：《拓跋國家の展開と貴族制の再編》，《岩波講座世界歷史》5，東京，岩波書店，1970 年。

12. 谷川道雄：《南匈奴の自立およびその國家》，《隋唐帝國形成史論》，東京，筑摩書房，1971 年。

13. 谷川道雄：《慕容國家における君權と部族制》，《隋唐帝國形成史論》，東京，筑摩書房，1971 年。

14. 谷川道雄：《五胡十六國史上における苻堅の位置》，《隋唐帝國形成史論》，東京，筑摩書房，1971 年。

15. 谷川道雄：《五胡十六國史、北周における天王の稱號》，《隋唐帝國形成史論》，東京，筑摩書房，1971 年。

16. 關尾史郎：《前燕「屯田」政策に關する二、三の問題》,《上智史學》第22 輯,1977 年。

17. 關尾史郎：《前燕政權（337～370 年）成立の前提》,《歷史學研究》第488 輯,1981 年。

18. 關尾史郎：《「大營」小論——後秦政權の軍事力と徙民措置》,《中國古代の法と社會》(栗原益男先生古稀記念論集),東京,汲古書院,1988年。

19. 橫山貞裕：《鮮卑慕容氏の歸義過程》,《國士館大學教養論集》第15 輯,1982 年。

20. 荒木均：《八王の亂から石勒へ》,《史友》第31 輯,1999 年。

21. 内田吟風：《五胡亂及び北魏時代の匈奴》,《北アジア史研究——匈奴篇》,京都,同朋舍,1975 年。

22. 三崎良章：《前燕の官僚機構について》,《史觀》第112 輯,1990 年。

23. 三崎良章：《五胡十六國時代における遼東、遼西の地方民族構成の變化について》,《早稻田大學本庄高等學院研究紀要》第16 輯,1998 年。

24. 三崎良章：《北燕の「鮮卑化」について》,《早稻田大學本庄高等學院研究紀要》第21 輯,2003 年。

25. 三崎良章：《「五胡」と「十六國」》,《五胡十六國の基礎的研究》,東京,汲古書院,2006 年。

26. 三崎良章：《前燕の官僚機構》,《五胡十六國の基礎的研究》,東京,汲古書院,2006 年。

27. 三崎良章：《五胡十六國時代における遼東、遼西地方の民族構成の變化》,《五胡十六國の基礎的研究》,東京,汲古書院,2006 年。

28. 三崎良章：《北燕の「鮮卑化」》,《五胡十六國の基礎的研究》,東京,汲古書院,2006 年。

29. 市來弘志：《冉閔の胡人虐殺に關する一考察》,《呴沫集》第7 輯,1992年。

30. 市來弘志：《冉魏政權と漢人たち——五胡十六國時代前期に關する一考察》,《學習院大學文學部研究年報》第43 輯,1996 年。

31. 市來弘志：《乞活と後趙政權》,《中國古代史研究》卷7（中國古代史研究會編）,東京,研文出版社,1997 年。

32. 石田德行：《胡族政權下漢人貴族》,《歷史學研究》第333 輯,1968 年。

33. 藤井秀樹：《前秦における對慕容氏政策》,《史朋》第32 輯,1999 年。

34. 田村實造：《慕容王國の成立とその性格》,《中國史上の民族移動期——五胡、北魏時代の政治と社會》,東京,創文社,1985 年。

35. 小林聰：《慕容政權の支配構造の特質——政治過程の檢討と支配層の分析を通して》，《九州大學東洋史論集》第 16 輯，1988 年。

36. 小田義久：《華北胡族國家の文化政策——特に佛教を中心として》，《龍谷大學論集》第 399 輯，1972 年。

37. 澤田勳：《匈奴君長權の性格——匈奴游牧社會の歷史的規定をめぐって》，《駿台史學》第 43 號，1978 年。

後 記

　　本書是我在學業過程中的第一部專著。博士研究生畢業過十二年後才有這麼一本專著問世，眞是不容易。回頭想在中國求學的時光：最初連「多少錢」、「這是什麼」等最基本的句子都不會說的我，在碩士畢業後爲了求學深造，第一次踏上中國大陸至今已有十五個年頭。現在能用中文在中國出版書籍，讓我感到像是天方夜譚，猶如做夢一般。

　　本書爲自 2010 年至 2012 年在韓國學術刊物上先後發表過的研究成果彙結而成。第二章、建國理念的「適應」程度：慕容前燕的建國與「勤王」旗幟選自 2010 年發表於《東洋史學研究》第 113 輯的《五胡時期慕容前燕的建國及其特點——「勤王」的出現及其運用爲中心》；第三章、十六國歷史潮流中的「異端」現象：冉魏王朝的興亡與胡漢關係選自 2010 年發表於《中國古中世史研究》第 23 輯的《五胡時期漢人王朝冉魏及其特點——以胡漢對立與克服其限制爲中心》；第四章、確保正統名分的全過程：慕容鮮卑的「復燕」與西燕的興亡選自 2012 年發表於《東北亞歷史論叢》第 35 號的《五胡時期關中燕人的「復燕」及其特點——對於慕容西燕的建國及其歷史意義的考察》；第六章、無絕對君權與「結謀者」：北燕王朝的建國與「結謀者」選自 2011 年發表於《中國古中世史研究》第 25 輯的《五胡時期北燕（407～436）的建國及其君權——以高雲、馮跋「稱天王」以及「二十三人結謀者」構成統治階層爲中心》；第七章、統治胡人與地域：大單于、單于臺的意義選自 2011 年發表於《東北亞歷史論叢》第 31 號的《五胡王朝的胡人支配方式及其特點——以大單于的任職與單于臺的設置爲中心》；最後，第五章、核心集團與名分有無：羌族後秦的建國與「大營」雖未能在學術期刊上發表，但從研究意

義上講，和上述的文章是一脈相承的，使本研究更具有系統性和完整性。本書雖由如上六篇論文而成，但大部分已在發表之後重新進行全面地修改，並大幅度地補充不足之處，因之超過論文集的限度，應比以前更有學術價值。

　　另外，本書在寫作過程中，得到了多方面的鼓勵與支持：首先，黎虎先生作爲我在博士研究生中的導師，他爲笨拙的我在學習和生活方面提供多方面的指導和關心，更加使我感到學習的快樂和樂趣；其次，朴漢濟教授是在韓國研究中國中古時期最有權威的專家之一。在我曾作爲碩士生，準備撰寫論文而遇到問題發愁時，特別盼望著能得到他的指點，而拜訪了他。經過他的指教，解決了很多問題，對以後的專業學習產生了非常大的影響。不僅如此，他爲本書的出版提出了很多寶貴的意見。還要特別說明的是，兩位先生特意爲拙著做序，在這裏表示最誠摯的感謝。除此之外，我作爲外籍教師，在湛江師範學院歷史系工作期間得到了很多人的關心和支持。他們分別爲湛江師範學院羅海鷗校長、李江淩副校長，國際交流與合作處鄧逢光處長、鄭志軍副處長與法政學院袁鐸院長、馮亮如書記、王焜副院長以及歷史系龐天佑教授、郭天祥教授、申友良教授、于衛青教授、景東升教授等專家。與此同時，湛江師範學院歷史系的盧志穎、庄澤虹兩位同學大力幫助對我已翻譯過的中文書稿進行了修改，向他們表示誠心的謝意。最後，與不惑之年的我結婚，默默地支持我的學習和工作，隨時讓我在學習上得到快樂的我的愛人，誠心地向她表示感謝。如果沒有以上諸人的鼎力相助，拙著很難順利完成，也無法出版。

作者

2013 年 3 月於湛江師範學院專家樓 201 號